●鉄道史叢書 5●

鉄道史研究試論

近代化における技術と社会

原田勝正著

日本経済評論社

目次

装幀＊多田　進

序章

近代日本における鉄道の役割は、しばしば「近代化の牽引車」として位置づけられる。たしかにその役割の大きさについての議論はさておき、「牽引車」の役割は否定できないであろう。(1)

このような「牽引車」としての役割とその機能には、流通機構だけでなく生産構造にも影響をもたらしてきた経済体制の変革をふくむ輸送機能がその中心をなしていると見るのが一般の見解であろう。しかし、同時に市民社会における利用者の要請にこたえるという社会的機能も無視できないと私は考える。すなわち、大量輸送の要請にこたえると同時に、利用者の要請に対応し、市民社会の規範にもとづく輸送態勢をととのえること、そこに「近代化の牽引車」としての機能や役割は完成すると考えるのである。

鉄道がもたらしたこの二つの、経済的・社会的機能が「牽引車」としての役割を可能にする場合、機能の実現という点で、技術が密接にかかわりあっている。鉄道のもつさまざまな機能は技術によって支えられ、機能の大きさは、質量ともに技術によって規定される。その意味で技術の内容・水準が、鉄道のもつ機能を規定するというべきであろう。このように鉄道の果してきた役割、その機能を考える場合、技術的視点は絶対に不可欠である。しかも、技術は、機能にたいする規定性という面をもつだけではない。技術は、機関の要請によってその内容・水準を変化させる。鉄道について見ても、鉄道の側の要請が、ある場合には技術の発達を促進し、ある場合にはそれを停滞させ、または阻害する。(2)すなわち技術は要請（動機）と機能（結果）との間に立って、その両者を媒介しているということができよう。

鉄道という交通機関と、その技術とのかかわりは、以上のように動機と結果という両面からみた場合、相互規定的な関係の上に成り立っているとみられるのである。この関係を、鉄道史の流れのなかに位置づけると、鉄道の「牽引車」としての役割は、より明確なかたちをとって現われることにならないか。私はこのような発想に立って、鉄道史に技術的視点を導入することが必要不可欠と考えたのである。これは、技術史中心の立場ではない。(3) 鉄道史というジャンルにおける分野の一方法というべきか。私は本書に鉄道技術史の視点を強く設定したが、この視点設定には、このような発想があることを最初におことわりしておきたい。私は技術史の専門家ではないし、また技術の専門家でもない。このようないわば技術についての「しろうと」である私が技術的視点を鉄道史に導入しようと考えたのは、鉄道史のあたらしい方法を確立したいという目的意識によるものである。それは現代における歴史学の方法一般がかかわる問題意識でもある。この点についてはこの章の末尾にその「私的動機」を書きつらねたので御参照いただきたい。

この序章では、鉄道史において技術を位置づける場合の、いくつかの問題点をとりあげてみたい。まず第一に挙げたいのは、日本における鉄道技術が、導入・自立の過程を通じて展開してきたという点である。このような展開過程を通じて、技術はどのように位置づけられるか、その問題から入っていこうと思う。

言うまでもなく、一八五〇年代以降、日本に導入された鉄道(4)――のちにふれるように、知識としての導入は、これよりさらにさかのぼると考えられるが――は、導入初期、ことに、一八六〇年代末から一八七〇年代初頭の実用化にいたる時期まで、多くの場合「奇技淫巧」として忌避の対象とされた。(5) それが、実用化とともに「文明開化」の象徴として歓迎され、人びとの生活に迎え入れられた。このような両極移行を生み出した原因には、鉄道が、当時の日本において、在来の輸送手段とまったく異相異質の輸送手段であったこと、そして、人びとはまず、その異相性に衝撃を受け、違和感をもち、多くの場合拒絶の姿勢をとるという状況がまず起こったこと、しかし、この「奇技淫巧」は、衝撃が過ぎると、馴化への可能性が生まれ、移動・輸送効果の認識が急速に進むことによって、忌避から馴化への両極移行が起こったのではないか、このような点を考えることができる。新来の「文明」がもつ魔術性に、驚異と気味悪さを感じながら、人びとは、これに接近し、これに触れていき、その実用性、使用効果を理解し、これを利用するようになる。が、日本では文明開化の時期において異質文化にたいする典型的な馴化の過程が見られる。とくに鉄道の場合には、きわ立って典型的な馴化の過程が現われるように思われるのである。

人びとは、鉄道を「奇技」の所産とし、ある場合には「淫巧」として忌避しながら、しかし、その利用に馴れることによってこの段階を脱け出した。もともと鉄道の異相性は、鉄道が産業革命の所産として成立したとき、鉄道がもつ変革的な技術の内容によって規定された。言うまでもなく、蒸気機関によって生み出されるエネルギーは、自然力そのままのエネルギーと異なり、いわば人工性をよりつよく持っていた。そしてそのエネルギーをつくり出すための原動機（ここでは蒸気機関）、線路とその上を走る車両、これらが、個々の機械と、それらを総合するひとつのシステムとして成立するところに鉄道の特質があった。

人力や畜力その他の自然力によることなく、蒸気がもたらす往復運動をくりかえすピストン、シリンダ、それが車輪の回転運動を可能にし、牽引力を発生させる。このメカニズムは、それ自体が異相であり、イギリスでは機関車を Iron Horse と呼んだ地方があったという。日本では「鉄の牛」と呼ばれたという。(6) 鉄道の元祖イギリスにおいてさえ、それは異相の機械であった。イギリスにおいてさえそうだったのであるから、産業革命が生み出したこの「奇器」は、産業革命を経過することなく鉄道を導入した日本では、なおのこと、その異相性を、つよく人びとに印象づけたとしても不思議ではない。とすれば、人びとは、消極的に、これに馴化して利用するという段階にとどまるのが常識的な結論といえよう。しかし、日本では、その常識が破られたのである。

「奇器」を、「奇器」として認識したままでこれを利用するのではなく、すなわち、馴化の段階にとどまるのではなくそのなかにあるシステムやメカニズムについての関心を引き起こし、それを認識する姿勢をとること、そして、導入されたそのシステムやメカニズムを「使い」こなすところまで進むこと、さらに、これらを、みずからの手でつくり出すところまで進むこと、これらの各段階が、のちに述べるようにその程度、範囲、時期の差はそれぞれにあったとしても、各部門について進められていったこと、ここに、日本における鉄道導入以降の特異な推移がみられるのである。

鉄道が導入されたアジア、アフリカ、中南米諸地域のなかで、このことは、きわめて特異な推移というべきであろう。これは、一般には、導入につづく自立の過程として捉えられる。この「自立」が、どのような内容をもつとみるべきかは、のちにふれることとしたいが、とにかく、このような導入、自立の過程が形成されたこと、このことは日本における鉄道の特異な定着、発展の過程を示している。そしてそれが近代化における鉄道の重要な役割を規定したことは事実であろう。

技術は、この導入、自立過程における、システムやメカニズム、そして、個々の機器そのものを成立させている基本的要因として、措定される。前に述べたように、鉄道を異相の「奇器」として印象づけたのは、それが産業革命によって生み出された技術を基礎において形象されたものであったからである。それはたんに異相性だけでなく、異質性を内包していた。産業革命が生み出した技術は、まさに、異質の技術であった。そして、導入、自立の過程が成立したということは、その異相に「奇器」を感じとった日本の鉄道当事者とくに技術者が、そこからさらに進んで、その異質性の認識に関心を持ったことになるといえようか。もちろん、その異質性を支えていたのは、ヨーロッパ近代自然科学の基礎原理であった。それは、中世的宇宙観、社会観を否認し、人間を、かつて人間が神と向かい合うかたちでキリスト教を成立させたと同様に、人間を自然と向かい合わせ、さらに、神や、その神の権威によって権力をまとった支配者たちから人間を解放するという精神変革のうえに成立していた。日本人の多くがこれを認識するにいたったのはかなりのちのことで、導入当時には、シーボルトのひらいた鳴滝塾や大阪に開かれた適塾を中心とする医学の分野などを除いてはこのような認識はきわめて微弱であったと思われる。この認識が導入段階で多くの分野において見過ごされた点に、日本における近代化の基本的な問題がひそんでいるのであろう。(7) しかし、とにかく、消極的な導入、受容にとどまらず、これを、いわば「自分のもの」として「使い」こなし、さらにすすんで「つくりあげ」ようとする積極性が生み出されたことは、近代日本の近代化過程における技術の認識、習得、主体的な創造への可能性をふくめて技術のもつ意味を示唆している。そして、鉄道の技術についてみるとき、そのような方向が、さまざまな部門において、いわば典型的なかたちをとって現われるのである。

われわれは、近代化過程における鉄道の役割を、技術という視点を通してみる場合、いまここに述べたような、導入、自立段階における、技術のこのような位置づけから出発する必要があると思う。

しかし、この場合、技術の役割について、われわれは、つぎのような点を見落としてはならないと思う。すなわち、技術を、鉄道が果すべき役割にたいする積極的促進要因としてのみ捉えることは妥当かという疑問である。一般に、技術は、進歩とか発展とか発達とか、積極性（positive）の記号として把握されることが多い。また本質的に、技術はそのような役割をになっているはずであり、そうあるべき性格のものである。しかし、技術におけるこのような当為的規定は、必ずしもそのまま現実化するとは限らない。技術は、それを「使う」側の姿勢のあり方によって、進歩や発展を停滞させ、阻害し、さらに破滅という結果を招くこともあり得る。技術を、無条件に積極的促進要因として捉える方法には、かなり大きな問題があると私は考える。

鉄道史における技術の位置づけは、公共輸送手段としての鉄道の役割における三つの要因、すなわち促進要因、停滞要因、そして阻止要因として、主にこれらの要因を摘出・選別しながら考えるべきではないか。鉄道史における技術の位置づけにおいては、このような配慮を忘れてはならないのではないかと考えるのである。なぜならば、鉄道史の課題は、現在の鉄道が直面する諸問題の歴史的解明にその主要な使命がある。そして、近代化における鉄道の役割は常に流動的であり、その役割自体がさまざまな態様をもち、さまざまな効果をもたらすからである。

私は、「進歩や発展」と、無前提に価値基準の用語を使ったが、実は、この価値基準をどのような立場によって設定するかは、大きな問題である。冒頭に述べたように、鉄道の、近代化における「牽引車」としての役割を肯定したとして、鉄道が近代化において果した役割は、一概に積極的促進要因のみで把握することはできない。そこには日本における近代化の進路のあり方が深くかかわっている。そこから近代化の内容をどのように捉えるかという課題がまず前提として現われてくる。

一般に、近代化とは、資本主義経済体制と市民社会と、この両面におけるあらたな体制の成立として理解されるであろう。そこでは生産、流通などの経済的諸関係、それらに必要な諸手段、それらによって構成される経済構造と、政治的・社会的諸関係、諸制度、これらのさまざまな要素によって構成される社会構造と、これらが、それまでの経済的、社会的状況といちじるしい断絶をなしているはずである。日本における近代化の課題も、同様の目標をもっていたとみるべきであろう。

しかも、近代化の理念は、前にもふれたような人間の解放におかれ、人間としての権利の実現によってこれを保障することがその基本的課題とされたのではなかろうか。この点に、人類の歴史のなかで、近代化の理念がもつ画期的な意義があったのではないか。

技術という面からみた場合、それまである特定の人のためにのみ開発され、利用されてきた技術は、ここではじめて、人間全体を対象として成立することになった。この点に、近代化における技術の画期的な意味があったということになる。

しかし、近代化の理念は、それが成立したヨーロッパ、アメリカのどこでも全面的な実現という結果をもたらしたことはない。また、そこに成立した文明が現在再検討をせまられていることも事実である。このことはあらためて言うまでもないことだが、とくに、日本の場合、一〇〇年を超える日本における近代化の過程は、いったいどのような成果を挙げたか。とくに現在の日本が直面する国際的・国内的諸問題は、この疑問をつよく認識させる。

このようにみてくると、「進歩」とか「発展」とかいう価値基準を設定するさいには、近代化をめぐる基本的な認識の立てかたがまず前提とされなければならないということになる。それは、たとえば、明治維新後における「文明開化」の現象にみられるような、現実の政治的要請が、社会的・文化的対応を規定するという状況にはじまり、さらに進んで、国際的地位の向上という目標が、「富国強兵」の旗印のもとに、国家権力の軍事的強化と、「近代」産業の育成とを急速に進めさせ、ついには、近代アジアにおける最初の植民地領有国に仕立てあげるという結果をもたらす。この場合の「進歩」、「発展」の基準はどこにおかれるか、とくに、前にもふれた現在の日本の立場をみる場合、一〇〇年を超える時間的連続性のなかに、この問題は、少しも変ることなく、われわれに重い課題を賦課しつづけている。何が「進歩」で何が「発展」といえるのか、そこに、もともと日本近代史の問題点が、現実的問題意識に沿って現われているのではなかろうか。

とすれば、鉄道の役割――「牽引車」としての――もまた、このような問題意識に沿って検討されることになろうかと、私は考える。そして、技術における導入・自立の過程もまた、同様にこのような問題意識から、当為的規定に支配されることなく、いわば「ありのまま」の様相にもとづいて、促進、停滞、阻害の諸要因を捉えることが必要となるであろう。私が、鉄道における技術の位置づけを、このような三つの要因に分けて提示した理由には、鉄道の「牽引車」としての役割を考える場合、上に見たような近代日本における「進歩」、「発展」という価値基準のもつ問題性を見過ごすことができないと考えるからである。

このような問題点の指摘にもとづいて、私は、鉄道の役割における技術の位置づけを、促進、停滞、阻害といった要因のあり方を通して見るべきではないかと考えるのである。

第二に考える必要があると思われるのは、技術の導入・自立の過程についての内容の検討のあり方である。これまでみてきたように、日本においては、鉄道は導入された交通機関として位置づけられる。そして、鉄道技術はこのことによって、まさに外来技術としてまず定着した。そこで導入の段階から自立の段階に進むとき、とくに、技術の自立とは何を指すのかという問題が第一に検討されなければならないであろう。

さらに、日本では、鉄道技術について、何らかの創造があったとすれば、それはどのような点において実現したかという点も無視できまい。すなわち、技術の導入には、ready made の製品そのものを導入する段階からはじまって、これらの製品をモデルとして、忠実な copy をつくるという段階がこれにともなって起こる(8)。それは、そのまま自立への階梯を形成するのだが、導入—模倣の階梯と対応するかたちで自立—創造という階梯を設定できないかという推論が、ここではかなり誘惑的にはたらく(9)。

自立といっても、所詮は導入技術の模倣の域を出ないのではないかという臆断は、きわめて粗漏な判断であろう。自立過程のもとでは、模倣から脱出するための創造力が、当事者たちの心血を注ぐ努力によって随所に発揮されているはずである。この創造力がどのようなかたちで、自立に貢献し、それが鉄道の「牽引車」としての役割にかかわっていくのか、この点を明らかにしなければ、技術の果すべき役割は解明できないのではないか。

言いかえれば、「牽引車」としての役割が大きく作用するかしないかは、創造力に裏づけられた技術水準の高さによって規定されることが大きいと見るべきではないか。そのような技術水準の向上は、自立の程度の高さによって可能となる。すなわち技術の自立度を高める要因は、模倣から創造への展開の大きさによって決定されるということになるであろう。

いま、ごく大まかに、鉄道技術の各部門における自立の過程を見ると、つぎのような結果が見られる。(10)

土木　工　事　一八七〇年代

　　　設　計　一八八〇年代

（トンネルは一八八一年以降、橋梁の桁製作は一九一〇年代以降）

車両　客貨車　一八七〇年代後半（木工のみ、走行部の部品は輸入、貨車もほぼ同様とみられる）

　　　機関車　一八九三〜一九一二年（蒸気機関車、但し、三気筒などのモデル輸入はそののちもおこなわれた。また地方鉄道、軽便鉄道などの蒸気機関車の輸入は、一九二〇年代後半までつづく。また電気機関車の自立は、一九二八年のＥＦ五二形が重要な画期となる）

運営　経　営　一八七〇年代後半

　　　運　転　一八七〇年代後半（その一例として一八七九年の日本人機関士の登場を挙げることができよう）

　　　運行計画　一八九〇年代前半からの列車ダイヤの作成技術の自立がひとつの基準となろう。

保　安　信号・閉塞・連動装置ともに、たえずあたらしい技術の導入をくり返していく。完全な自立は一九二〇年代末とみるべきか。

電　化　電車化　一九一〇年代の路面電車から都市周辺の近郊電車への展開の時期に、発展の契機をみずから把握し、一九二〇年代には大量・高速輸送手段として、独自の発展を遂げる。

幹線電化　一九二〇年代における電気機関車技術の自立と、大量給電体制の確立による。しかし、軍部の圧力が、その発展を押しとどめる。

以上のほか、停車場の構造、貨車を必要な駅などに送って輸送態勢をととのえる配車を中心とする車両操配技術、雪害・塩害・震害など自然災害にたいする予防・防止・復旧、その他さまざまな分野にわたる技術が、とくに日本の風土的・地理的条件をもふくめたかたちで展開していく。その自立の段階も、一八七〇年代から、一九二〇年代まで、部門によって半世紀の格差がある。もちろん、この格差は、蒸気から電気へといった動力転換によって起こるもの、レールの場合のように、国内における製鉄・製鋼部門の技術の確立を背景とする六〇ポンドレール（のちの三〇キロレールにほぼ相当）の自立（一九〇〇年代）から、五〇キロレール（一九二八年）へと、三〇年弱の時期にかけて重量化がすすむことによって、自立が反復するかたちをとるものなど、つぎからつぎへと、あらたな要請によって、同じ部門で自立の反復がくり返されるという場合がある。したがって、この時間的格差の多くは、輸送力強化の要請によるあらたな技術の必要によるとみてよいであろう。

そのような時間的格差の長さは、自立の内容にさまざまな相違をもたらす。信号・保安技術のように、あらたな要請のたびに、あらたな技術を導入したのではないかとみられる分野もあれば、蒸気機関車のように、一定の技術水準を獲得し、全面国産化に踏み切ると、そこからあらたな要請にたいする自主的な改良をすすめていった分野もある。

このような自立内容の相違がなぜ生まれたのか、上述の例のうち前者を外形的自立、後者を実質的自立と名づけた場合、外形的自立と実質的自立との時間的格差は、各部門ごとにどのようにちがうのか、その他さまざまな問題が生まれるであろう。

これらの自立過程を経て、ほぼ一九三〇年代初頭に、日本の鉄道技術は、全般的な自立の段階にはいったと考えられるのである。国鉄・私鉄を通じて、各部門における自立はほぼ達成された。

そして、その自立技術を基礎に、一〇六七ミリメートルという軌間によって規定されてきた技術的限界を突き破ろうとするあらたな展開がこの時期から現われるのではないか。たとえば、一九三四年に実現した南満州鉄道の特急列車「あじあ」号、一九三九年から構想に入った東京・下関間のいわゆる広軌新幹線、この二つは、創業当初から規定された狭軌というわば「宿命」的限界を、国際標準軌間の線路によって突き破るという意味をもったのではないか。

いわゆる広軌改築問題という、すでに一八九〇年代からくり返されてきた議論は、技術自立の指標を示すうえでも大きな問題である。しかし、約四〇年にわたるこの議論の反復は、それが政治的・軍事的という外的要因によって、あるときは促進、またあるときは阻害されるというかたちをとってきた。軌間問題は、ここで、するどく政治・軍事という外からの圧力によって左右された。一九三〇年代にはいって、全般的な技術自立の段階に到達したとき、この軌間にかかわるあらたな突破口が見えてきたことは、きわめて象徴的であった。しかし「あじあ」号、広軌新幹線が、ともに、植民地支配、十五年戦争にかかわる輸送体制をその背景においていた事実を、われわれはどうみるべきか。この点に、技術の「発展」を見さだめる基準の設定のあり方が問われるということにならないか。

技術自立の内容の検討は、こうして、鉄道の果すべき「牽引車」としての役割と密接にかかわってくる。それは技術プロパーの問題にとどまらず、鉄道がおかれた経済的・社会的位置を視野に入れることの必要性を示唆している。鉄道技術史分析のさいの基本的姿勢は、この点に定置されなければならないであろう。いま見てきた自立の内容を検討する視点は、この基本的姿勢にもとづいて定められなければならないであろう。

もともと、日本の歴史を通観すると、古代以来の技術導入・自立の反復の過程が浮かび上ってくる。(11) この反復のサイクルは、近代にはいると、急速に短縮された。いわゆる文明開化以降における周期の短縮はいちじるしいものがある。それが、前から述べてきたように、日本の近代化にどのようなかたちで貢献してきたか、この問題は、広義における文化史(12)の基本的な課題であろう。

鉄道史における技術の流れは、近代日本におけるこのような導入・自立周期の短縮の一典型をなしている。鉄道技術の流れは、このような視点からも把握されるであろう。それは、日本文化史の流れを把握するうえでの鍵を提示することになるかもしれない。とすればこの課題は、たんに経済史、社会史、技術史といった従来の歴史学のジャンルを越えて広い意味での文化史ないしは日本文化論とのかかわりをもつことになるかもしれない。

鉄道史研究における技術的視点は、このような方向への展開の可能性をもっている。しかし、私は本書では、このような展開を正面から扱おうとは考えない。私にとってのさしあたりの課題は、鉄道史の研究に技術的視点をどのようなかたちで活かすかというところに集中されなければならないと思う。

私は、一九八三年鉄道史学会発足のさい、「鉄道史研究における政策と技術」と題して問題提起の要素のつよい報告をおこなった。[13] 内容は、論証を欠く、文字通りの問題提起にとどまるものであった。しかし、私は、鉄道史について関心をもちはじめてから二〇年あまりの時間を通じて醸成されてきた技術的視点の必要性という問題意識を、学会の発足にあたってまとめてみようと考えたのである。

その動機の第一は、鉄道史を対象とするさいの各分野の孤立——たとえば政治史、経済史、経営史、社会史、文化史等々——が、鉄道史の全体像をいちじるしく見えにくくしているのではないかという懸念がはたらいていた。そこで、技術という視点を媒介させることによって、全体像にせまる可能性をより大きくすることはできないかという期待をもったのである。

動機の第二は、技術の中立性という「神話」についての疑問である。私事にわたるが、この課題は、私が学生のころはじめて政治史に関心を抱いたときにさかのぼる。私は、日本の政治家の行動原則のなかにある「清濁併せ呑む」「肚」のなかにある政治性に関心をひかれた。それは非政治的立場をよそおう政治性ではないかと考え、そのような政治性を生み出した日本の政治風土と、その展開の過程とを追究しようと志した。当時GHQの指導のもとに、日本の新聞は、中立性をうたい上げていた。同様に戦前・戦中の技術の成果も——それは植民地・占領地域における技術移植・開発にとくに集中していたように思う——その中立性を主張されることが多かった。私は、このような「中立性」の主張のなかにある政治性につよい関心をひかれた。それは、政治家の場合と同様の、非政治的政治性の主張ではないかと考えたのである。[14]

この関心は、三〇年を越えて、まだ私の問題意識のなかでくすぶりつづけている。そして、鉄道史を技術史的視点からみようという問題関心には、そのくすぶりがどこかで作用しているように思われてならないのである。

技術についての蓄積が乏しいまま、このような視点を組み入れることは、まったく大それた試みと知りながら、しかし、私は以上のような関心から、あたらしい研究への展開をはかりたいと考えた。このような動機から、本書をまとめることとしたのである。

最後に、本書における構成について説明しておくこととする。

第一章は、鉄道創業期における技術導入の経過とかその問題点を中心としている。外来技術の導入・採取、そして、それをどのようにして体得したか、自立への展望はどのようにして可能になったかが、主要な論点である。

第二章は、技術の導入と自立への展開と、その過程における導入・自立を推進する場合の基本的姿勢のあり方を取りあげた。殖産興業・富国強兵といった客観的要請に対応する技術導入・自立がどのような立場に立って推進されたか、それは、つきつめれば日本における近代化の特質とかかわっている問題である。

第三章は、導入技術を基礎とする自立への展開過程の態様の分析が中心の課題である。そこでは、すでに成立期の資本主義がもたらす大量輸送の要請がはたらいており、自立過程の進行は同時に規格化の促進過程と並走する。この同時的進行は、鉄道を主要運輸機関として位置づけていくうえで、輸送力の増強という点で決定的要因となった。それだけでなく、さらに進んで、ここから利用者のための輸送機関としての位置づけを実現するための技術の確立への展望が開かれていった。しかし、この規格化には、軍部の役割が無視できず、また朝鮮、中国東北支配における鉄道のあり方もからんでくる。この点に、この時期における技術の複雑な局面が見られる。とくにここに現われる軍部の役割は、第五章における、いわゆる十五年戦争期の鉄道にたいする軍部の支配への伏線となった点も見のがすことのできない事実である。

第四章は、日露戦争後から第一次大戦の前後にかけて、大量化が進行する段階における停車場技術を中心とする。改良技術のあり方が、ここでは中心の課題となる。資本主義がもたらす大量化現象に対応するための改良技術は、単に消極的な対応にとどまらず、より積極的な、利用者のための技術を生み出す。それは市民社会の形成期という社会的背景のもとに、鉄道の民衆化という経営課題と照応している。

第五章は、このようなあたらしい技術の展開が、戦時輸送の要請によって挫折していく過程の分析である。ここでは品川停車場の改良を中心として、大量輸送への対応、輸送施設の整備、強化という改良計画が、緊急にとどまらず、絶対という権力による要請によって挫折する過程が、この章の中心となる。

これらの各章と最後につけた補論を通じて、技術の導入・自立の過程と、鉄道の大量輸送機関としての定着、その役割のあり方と、この両者の関連を検討して、近代化過程における鉄道の役割を考える。これが、本書の基本的課題である。(15)

注

(1)　このような規定は、かなりジャーナリスティックな立場からおこなわれることが多いように思われる。しかし、このような規定の背景にある歴史的現実への眼を解明することに、鉄道史研究の使命はあるのではないかと私は考える（拙稿「日本の近代化と国有鉄道の役割」〔『交通史研究』第一九号、一九八八年三月〕）。

(2)　私は、技術をその積極的役割についてのみ見る立場をとらない。このことについては以下の論述のなかで明らかにしたいと思う。

(3)　もちろん、技術的視点の必要性について着目しているのは私ひとりではない。すでに青木栄一「日本における鉄道史研究の系譜」（『交通史研究』第九号、一九八三年三月）に見られる「社会経済史的な視点と技術史的視点が総合された鉄道史をつくる方向」の提言（同誌、二四頁）は重要な意味をもっている。

(4)　日本では、鉄道が「導入された」交通機関であって、蒸気動力と並んで鉄道というシステムの下部構造を構成する軌道方式そのものの創造がなかった。この点が、本来は問題とされるべきであろう。近世における東海道大津・京都間に敷設された車石の意義（車両走行の方向性の確保や摩擦抵抗の軽減効果の程度など）を考えるとき、「凹」の軌道（これこそ「轍道」というべきか）がつくられて、「凸」の軌道がつくられなかった要因をどこに求めるべきかは技術史の課題ではないかと思われる。この点については拙著『明治鉄道物語』一九八三年、一八頁以下参照。

（5）薩摩藩の蘭医川本幸民が一八五四年（嘉永七）薩摩藩から出版した『遠西奇器述』では、ヨーロッパの近代文明を、このようなことばで表現していた。蘭医がこのような表現をとることには、読者の同意を得るための修辞的な手法か、中体西用的な立場の表白かはわからないが、当時の知識人のなかにあった西欧文明観を知ることができる。『遠西奇器述』は川本の門人田中綱紀が川本の講義をまとめたものであるが、川本の講義はP. van der Burg, *Eerste Grondbeginselen der Natuurkunde*, 1844をもとにしている。この点については田中時彦『明治維新の政局と鉄道建設』一九六三年、二〇頁以下参照。

（6）一八一二年、ホワイトヘブン（Whitehaven）では機関車を"Iron Horse"というように見なしていたという（Hunter Davis, *A Biographical Study of the Father of Railways, George Stephenson*, 1975, p.41）。これにたいし、日本で「馬」でなく「牛」を擬したのは、機関手の速さより牽引力に関心をもったことによるものか、これは言語心理学の興味ある問題かもしれない。なお第二次大戦中、日本のジャーナリズムは、日本の戦車を「鉄牛」と擬態化して呼んでいた。

（7）たとえば、フランスの高等学校文科系の哲学教科書では、つぎのように文明を定義する。「文明とは、或る社会の成員の精神的発展に好都合な、社会組織と技術的装備と精神的雰囲気との枠組みである」（Paul Foulquié, *Cours de Philosophie*, Éditions de l'École. 邦訳P・フルキエ『哲学講義』〔全四巻、一九七六〜一九七七年〕第四巻、三四〇頁）。福沢諭吉が『文明論之概略』で「されば今、世界中の諸国に於て仮令ひ其の有様は野蛮なるも、或は半開なるも、苟も一国文明の進歩を謀るものは、欧羅巴の文明を目的として議論の本位と定め、この本位に拠りて事物の利害得失を誤ざる可からず」（岩波文庫版、二七頁）と述べたのは、文明概念のつぎのような認識においてであった。「天地間の事物を規則の内に籠絡すれども、其の内に在りて自から活動を逞しふし、人の気風快発にして旧慣に惑溺せず、身躬から其の身を支配して他の恩威に依頼せず、躬から徳を脩め躬から智を研《みが》き、古を慕はず今を足れりとせず、小安に安んぜずして未来の大成を謀り、進みて退かず、達して止まらず、学問の道は虚ならずして発明の基を開き、工商の業は日に盛んにして幸福の源を深くし、人智は既に今日に用いて其の幾分を余し、以て後日の謀を為すもの、如し。これを今の文明と云ふ」（同書、二五頁）。福沢のこのような認識は、幕末から維新にかけての政治過程において形成されていった（その認識の形成過程については、丸山真男『「文明論之概略」を読む』上、一九八六年、第一講とくに四三頁以下参照）。しかし、全体としてみれば、当時このような文明認識はごくわずかの人にしかなかったということになろうか。この点については、第二章の末尾でふれる（本書八二頁以下参照）。

（8）　たとえば蒸気機関車の全面国産化を実現する段階で、輸入機関車と同一形式の copy を製作した事実はその代表例であろう。この問題については、当時の造艦技術の自立過程と対比しながらふれたことがある（拙著『鉄道の語る日本の近代』一九七七年、一九八三年増補版、一八頁以下）。

（9）　近代日本における科学や技術の創造性にかかわる議論は、いわゆる近代化の外面性の指摘（たとえば一九一一年八月夏目漱石の講演「現代日本の開化」〔岩波版『漱石全集』第一一巻、三一九頁以下〕などを筆頭に）から出発し、現在における問題につらなる。われわれは、東京帝国大学医科大学で教鞭をとったエルウィン・フォン・ベルツが、一九〇一年一一月二二日彼の大学在職二五年の祝賀会でおこなった挨拶のなかに、近代日本における科学のあり方についての的確な批判と切実な忠言を見出だすのである。彼は「かれら〔外人教師――引用者〕は種をまき、その種から日本で科学の樹がひとりでに生えて大きくなれるようにしようとしたのであって、その樹たるや、正しく育てられた場合、絶えず新しい、しかもますます美しい実を結ぶものであるにもかかわらず、日本では今の科学の『成果』のみをかれらから受取ろうとしたのであります。この最新の成果をかれらから引継ぐだけで満足し、この成果をもたらした精神を学ぼうとしないのです」と述べた（トク・ベルツ編、菅沼竜太郎訳『ベルツの日記』上、一九八八年、二三九頁）。この挨拶は、岩波版『日本近代思想大系』一四『科学と技術』一九八九年、四二〇頁以下にも収録されているが、この巻の解説である、飯田賢一「日本における近代科学技術思想の形成」は、日本の近代における科学技術思想の流れを説くとともにその問題点を摘出していて、多くの示唆が得られる。

（10）　この場合は、自立がほぼ成立するまでの過程を示すこととした。自立の時期を画定することは、どの部門でも困難なため、このような方式をとった。

（11）このような導入、自立の反復は、ひろく文化一般について見られる。これを日本における文化形成の特質と見る立場は、積極的、消極的評価に分かれる。しかし、私は、本書ではこのような評価を前提とせずに分析をすすめることとする。

（12）ここで言う文化史は、文学や美術や、いわゆる文化的所産を対象とする狭義の文化史ではない。そうではなくて、人間が自然的、社会的環境に立ち向かい、それとどのようにかかわり、何を創造してきたかを検証するという意味の文化史である。最近鉄道史の分野では、鉄道と文化現象とのかかわりを追跡した成果がいくつも見られる。パリ・ポンピドーセンターの展覧会（一九七八年）の目録である"Le Temps des Gares"をはじめ、ドイツ鉄道一五〇周年記念出版のひとつである *Zug der Zeit, Zeit der Zug : Deutsche Eisenbahn 1835-1985*, 2Bde. Berlin, 1985 さらに、Richard, J. & Mackenzie J.M., *The Railway Station*, Oxford, 1986 など、文化史、社会史の分析視角と方法が駆使された成果といえよう。このことは、前に拙著『駅の社会史』（一九八七年）でふれたが、私自身これらの著作から文化史ないし社会史的視点についてたいへん啓発された。そこから得た教訓は、鉄道と文化とのかかわりを、「鉄道の文化的役割」といったかたちで短絡させてはならないという点であった。たとえば、いわゆる「駅コンサート」に駅の文化的役割なるものを単純に措定したり、宝塚文化と、それを生んだ阪急とを無媒介に直結して、阪急の文化的役割を規定したりすることは、文化概念の誤った認識による性急かつ表面的な結論ではないかという問題意識である。私たちは、近代社会における culture の、耕作や栽培という語義に立つ文化概念を根本的に再検討するところから出発する必要があると思う。

（13）この報告は『鉄道史学』第一号（一九八四年八月）に収載されている。本書には、補論として注を加えて収載した。

（14）このような問題意識にこたえる著作としてシカゴ・ルーズヴェルト大学教授ダニエル・R・ヘッドリク（Daniel R. Headrick）教授の *The Tools of Empire*, Oxford University Press, 1981 および、*The Tentacles of Progress*, Oxford University Press, 1988 を参照することができる。両者ともに、帝国主義体制における技術の役割を豊富な事例によって実証した画期的な業績であり、単に「モノ」からみた歴史というだけでなく、「モノ」や技術のもつ政治性を描き出しているという印象を受ける（前者は多田博一、老川慶喜両氏および私の共訳で『帝国の手先』として日本経済評論社から一九八九年八月に刊行されている）。

（15）言うまでもなく、本書でとりあげる近代化の課題は、戦後論議されてきたいわゆる近代化論とはその次元を異にする。

近代文明についての疑問がすでに提起されている現在、理念にとどまった近代化の課題をどのように考えるかが現実的な問題である。その場合、日本が目ざした近代化の意味を問う必要がある。その意味で、鉄道史の研究も、このような歴史学の課題の一環をなすと考えるのである。

第一章　鉄道技術の導入における受容の姿勢

一　外来機械文明としての鉄道

一九世紀の後半、欧米諸国の前に鎖国を解いた日本にとって、さまざまな機械文明は、そのほとんどが未経験の、そして異質の文明であった。鉄道という輸送手段も同様であった。幕藩体制のもとで、幕府は諸藩および民衆に対してつよい統制の枠をはめていた。国内における輸送手段についても、すでに全国的な商品流通網が形成されつつあった一九世紀において、まだ陸上における大量輸送手段の開発はおこなわれていない状態であった。それは政治的、軍事的理由による統制が、このような輸送手段の開発を阻害していたからであった。街道における車の禁止、大きな河川における架橋の禁止など、さらに重要な地点に設置された関所や、旅行にさいしての手形、すなわち旅行証明書の携帯義務など、旅客も貨物も、ともにきびしい統制の対象となっていたのである。このような状態では、とても大量輸送手段の開発など望むことはできなかった。したがって、「黒船」の威容に対する驚愕と恐怖とは、このペリー艦隊がもたらした機関車の模型や電信機にたいする驚愕に通じていったといえるであろう[1]。

しかし、幕府・諸藩の役人たちも、また一部の知識人たちも、これらの「文明」におどろいているばかりではなかった。これらの人びとのなかには、すでにオランダ語を通じて欧米の文化に深い関心を示していた人も少なくはなかった。鎖国のつづいていた二〇〇年あまりの間、ただ一国だけ貿易を認められていたヨーロッパの国オランダからは、わずかではあっても、あたらしい知識が流れこんでいたのである[2]。したがって、いわゆる蘭学による欧米の機械文明の知識ないしは情報の導入は、必ずしも皆無ではなかったのである。

そのために、開国とともに、あたらしい欧米文化に公然と接することが可能となると、これらを積極的に摂取しようとする動きはにわかに活発となった。その過程についてはのちに述べることとするが、このような動きは、そのいずれもが、欧米諸国の文化水準との落差意識から出発していたことは注目してよい(3)。すなわち、欧米諸国の支配力がアジア、アフリカに及び、さらに中国から極東の日本にまで及んできたという認識が、当時これらの人びとには一般的であった(4)。

そこで、植民地化にたいする危機意識をもふくめて、当時の識者たちは、機械文明の摂取に積極的な姿勢をとるに至ったのである。攘夷論を捨てて外来文明の摂取に転向するその変化はいかにも鮮やかである。しかし、彼らは本質的に攘夷論を捨てたのではなかった。危機意識が大きければそれだけつよく、彼らは「外夷」に対抗するために外来文明の摂取を必要としたのである。そのような動機がはたらいていたために、彼らはまず、兵器・艦隊の近代化に熱心な努力をかたむけた。すなわち、軍備の近代化こそ、彼らが第一に着手し、実現しなければならない課題となったのである(5)。

それとともに、経済的な実力を強めるための輸送手段の近代化も、軍備の近代化についで重視されたといえよう(6)。それは、炭坑などにおける機械や、紡績機械と同様、生産・流通の近代化にとって不可欠の手段とされたのである。すでに幕府は、崩壊寸前の段階にあった一八六七年（慶応三）、幕政改革の計画のなかに、このような構想を採用していた(7)。そしてこの年、薩摩、長州などいわゆる西南雄藩の主導権のもとに成立した京都朝廷の政府、すなわちのちの明治政府も、このような立場をそのままひきついだ。すなわち、政府のかかげた「富国強兵」というスローガンは、経済的実力の充実と軍備の充実とを表裏一体と考えた、当時の政府の方針をあらわしていたのである(8)。

鉄道の導入は、この富国強兵政策の一環として実現したわけである。もちろん、最初から鉄道の軍事的機能が考慮されたとは考えられないが、のちにふれるように、中央集権制強化の手段として鉄道は期待された。しかし、この鉄道の建設にあたって、一八六九年（明治二）に明治政府が鉄道建設を決定してから、一八七二年に最初の列車が運転されるまでの間、鉄道を導入した政府の当事者は、未だ経験したことのない、さまざまなあたらしい問題と正面から対決することになった。そのひとつは、技術の導入とその消化であった。

すなわち、建設・運営にあたった当事者は、イギリスから資金を借り入れ、資材を購入し、技術者や労働者を雇い入れてこの鉄道を建設し運営するという方式をとった。同時に、彼らは、遠からずみずからの手で鉄道の建設・運営にあたることをもくろんだのである。彼らは、鉄道を、単に外来文明、外来技術として、距離をおいて見るというわけにはいかなかった。他の分野、とくに軍事技術と同様に、鉄道の場合も、技術の習得が第一義とされたのである。

すなわち、鉄道という機械文明は、日本に導入されたとき、日本人の手によってみずから運営される、すなわち「自立」への方向をたどりはじめたといってよいのである。ここに日本における鉄道導入の特異性がある。日本はアジアにおいて最初に鉄道を導入した地域ではなかった。しかし、日本の当事者は、これを独自に運営・発展させることを構想し、開業後二〇年たらずの間に、ほぼこの構想を実現したのである。この「自立」過程は目ざましいものがあったと同時に、現在のわれわれに、自立への姿勢がどこからどのようにして形成されたかという関心を抱かせる。しかも、この「自立」は「　」で括ったように、社会体制の近代化から遊離した技術そのものの自立という問題を内包していた。その点にもわれわれの注意は向けられなければならない。

以下、この導入から自立への過程を、おもな問題点や時期を拾いながら見ていくことにしたい。この場合、自立への姿勢の究明は、基本的な問題意識としてつねに念頭において考える必要がある。日本の鉄道建設には、イギリスにおけるような、産業革命の要請という前提はなかった。「富国強兵」の実現が窮極の目標であった。そこに、日本における鉄道の建設とその後における発展の特異な性格があるといわなければならない。自立への姿勢はそこから解明されなければならない。またこの問題点は、日本における近代史全体の問題を集約的に表現しており、鉄道史の研究は、このような問題意識を設定することによって、近代史の視点に立つことを可能にするであろう。

二　鉄道に関する知識の形成

冒頭に述べたように、日本人は開国前から鉄道についての情報に接し、その知識を蓄積しつつあった。まずこの問題から考えていこう。

日本人がはじめて鉄道という輸送手段の存在を知ったのはいつであったか、この問題については、現在明確な史料はない。しかし、この時期を一八四〇年代と推定させる有力な史料はいくつかある。

まず第一に、いわゆる『風説書』がある。これはすでに注（2）で説明したが、当時長崎にあったオランダ商館の商館長が幕府に定期的に提出した海外情報である。商館長は新聞その他本国から得た情報をまとめ、オランダ語で幕府に提出し、幕府はこれを翻訳して『風説書』と名づけた。これには定期の『風説書』と、臨時の『別段風説書』とがあり、幕府が公式に海外事情を知る唯一の手段であった。

このような海外からの情報は、ある程度これを読んだ人びとに、鉄道についての関心を呼び起こした。たとえば一八五三年（嘉永六）アメリカ合衆国使節ペリー（Matthew Calbraith Perry）が浦賀に来航したおり、幕府の高官や通訳たちは、鉄道のトンネルのことや、蒸気船の汽罐と機関車のボイラとのちがい、さらにスエズ地峡における鉄道建設の状況などについてアメリカ人たちに質問したという。（9）

アメリカ人たちは、この質問にあらためておどろいたようである。質問者たちが『風説書』から知識を得ていたことはもちろんである。しかし、彼らの知識には、それだけでなく、漂流してアメリカにわたり、帰国後アメリカのようすを報告した人びとから得た知識もふくまれていたと考えられる。

たとえば、中浜万次郎もそのひとりである。彼は一八四一年、土佐の漁師として出漁中漂流、アメリカ船に救われてアメリカにわたり、一八五一年帰国した。鎖国の当時、帰国者は厳重な取り調べを受けるならわしであった。もともと海外渡航は死刑の重罪とされていたからである。万次郎は、その事情を認められ、のちには幕府の通訳となるが、「漂流始末書」を提出している。この中に、鉄道についての記事がある。

一八四五年、万次郎はアメリカ大西洋岸にいた。このころいわゆるゴールド・ラッシュで西部の開拓はすすみ、鉄道も開通していた。彼の報告によるとつぎのようである。

平常、遠足等仕候には、「レイロヲ」と唱候火車に乗参り申候。此仕様は、船の形にして、大釜に而湯を沸、湯の勢を以て、凡一日に三百里程も走り、屋形より外輪を覗候処、飛鳥之如くに而、一向見る間無御座候。尤車道には、鉄を敷渡し御座候。(10)

一日に三〇〇里というと、江戸から福岡あたりまで行くということである。このような速度は聞く人からみればとても信じられなかったであろう。そのためか、彼は「飛鳥のごとく」といった表現でその速度を説明しようとするのである。

同様の説明は、漂流者浜田彦蔵にもある。彼はみずからの漂流記に乗車体験を記している。(11)この漂流記のなかで、浜田が、列車を「蒸気車」と呼んでいることは、注(11)でふれた。中浜万次郎が「火車」と書いているのと対照的である。「蒸気車」のほうが、的確に列車の動力を示している。蒸気車はオランダ語の stoomwagen の直訳と思われるが、浜田がこの漂流記を書いたころ、「蒸気車」という表記が列車をあらわす用語としてすでに確定していたか否かはわからない。しかし、一八五〇年代なかばには、すでに蘭学者たちによって、「蒸気車」という用語が成立していた。その代表は、序章でもふれたが、川本幸民口述の『遠西奇器述』であった。そこには、乗車体験とは別の、知識の流入経路があった。

当時、オランダからいわゆる近代文明の技術を解説する書物がいくらか輸入されていた。そのなかの一冊に、P. van der Burg の *Eerste Grondbeginselen der Natuurkunde*(一八四四)があった。この書物は、写真機、電信機、蒸気機関、蒸気船、蒸気機関車など、産業革命が生み出した各分野の機械の原理・構造・使用法などを説明していた。この中の蒸気機関車の説明には、断面図がはいっていて、ボイラやシリンダの構造もよく理解できる。この説明は、日本にはいってきた蒸気機関車の解説の最初のものといってよいであろう。[12]

薩摩藩の蘭学者川本幸民は、この書物を日本語で講述し、それを門人の田中綱紀が筆記した。この本は『遠西奇器述』と名づけられ、一八五四年(嘉永七)に刊行された。[13] この翻訳によって、オランダ語を解さない日本人も、各分野のあたらしい機械についての知識を得ることができるようになったのである。[14]「蒸気車」という用語は、このような構造の認識とともに成立したと考えられる。この段階で、鉄道についての知識は格段と進歩した。「火車」を「蒸気車」に変えた構造の認識、それはさらにつぎの段階の進歩を約束した。

以上のように、乗車体験や書物による知識の受容を通じて、いわば受動的な姿勢から能動的な姿勢が形成される。しかも、知識を得ると同時に、これを翻訳してその知識を多くの人に広めようとすることは、少なくともその知識の有用性を認識し、これを積極的に活用しようとする姿勢のあらわれである。このような段階を踏んで、つぎの段階がはじまった。すなわち模型の製作という段階であった。

日本人が見た機関車の模型は二つあった。ひとつはロシア艦隊がもたらしたものであり、他のひとつはペリーがもたらしたものであった。ロシア艦隊は、一八五三年八月二二日（嘉永六年七月一八日）、ロシア海軍中将E・V・プチャーチン（Evfimii Vasilievich Putyatin）が旗艦パルラダ（Pallada）に坐乗、四隻の艦隊で長崎に来航した。彼らは、幕府にたいして開国を要求することを使命とする使節団であった。この使節団にたいし、幕府側は筒井政憲、川路聖謨らを派遣して交渉に当らせた。幕府側は、ロシア側の要求を拒否し、一八五四年一月八日ロシア艦隊は長崎を出港した。この間、ロシア側は幕府使節団に軍艦の内部を見学させた。そして軍艦の中にある部屋で、テーブルの上に敷かれたレールの上を走る汽車の模型を見せた。開明的な立場に立つ川路は、日記にこのことを記し、また幕府にたいする報告にも汽車の記事を入れた。[15]

さらに、幕府使節団以前にも、佐賀藩士たちがこの模型を見た。本島藤太夫や中村奇輔である。とくに中村は、佐賀藩に当時おかれていた精錬所の役人で、技術者であった。[16] 佐賀藩は、独自に軍事技術を開発する目的で、あたらしい機械を試作するための工場を設けていたのである。

彼らは、アルコールを燃料としてテーブルの上の円形線路を走る汽車の模型に眼を見はった。そして、佐賀に帰ると、これと同様の模型をつくることを計画したのである。一八五五年夏のことである。

このような動機にもとづいて、中村は同じ精錬所の技術者田中久重、石黒寛二の協力を得て、汽船と機関車の模型製作にとりかかったのである。この模型製作には、モデルとした小蒸気船が一隻あっただけである。彼らは、これを分解して、蒸気機関の構造を知った。設計図や構造用のような客観資料はなく、製作者自身がこれらの図面類を書いたか否か、書いたとしてどのような方式のものを書いたか不明である。[17] その製作にあたっては、当時は工作機械がなかったから、ひとつひとつの部品の製作には、たいへんな努力を必要としたと考えられる。田中久重は、万年時計の製作をはじめ、「からくり儀右衛門」と呼ばれたほどの機械製作の名人であった。[18] 〃細工〃と呼ばれるような手工的な工作技術で、彼らは難関を突破したのである。[19]

その完成の日付は不明なので、どのくらいの日時を要したかはわからないが、しかし、彼らは、蒸気船二隻、機関車一両の模型をそれぞれ完成させた。機関車は精錬所の庭で試運転に成功した。彼らを激励してきた藩主鍋島直正は、藩の重役をしたがえてこれを見た。[20]

当時佐賀藩をはじめ、薩摩藩、長州藩などは、強大な軍備の拡張、とくに近代的軍事力の強化をめざしていた。[21] そのような方針が、こうした模型製作についての熱意となってあらわれたといってもよいであろう。薩摩藩でもこのころに機関車の模型を製作したといわれる。また福岡藩でも製作したという。このほか、長州藩では模型を買入れた。加賀藩でも買入れた形跡がある。[22]

こうして、模型製作への熱意は西南雄藩の場合、自藩の体制強化がまず動機としてはたらいていたとみるべきであろう。これにたいして、第二の例はどうか。第二の例は、例のペリー艦隊が一八五四年二月一三日、二度目にやってきたときのことであって、彼らはアメリカ大統領から将軍にあてた贈物をたくさんもってきた。そのなかに蒸気機関車と客車の一組があったのである。[23] 幕府は横浜の応接所裏に線路を敷設させ、アメリカ人の手によってこの汽車模型を運転させた。応接所の役人をはじめたくさんの人がこれを見学した。中には、走りまわる模型にまたがる者も出てきた。前掲ペリーの遠征記には、この人物は「好奇心むき出し」とも、また「こわごわ乗っている」とも評されている。その人物は、しかし実に詳細に、機関車や客車の構造を観察していた。[24]

また、伊豆韮山の幕府直轄地代官江川英龍は、応接所に職務がないにもかかわらず、何かと口実を設けては横浜へ来て、この模型の運転を見学したという。はやくから反射炉をつくって大砲の鋳造をおこなった江川も、このような機械に重大な関心をはらっていたのである。[25] しかし、西南雄藩が模型製作に踏み切ったのにたいし、幕府側では観察にとどまった。この点の相違が何を意味するかは実証を要する課題であろう。

三　鉄道体験の集積と建設の要請

以上みてきたように知識の導入と普及からはじまって、みずから模型を製作するという積極性は、鉄道そのものの建設というよりは、軍備の近代化という要請による副次的・派生的姿勢とみられる要素をもっていた。しかし、導入＝自立過程を成立させる契機が、同時にまったくなかったわけではない。すなわち中浜万次郎や浜田彦蔵の段階と異なり、一定の予備知識をもった人びとの乗車体験や留学は、実際に鉄道を建設しようとする志向を促進し、また、その志向にとって一種の準備階梯となっていった。

一八六〇年代にはいって、開国という状況のもとで実現した乗車体験や留学という機会は、欧米における鉄道の経済的役割の認識を通じて、単に鉄道のメカニズムの認識にとどまらず、鉄道の社会的有用性の認識を形成させるという過程を成立させた。このような段階で、一八六〇年代なかばにはいると、外国人による鉄道建設の計画が続出した。それは、また幕府から京都朝廷への政権の移行期にあたっていた。

以下、体験の集積と、建設の要請と、この二つの条件が、どのように作用するかを見ておくこととする。

第一に鉄道を利用するという、乗車体験が挙げられる。この乗車体験を通じて、それまで、飛鳥のごとくというように、概念として把握してきた鉄道を、自分がある地点から他の地点まで運ばれるさいの、客車内の設備や、列車の音、動揺、移りかわっていく窓の外の景色など、具体的な、しかも直接に感覚を通じてはいってくる認識によって具体的に把握しなおすことができたのである。それは、まさに「百聞は一見に如かず」ということわざそのままの有効な体験であった。

すでに、前に述べたように、漂流してアメリカにわたった中浜万次郎や浜田彦蔵らがこの体験者であった。しかし、彼らと異なり、一定の予備知識をもち、さらに場合によっては政策決定にかかわる立場にいる人びと、すなわち当時の幕府および諸藩の武士たちの体験は、鉄道の導入にとって、より大きな意味をもつこととなった。(26)

それは、一八六〇年(万延元)、日米修好通商条約の批准書交換のためにアメリカ合衆国におもむいた使節団一行の体験にはじまった。彼らがはじめて鉄道を利用したのは、一八六〇年四月二六日のことであり、区間はパナマ(Panama)・コロン(Colôn——当時アスピンウォール Aspinwall と呼ばれていた)間の七六キロメートルであった。この区間は、前にあげた『風説書』でも、フランス人が計画しているとか、アメリカ人が計画しているとかいううわさが日本にはいっていたところである。結局、この地峡に眼をつけたアメリカが、民間資本の手で建設し、一八五五年一月二八日に開通していたのである。正使新見正興以下数十人の使節団は、太平洋側から大西洋側にこの地峡を横断するさいにこの鉄道を利用した。アメリカ側はおそらく特別列車を仕立てたのであろう。一行は六両編成の客車に分乗した。

この乗車体験は、多くの人が記録している。副使村垣範正は、帰国後幕府に報告するという職務もあったのか、かなり詳細に観察し、その結果をまとめている。機関車や客車の構造、車輪と線路との関係、脱線しないためのフランジの構造など、行きとどいた観察記録をつくっている。さらにまた、一両の客車に何人もの人が同乗することにおどろきの眼をみはり、「めじろの枝に押し合ふにひとし」と述べている。[27]

この体験は、当時身体をよせ合って交通機関に乗る、すなわち乗合いの機会がほとんどない、少なくとも陸上交通機関ではまったくないために、非常におどろくべきものであったにちがいない。また、上級武士として、彼は自分の身分より低い者が、身体を接して同席するなど思いもよらぬことだったであろう。それは、いちじるしく彼の身分意識を刺激したにちがいないのである。

鉄道の乗車体験は、こうした思いもよらぬ意識の変革を要求したわけである。彼らにしても、「兼て目もくるめくよふに聞しかば……」と、列車が走るときの予備知識は持っていた。[28] 出発前に、万次郎の取調書を読んだり、またたは、直接万次郎やアメリカ人などから聞く機会もあったであろう。だから、そうした知識はもちろん持っていたはずである。しかし、乗合いという方式が、どのようなものであるかは、やはり体験してみなければわからなかったのである。乗車体験の意味は、やはりこうしたところにあるといってよいであろう。

このような上役と異なり、従者たちは、鉄道の構造について、かなり行きとどいた観察をしている。新見正興の従者仙台藩士玉虫誼茂の記録は、そのなかでも出色といえよう。

彼は、まず蒸気機関車の構造を説明し、ボイラ、シリンダ、ピストン、動輪と、機械のメカニズムに従って説明を加えていき、最後の気笛の構造や合図としての役割まで説明している。その後で炭水車を説明し、さらに客車に及んでいる。

客車については、ボギー台車を説明し、連結器を説明し、曲線通過を安全かつ容易にする構造がここにあることを説きあかしている。

線路については、レール、枕木などの構造はもちろん、距離標、勾配、曲線、給水所など、線路とその付属施設にも説明は及んでいる。そればかりでなく、電信による合図もふくめて閉塞区間や閉塞方式について述べ、電線の架設の方式、碍子も説明している。(29)

これらの説明は、アメリカ人などから聞いたものもあるであろうが、しかし、かなり綿密に観察して、それを体系的にまとめたとみられる。

最後に彼は、「扨車歩速なると、左右樹木あれども認むる能はず。車声の喧き怒雷の如く、両人相対するも言語明了ならず。而して行走の平なる安然座するが如く、文字を写す事も為すべし。時に硝窓を開けば、涼風前面より吹き来り、如何なる炎暑といへども覚へさる也。其奇巧の精密、唯々驚き入るのみ」と述べている。(30)

総合的に鉄道のメカニズムを知ろうとする積極的な姿勢が、ここにはかなりはっきりと現われているのである。

こののち、一八六二年（文久二）には、ヨーロッパに使節団がおもむき、同様の乗車体験をもった。(31) さらに、留学生も同様の体験をした。たとえば、同じ一八六二年、幕府は榎本武揚らをオランダに派遣した。彼らの乗車体験もまた遣米使節の場合と同様の啓蒙的役割をもつこととなった。(32) これらの留学生のなかには、のちに鉄道の創業時代に、鉄道建設の中心となった井上勝もいた。(33) 彼は長州藩の密航留学生としてロンドンにおもむき、ロンドン大学で、鉱山・土木の技術を学んだのである。多くの留学生が軍事技術の習得を目的としていたのにくらべて、彼の留学目的は異色であったといわなければならない。その動機はあまり明らかでないが、当時長州藩が、軍事技術と同様に、鉱山の開発や道路橋梁の改良などに注意をはらっていたこともその理由といえよう。明治政府の「富国強兵」政策の源流は、このあたりにあったのではなかろうか。(34) 漂流による滞在という偶然の動機にはじまり、公式使節団の旅行途次における体験を通じて関心を高め、最後に留学生という、摂取そのものを目的とする行動に到達し、しかもその摂取の分野を細分化し、特定していくという過程がこの間に典型的に現われる。

しかし、事態は、これらの体験を乗り越えて進みはじめていた。すなわち、このころ、すでに国内ではかなり具体的に鉄道を建設しようという動きが起こりつつあった。これは、第一に薩摩藩士五代友厚が一八六五年京都・大阪間の鉄道建設をもくろんだことにはじまり[35]、一八六六年から翌一八六七年にかけて数件、外国人が鉄道建設を計画し幕府に出願した[36]。薩摩藩の計画もフランス資本の導入による方式を考慮していたが、外国人の出願も同様に外資導入方式によるものであった[37]。

このような外資の導入は、もちろん計画者が利益を挙げることを目的としていた。さらに、そればかりでなく、鉄道利権の獲得は、投資対象国にたいする経済的支配権強化の第一歩としての意味をもつものであって、幕府当局者がこの危険をどこまで認識したかは明らかでない。しかし、これらの出願にたいしてはいずれも拒否回答または認可引きのばしの手段をとり、みとめようとはしなかった。

ただ一件だけ、一八六七年アメリカ合衆国公使館書記官ポートマン（A. L. C. Portman）が鉄道建設の出願をおこない、これにたいし、一八六八年一月一七日（慶応三年一二月二三日）、幕府老中外国事務総裁小笠原長行はこれをみとめる回答を発した[38]。

もともと外国人の出願は、江戸・横浜間とか、大阪・神戸間のように当時の開港場と市場を結ぶ区間に限られていた。このポートマンの出願もまた、江戸・横浜間を対象としていた。これより前一八六六年、幕府は江戸と関東北部、東北地方南部、および江戸と京都をむすぶ鉄道の建設構想を、ポートマンにたいして非公式に打ちあけていた。とすると、幕府には、建設について一定の構想があったとみられるのである。しかし、当時の幕府は、国内の政治的紛擾の前に、すでにその存立も危い状態となっていた。したがって、独自に建設を実現することはとうてい望めなかった。だから以前からの経緯のあるポートマンに免許を与えたのか。しかしこれも奇怪である。建設区間も短く、収益分配の方式もきちんと取りきめていない、利権を全部アメリカ側にとりあげられる内容のものである。このような取りきめをなぜみとめたのか、その真意はわからない。

いずれにしても、この免許は、鉄道利権が日本に侵入する危険な徴候をはっきりと示していた。ただ、小笠原が免許を与えたとき、その約半月ほど前に、京都には、新政府が誕生していた。(39) そして、国内で京都朝廷と江戸幕府との内乱が起こると、小笠原も箱館にのがれ、この免許は宙に浮いた。アメリカ側はこののち、この免許を楯にとって、鉄道利権の実現をはかった。しかし、江戸を占領し東京とあらため、東京を首都とした新政府は、アメリカ側にこの免許をみとめなかった。

このようにして、外国利権の設定は阻止されたのである。しかし、この段階で、鉄道建設は具体的な日程にはいった。それはまた、明治維新の変革と時を同じくしていた。その後、明治政府が中心となって鉄道建設を実現する段階にはいっていくのである。

四　鉄道の建設にあたっての問題点

以上見てきたように、幕末から明治維新の段階までに、鉄道の施設・車両のメカニズム、その運用と社会的有用性についての知識はおよそ獲得された。しかし、この鉄道を独力で建設し運営することは、その資金は別として、資材、労働力、その技術が欠けているという条件のもとでまったく不可能であった。このような状況のもとで明治政府は鉄道建設に踏み切った。前に述べたように、中央集権制の強化をふくむ富国強兵の要請という客観的条件が、すでにここでは成熟していた。この場合外国の資材、技術、そして資金借入れによって鉄道を建設する（または、しなければならない）という方向が導き出された。それは、一歩誤れば、外国利権の侵入を許容する結果を招く危険な賭けであった。その危険を克服するカギは二つあった。

まず、日本の鉄道が、明治政府による官設・官営の方式で出発し、世界最初の鉄道を建設したイギリスのような民設・民営方式をとらなかったこと、またアジア・アフリカにおける植民地鉄道と異なり、自国管轄方式をとったことを挙げなければならない。この二つの方式のうちとくに後者が危険の克服に大きな意味をもった。しかも、それは同時に導入技術の消化、自立の方向に進むことを可能にしたと考えられる。しかしまた技術の自立がなければ自国管轄方式は完成し得ない。自国管轄方式の実現と技術の自立との間には、このような相互関連があったと思われる。まずこの問題からはいっていくこととしよう。

当時における日本の産業の発展段階は、問屋制家内工業やいわゆるマニュファクチュアがようやく封建的な支配体制のなかで成長し、それが徳川の幕藩体制を崩壊させる経済的背景につながっていくところであった。したがって、また機械制工場を生産力の中枢に押し上げる産業革命までは、かなり距離があったといわなければならない状態であった。

このような状況で、ブルジョアジーの側から鉄道というあたらしい輸送手段を要求するという機運は、まったく熟していなかった。したがって、明治政府が鉄道の建設に踏み切った動機は、経済的理由というより、むしろ中央集権的支配体制の強化という政治的契機の方がより大きな比重をもっていたということになるのである。(40)このようにして、経済的背景を欠いたままで鉄道建設に踏み切っていったところに、官設・官営方式を決定する最大の要因があった。第二の自国管轄方式の採用についてはどうか。とにかく経済的条件の成熟なしに鉄道を建設するという状態では、計画を立てたとしても、これを実行することは不可能である。ということは、レールをとってみても、これを自国で生産し、供給するための製鉄・製鋼部門があるわけではない。機関車にしても、これを製作する車両工場などが成立するためには、機械工業部門が産業革命によって一定の発展段階に達していなければならない。線路、車両の、どれをとっても、鉄道を建設する技術的・工業的基礎はまったく欠けていたわけである。

そこで、これらの鉄道建設に必要な資材はすべて輸入にたよらなければならなくなる。また、その建設にあたっても、さらに運営にあたっても、ヨーロッパないしはアメリカの先進資本主義国から何らかのかたちで、資材や技術者を導入しなければならない。すなわち、最初は、いわば「出来合いの」（ready made）鉄道として導入しなければならないという現実が、そこにはあったのである。このような状況のもとで、明治政府は、鉄道の自国管轄方式をつらぬいた。その直接の条件は、日本のおかれた国際的環境にあった。

明治政府が鉄道建設を正式に決定したのは、一八六九年一二月一二日（明治二年一一月一〇日）であった。[41] その背後には、当時日本駐在イギリス公使として、明治政府にたいしてつよい発言権をもっていたハリー・S・パークス（Harry S. Parkes）がいた。[42] パークスは、明治政府の首脳にたいし、自国管轄方式で鉄道を建設することを極力すすめたようである。[43] それまで植民地の獲得に全力を傾注してきたイギリスが、日本の鉄道を自分の力で建設・運営するという方式をとらなかったのはなぜか。とくに、当時明治政府にたいしてもっともつよい発言権をもっていたイギリスのこの立場が、日本の鉄道の植民地化を防ぐ、もっとも重大な決め手となったと考えられる。[44] したがって、イギリスのこのような姿勢は、日本の鉄道創業にあたって、現在にいたるまでの鉄道のあり方を決定する重要なかぎとなったのである。

イギリスの要請は、日本の植民地化ではなく、通商・貿易の相手国の育成というところに集中していたといわれる。[45] そこには一九世紀なかばまでの、イギリスのとってきた政策が大きく変わったという事実がある。すくなくとも一八四〇年代のアヘン戦争までのイギリスのアジア政策は変換し、それが一八六〇～七〇年代の対日政策において反映してきたとみなければならない。日本における鉄道建設については、このような国際的背景を無視することはできないであろう(46)。

一八六九年、イギリス側は、明治政府の首脳部にたいして、かなり積極的に、自国の手で鉄道を建設することを勧めていたようである(47)。三月には、前年燈台建設のために来日していたR・H・ブラントン（R. H. Branton）が、外務省の前身外国官にたいして、鉄道建設の可能性を説いた意見書を提出した(48)。また、パークスもしばしば外国官首脳と会見して、鉄道建設の必要性と可能性とを説いた(49)。その交渉相手には、たとえば、外国官副知事大隈重信がいた。大隈は、佐賀藩の出身、かつて、藩主鍋島直正が、近代的軍備の導入をはかって、精錬所を建設した西南雄藩のひとつの出身であった。彼は佐賀藩の下級武士の出身であったが、政府のなかで開明派というべき立場に立って、あたらしい施策に積極的であった(50)。

パークスは、このような大隈に、ひとつのねらいをつけ、彼を通じて政府を説得しようとこころみたとも考えられる(51)。さらに、この交渉の過程には、かつて長州藩から密航してイギリスにわたった井上勝も介在していたようである(52)。井上は、この前年、ロンドン大学を卒業して帰国していた。そして、東京に出てきて、政府の造幣頭兼鉱山正に就任していた(53)。英語を解する井上が、その交渉の場に立ち合ったことはおよそ想像できる。井上は、パークスの説得をつぎのように回顧している。

偶々玆歳〔一八六九年――引用者〕東北及九州地方に凶荒あり。米価非常に騰貴し、外国米を輸入して救済す。而して北陸其他に低価の米穀剰残するも運輸の不便なるに依り以て此の急を救ふ能はざりし。パークス氏は拠て以て例証とし、切に鉄道布設を勧告す。[54]

このように、おもにパークスは若手官僚を交渉相手として説得し、あるていど交渉が煮つまったところで、こんどは、大臣級と非公式会談をおこなって正式決定のためのダメ押しをはかったのである。明治政府は、一二月七日におこなわれたこの非公式会談において建設について最終的合意を政府内部でまとめあげたのである。[55]

ここで決定された事項は、つぎのような内容のものであった。建設区間は、東京から京都までの幹線と、東京・横浜間（幹線が中山道経由となる場合）、米原・敦賀間、京都・神戸間などの支線とする。イギリスは、これらの鉄道建設に必要な資金を提供し、資材の導入、技術者・労働者の供給にあたっても便宜をはかる。

この決定によって、日本側の自国管轄方針は確立した。そしてイギリス側と明治政府との具体的な交渉は一挙にすすめられた。反対派の暗躍や、交渉の当事者、H・N・レイ（Horatio Nelson Lay）との確執など難関を乗り越えて、[56]大隈らは建設計画を進めた。[57]

一八七〇年四月一七日（明治三年三月一七日）、まず東京・横浜間の建設が命令され、[58]イギリス人技師長（Engineer in chief）にエドモンド・モレル（Edmund Morel）を迎えて工事は開始された。[59]しかし、日本側には、建設についての技術的な基礎はなかった。したがって測量から資材の調達などすべてイギリス側に委嘱しなければならなかった。[60]軌間（gauge）の決定についても、大隈らはモレルにどうするかと聞かれても、ゲージの意味がわからず、説明してもらう必要があった。[61]このような調子であったから、レールはもちろん、枕木その他、日本で供給できるはずの資材まで高価な輸入品を買わされてもまったく抗議することもできなかったと思われる。[62]

その点モレルは良心的な技術者であった。彼は、日本の風土条件に適合した枕木は、輸入品のような鉄製枕木ではなく、木製のものでなければならない。しかも日本の国内には良質の木材が多い。したがって枕木の輸入はやめて、国内で木製のものを調達しなければならないと、大隈に述べていたといわれている。[63]

輸入品のなかには、機関車やレールからはじまって、インク、鉛筆、洋紙などの筆記具まではいっていたのである。大隈らが当初予想していたよりもはるかに巨額の建設費が必要となることがわかってきた。[64]ロンドンで公募した一〇〇万ポンド公債のうち、三〇万ポンドが、東京・横浜間とこれにつづく大阪・神戸間の鉄道建設に割り当てられた。しかし、その二倍以上の額を建設費として支出しなければならなくなったのである。[65]

こうして、鉄道建設の事業は、いわばまったく未知の世界へ政府当局者を引きずりこんだ。新橋（東京）・横浜間は一八七二年一〇月一四日に開通したが、このような難関がいくつも横たわっていたのである。

しかし、とにかく、明治政府は、自国管轄方式による鉄道を形式だけにせよここに実現した。そこには、富国強兵政策を実現しようとする政府の意図と、イギリスの政策とが一致してこの方式を実現するという条件がはたらいていたと考えられるのである。この自国管轄方式を完成させるためには、技術の自立という条件を充たさなければならない。それはいかにして可能となったか、この問題をつぎに考えてみよう。

五　技術自立の契機と展望

一八七〇年三月から開始された建設工事は、民部省のもとにおかれた鉄道掛が管轄した。しかし、その工事についての設計と、施工の指導は雇入れたイギリス人技術者が担当した。前記のモレルが技師長であり、その下にジョン・ダイアック（John Diack）、ジョン・イングランド（John England）、チャールス・シェパード（Charles

表1－1　お雇い外国人の推移

年	人	年	人
1870	19	1876	104
1871	62	1877	70
1872	83	1879	43
1873	101	1882	22
1874	115	1885	15
1875	109	1888	14

（注）日本国有鉄道編『日本国有鉄道百年史』第1巻、316頁。

表1－2　国籍別お雇い外国人

国　籍	人	国　籍	人
イギリス	94	イタリア	1
アメリカ	2	フィンランド	1
ドイツ	2	ポルトガル	1
デンマーク	2		
フランス	1	計	104

（注）同上書。
Shepherd）らがいた。ちなみに、政府が雇入れた外国人の数の推移をみると表1-1のようである。

このうち、一八七六年の外国人を国籍別にみると表1-2のとおりである。

このように、イギリス人が圧倒的に多いことがわかる。当時のイギリスにおける鉄道企業の職制がどのようなものであったか、筆者はこの点から比較することができない。しかし、つぎに挙げる職務の分野をみると、運営にあたる首脳部が事務、技術の両面にわたって分担体制をとり、各作業現場の労働者が周到に配置されていたことがわかる。
director, secretary, clerk
engineer in chief, deputy engineer, engineer assistant
locomotive superintendent, fitter
traffic manager, engine driver, pointman
foreman painter, painter
store keeper

draughtsman
time keeper, inspector of railway police
foreman quarryman & mason, mason
boilermaker, foreman blacksmith, blacksmith
foreman platelayer, platelayer

右に掲げたのは主な職名だけである。しかし、雇外国人には技術者だけでなく、機関士や転轍手などのように労働者が多くふくまれていた。これがこの雇傭体制の特徴であった。しかも、建設工事が竣工して、じっさいに営業が開始されたのちも、鉄道の経営はもちろん、列車の運転にあたっても、機関士はイギリス人が乗務するという方式をとっていた。

このような状況から技術の自立をうながす契機となった要素には主なものとして三つが挙げられる。第一はモレルの進言、第二は、日本人技術者・労働者の、作業にたいする習熟、第三は、在来技術の応用である。

モレルは、このような状態では日本の鉄道が自立することはできないという立場に立ち[66]、日本人技術者、労働者を急速に養成することを、政府当局に説いた。すなわち「日本ハ将来欧人ノ手ヲ假ラズシテ事ヲ執ル準備ナカルベカラズ。之カ為教導局ヲ置キ、優秀ノ少年ヲ選択シ、教導習熟セシメ、百般ノ建築製造ニ要スル技術者ヲ造ルニ努ムベシ。宜シク東京又ハ大阪ニ技術学校ヲ創立スルヲ要ス」と述べた[67]。

この提案をしたモレルは、工事の竣工を見ることなく、一八七一年一一月五日に病死した[68]。しかし、彼の提案は、一八七一年九月工部省（一八七〇年一二月設置）工学寮というかたちで実現された[69]。また、一八七七年五月一四日には大阪に工技生養成所が設置された。(70) 鉄道以外の各分野についても、この工学寮では技術者の養成を開始したわけである。日本における技術自立の動きは、このように、技術導入と並行して開始されたのである。

一八七一年九月には横浜・川崎間の線路が完成して、輸入機関車（当初一〇両）は横浜で組み立てられ、試運転を開始した。これらの機関車や客・貨車の組立てには、もちろんイギリス人が指導にあたったが、日本人労働者もかなり参加したと考えられる。また運転にあたっては、機関助手すなわちfiremanは、日本人であった。これらの労働者は、じっさいの組立て作業や乗務を通じて、車両の構造、運転技術を身につけていった。この点は建設の場合も同様であった。技術者たちは、測量をはじめとして、施工の計画、順序、労働者の管理、監督など、イギリス人にしたがって行動しながら、実地の作業を通じて建設技術を身につけていった。建設労働者には、多勢の日本人労働者が採用されており、工事の施工にあたっては、これらの労働者が直接作業に従事した。(71) この場合も、切石や築堤などの大規模な土工や、路盤の構築や溝渠の開削などのいわば仕上げ部分について、やはり、イギリス人の方式を学んでいった。(72)

ただ、これらの土木技術には日本在来の技術がかなり応用された。そのために、イギリス人の方式と日本人の方式とがくいちがって、ある場合にはトラブルに発展したこともあったようである。(73)

おそらくイギリスにおける工事の慣習がそのまま持ちこまれ、これが意見のくいちがいを生じたのであろう。日本では、すでに古くから石垣構築の技術は発達していた。とくに中世以降城郭の石垣(74)は、かなり堅固なものがつくられていた。その場合、井上の指摘したように、上下の接する二面だけを磨くのがふつうであった。したがって、日本における在来技術と、イギリス人の持ちこんだ技術とのくいちがいが生れることは、むしろ当然であった。

このことは、同時に、ひとつの問題を提起している。すなわち、土木工事については、日本の在来技術が一定の水準をもっていたこと、そして、このような技術水準に立って、この新来の工事に、その技術を活用しようとする動きが起こってきたこと、以上のような技術導入のさいの注目すべき問題があるように思われる。

在来技術の応用を実現できるかという課題は、当時の建設当事者には、およそ共通していたとみられるのである。例をトンネルにとってみよう。すでに一七世紀前後から、日本各地では金、銀、銅などの鉱山がかなり発達していた。これらの鉱山では、坑道掘削の技術がすすんでいた。また、一六六六年（寛文六）、富士山麓の駿河国（静岡県）東部の農民たちは、箱根芦ノ湖の水を、湖尻峠の下をトンネルで引き、灌漑に使用する工事を開始した。このトンネルは一六七〇年に完成し、湖水は、一〇平方キロメートルの耕地に利用されている。このような用水トンネルを掘削する技術も、一七世紀には成立していたのである。

したがって、明治初年の日本人にとって、トンネルの工事は、すでに一定の技術水準に到達したものだったのである。(75) 日本最初の鉄道トンネルは、東京・横浜間にひきつづいて着工された大阪・神戸間で掘削された。ここでは、いわゆる山岳トンネルではなく、六甲山系から急な勾配で海に流れこむ河川が、しだいに河底の土砂の堆積によって、流域より高いところを流れていた。芦屋川、住吉川、石屋川の三つの川は、その川底の下を鉄道がくぐることとなった。いわゆる天井川のトンネルである。(76)

この工事は、イギリス人の設計・指導のもとにすすめられた。上部開削式が採用され、まず流路の半分を堰きとめ、ここを上から開削して、トンネルを掘った。この部分が完成し、覆工を終ると、流路を、この完成部分に変更し、残りの半分を同じ方式で施工する。このような工法によって、石屋川、住吉川では単線型、芦屋川では複線型のトンネルが建設された。(77)

この一連のトンネルは、イギリス人の設計・指導のもとにすすめられたが、この段階では、鉄道自体についての認識が、日本側ではまだきわめて弱かったため、すべてを雇外国人技術者にまかせるという方法がとられたものであろう。土工など全般についても同様のことがいえる。しかし、じっさいに工事をすすめるにともなって、いわば「これなら日本人でもできる」という分野がいくつも発見されていった。

技術自立への展望は、そこからひらけていったとみてよい。このような技術の自立過程については、第二章以下にゆずることとし、いまここでは、このような展望が、具体的にどのような順序で実現していったかを概括的にみておきたいと思う。

一八七五年には、官設鉄道の神戸工場（現在の鷹取工場）で、客・貨車の製作が開始された。これは、走行部分には輸入品を用い、車体を国産化したものである。[78]

一八七八年以降、大津・京都間の建設工事を開始、一部の橋梁設計をイギリス人技師に依頼しただけで、延長約一八キロメートルの工事をすべて日本人の手で完成した。この中には延長六六四・八メートルの逢坂山トンネルがふくまれている。このトンネルは、日本人が最初に完成した山岳鉄道トンネルである。[79]トンネルの完成は一八八〇年六月二八日であった。このトンネルの工事以降、各トンネルはすべて、日本人独自の手で完成させる態勢がととのった。[80]

一八七九年四月には、新橋・横浜間の列車に、はじめて日本人機関士が乗務した。開業当初から、イギリス人機関士といっしょに乗務して、火夫の仕事をつづけてきた人びとが、運転技術を身につけて、列車の運転を独自に実施できるようになったのである。こののち、運転はすべて、日本人の手によって実施する態勢が急速にととのっていった。[81]

こうして、まず土木技術の自立がはやく実現し、それとならんで運転の自立もすすんでいった。車両製造技術は、産業革命という背景がない当時の条件では、エンジンや走行部分を製作することはまず不可能といってよい状態であり、他の部分にくらべるとかなりおくれた。しかし、新橋、神戸に設けられた鉄道工場では、工作機械を輸入して、はやくから修理を実施していた。そのような経験の蓄積に立って、一八九三年には、神戸工場で機関車一両がはじめて製作された。機関車の全面国産化の実現は一九一二年、開業後四〇年であった。客・貨車は、一八九〇年代からはかなり国産化がすすんでいった。

以上のようにして、技術の自立過程は着々とすすんだ。それは雇外国人の数を激減させ[82]、自国管轄方式の確立を可能にした。そして、この段階にはいると国内における産業革命はようやく進行を開始し、技術の自立はこれと照応していったのである。

注

（1）ペリー艦隊がもたらした将軍への「献上品」に機関車の模型や電信機がふくまれていたことは、「黒船」を見たことによってひき起された驚愕を、「近代文明」の所産としての機関車や電信機を通じて具体的に認識する作用を果したとみることができる。この点については、第二章でもういちどふれたい。

（2）長崎駐在のオランダ商館長が、年々幕府に送る国際的な情報は、『風説書』としてまとめられ、これが、海外における情勢の変化を知る基本的な情報となっていた。鉄道の記事は、天保年間から出現するという説がある（武藤長蔵「鉄道に関する知識の伝はりし門戸としての長崎」〔長崎高等商業学校編『商業と経済』第二巻、二六〇頁〕）。しかし、現在確かめられている最古の鉄道情報は一八四六年（弘化三）の『別段風説書』所載の記事であり、その後、一八五一年（嘉永四）、一八五二年（嘉永五）などいくつかの情報が見られる（日本国有鉄道編『日本国有鉄道百年史』〔以下『国鉄百年史』と略称〕第一巻、一九六九年、六一七頁）。

（3）たとえば牢固たる尊王攘夷運動の立場をとる場合でも、一八六四年（元治元）の英米仏蘭各国連合船隊による下関砲撃事件などを契機として、その立場を転換する。それが「攘夷のための開国」という目標をもったこと（遠山茂樹『明治維新』一九五一年、一九七二年改版、一二一頁）、ここには、彼らの欧米文明にたいする落差意識が深刻なかたちではたらいていたと考えるべきであろう。

（4）危機意識は、落差意識とともに、日本の近代化における路線の決定において大きな役割を果した。その危機意識が、欧米諸国の侵略に抵抗する方向にはたらくのでなく、みずからを欧米諸国の列に伍せしめ、アジアの他の地域にたいする侵略者としての方向を決定づけたこと、ここに日本の近代化の特質が見出される。本稿の課題である技術の自立は、この観点から把握される必要がある。

（5）市来四郎編述『島津斉彬言行録』（一九四四年）などに見られる西洋文明の摂取による軍事力強化＝開化の図式は、そのまま明治政府に引き継がれた。

（6）輸送をふくめた産業の近代化と軍備の近代化と、そのいずれを優先させるかについて、幕府、西南雄藩などがどのような姿勢をとっていたか。この問題は、日本の近代化の特質とかかわる性質をもつ。この問題の解明には、史実そのものについて、より詳細な分析が要求されるであろう。ただ、全体の傾向としては、いわば反射的な対応にもとづく軍備の近代化が先行課題として取り上げられたとみるべきであろう。

（7）幕府の「職制改革案」（日本史籍協会『淀稲葉家文書』四七〇頁以下）に、その概要がみられる。

（8）明治政府の「富国強兵」政策は、幕末における幕府や西南雄藩などの直面した状況と、この状況にたいする対応の姿勢とをそのまま引き継いだところに、その基盤をおいた。ここでは軍備の近代化と経済の近代化とが共通の目標、すなわち国力の強化のための必要条件として相関化された。この共通の目標が注（3）で見た「攘夷のための開国」という動因に規制され、それが自立の方向を示唆したことは言うまでもない。

（9）Francis L. Hawks, *Narrative of the Expedition of an American Squadron to the China Sea and Japan, performed in the years 1852, '53 and '54, under the Command of Commodore M. C. Perry, United States Navy*, 3 vols. Washinghton, 1856.『ペルリ提督日本遠征記』（土屋喬雄・玉城肇訳、一九四八年、第二巻、二二一頁）。以下、同書には、第三巻一三頁、二〇一頁、などに鉄道などについての日本人の関心についての記事が散見する。

(10) 「中浜万次郎等漂流始末書」(「随筆抄出」所収、『国鉄百年史』第一巻、九頁、所引による)。

(11) 「蒸気車の駿速なるよしは、兼々聞をりしが、今日始て実験せり。十分に蒸気をしかくれば、一時の間に日本里数六十里を行けども、左様にすれば怪我過ちの有ることを慮りて、常には一ときに二十五里づつ走らすといふ。内に乗居て、近き田畑に耕をなし居る農民などをみるに、飛鳥のごとく矻と見留る事能はずといへども、車の動揺ははげしからず、少しの書物はいたさるる程なり」(浜田彦蔵「漂流記」[『文明源流叢書』第三]、前掲『国鉄百年史』第一巻、九頁所引による)。

蒸気車がのちに汽車という、より簡明な用語に成長する。中国では「火車」が列車の用語として成立した。用語にも、技術の自立過程と同様の、消化・自立過程があったことが推測される。この点については、拙著『汽車・電車の社会史』(一九八三年)で言及した。

(12) この書物以外にも、このような自然科学の応用技術の概説書が導入されていたかと考えられるが、まだ確証はない。

(13) 薩摩藩が、このような知識の普及につとめたのは、言うまでもなく近代技術の導入による雄藩としての基礎の確立をめざしたからであり、この書物は、薩摩藩における開化政策の一環をなすといえよう。しかし、この書物は、すでにひとつの藩の枠を越えてあたらしい知識をひろく普及させるという効果をあらわしていった。そこに近代化の流れの形成があったことが知られるのである。

(14) 『遠西奇器述』のような書物によって得られた知識の内容は、自然科学の基本的な原理とその応用とを関連づける体系性と、さらに技術の成果そのものの構造と機能とを体系的にまとめるという意味での体系性とを具えていた。このような知識の体系性がはやくから確立したことも、技術の自立を促進する要素として無視できないと思う。

(15) 川路聖謨「長崎日記」。

(16) 矢崎信之『舶用機関史話』(一九四一年)によると、一八五二年(嘉永五)に精錬局、翌年に蒸気製造局を設け、一八六五年(慶応元)に外車船凌風丸を建造したとある(同書、一三八頁)。これと前後して薩摩藩では、一八四九年(嘉永二)箕作阮甫に委嘱した訳書『水蒸船説略』(全六巻、図一巻)が成り、一八五一年模型船の製作を開始、一八五五年(安政二)雲行丸を完成した(ワット誕生二百年記念事業会編『図説日本蒸汽工業発達史』三七頁以下)。

(17) これらの工程については、不明な点が多い。前掲『舶用機関史話』によれば、佐賀藩士佐野常民が、藩主鍋島直正を説いて、長崎にいたオランダの小型蒸気船を長崎奉行に買い取らせ、これを借り受けて、長崎深堀のドックに繋留、解体し、これをもとにして模型の製作を開始したという(同書、一三一―一三三頁)。現物を解体してコピーをつくる方式は、外来技術を導入する共通の方式であり、このの5近代日本の技術導入の基本的姿勢となった。

(18) 田中久重(一七九九―一八八一)の伝記、森豊太『田中久重伝』(一九五七年)を参照。しかし、木工と異なる金属加工の技術などについて、どのような技術がここで成立したのか、不明の点が多い。

(19) 近世の細工や、これらの技術を合成してひとつのメカニズムにまとめたからくりについては、立川昭二『からくり』(一九六九年)を参照。

(20) 前近代的な工作技術によって、模倣的な製作に成功し、それを藩主の「上覧」に供するというこの一連の経過には、封建体制の変革という目標を欠いたまま、あらたな「文明」の導入をはかろうとする西南雄藩の立場が示されているといえよう。

(21) それが、欧米による侵略に対抗する民族主義の立場に立つものか、幕府に対抗する封建支配の主導権獲得の意図によるものか、いずれの場合にも、社会体制の変革という目標は、ここでは現われてこない。

(22) これらについては『国鉄百年史』第一巻、二〇頁以下を参照。加賀藩の模型と思われるものについては、原田編『写真図説　鉄道百年の歴史』(一九七一年)に、写真を掲載した(同書、一一頁)。

(23) 贈物の一部の目録は前掲『ペルリ提督日本遠征記』第三巻、一九七頁以下参照。

(24) 同右、二〇一頁。この模型に乗ったのは、アメリカ使節応接掛林大学頭韑の家塾長河田八之助興であった(『国鉄百年史』第一巻、一六頁以下)。

(25) 軍備の近代化については、西南雄藩だけでなく幕府も積極的な姿勢を示しており、長崎海軍操練所の設置をはじめ、軍艦の購入、建造、陸上兵力の整備などをすすめていた。しかし、鉄道の模型を製作するという方式はとっていない。造船についても、模型の製作という段階を踏むことなく、購入ないし造船所の設置による船舶の建造という方向に進んだ。この点における西南雄藩と幕府との、進路の相違は何によるものか、これからの課題といえよう。

（26）　この場合の予備知識が鉄道についての構造についての理解や認識か、中浜らから聞いた体験知識程度のものか、そこにはさまざまな態様があったと考えられる。いまここではこれらを区別しないでおく。

（27）（28）　村垣範正「遣米使日記」万延元年閏三月六日（『遣外使節日記纂輯』第一、所収）。

（29）（30）　玉虫誼茂「航米日録」（『文明源流叢書』第三、所収）。

（31）　「遣欧使節航海日録」「尾蠅欧行漫録」（『遣外使節日記纂輯』第二、所収）などがある。

（32）　榎本と同行した幕府軍艦役沢太郎左衛門の日記や、一八六五年（慶応元）森有礼らと渡欧した薩摩藩の松村淳蔵（市来勘十郎）の日記、「松村淳蔵洋行日記」（『薩摩海軍史』中巻所収）など。留学生としての体験を日記につづったものが多い。

（33）　井上勝（野村弥吉）は、伊藤博文らと、一八六三年六月二七日（文久三年五月一二日）横浜を出発、ロンドンに密航した（村井正利編『子爵井上勝君小伝』一九一五年、一二頁〔『明治期鉄道史資料』第I期第2集第七巻に復刻収録、一九八一年〕）井上については次章でくわしくふれる。

（34）　西南雄藩が、軍事技術の近代化と同時に各産業部門の近代化をはかろうとしていたことは前に見たが、どこまで日本全体の近代化という視野をもっていたか、また、このような視野の成立はいつごろか、その目標のおき方など、なお究明すべき問題である。すぐあとに述べる薩摩藩の鉄道建設計画など、区間は京都・大阪間で、「国民啓蒙の良策」という支配者としての立場がつよく押し出されている。むしろ、横井平四郎（小楠）、橋本左内（いずれも福井藩士）などの統一市場形成による各藩連合体制の成立、そのための運輸交通手段の変革（横井『国是三論』）などに、あらたな方向が見られる（『国鉄百年史』第一巻、三二頁以下）。田中時彦『明治維新の政局と鉄道建設』（一九六三年）では、この二人の立論を、「富国強兵論」として位置づけている（同書、三三頁以下）。

（35）　この計画は、一八六四年（元治元）五代友厚らがベルギーを訪問したときに立てられた。『国鉄百年史』第一巻、三九頁以下参照。

（36）　たとえば、一八六七年三月四日（慶応三年一月二八日）、横浜在住のC. L. Westwood（国籍はイギリス人かアメリカ人か不明）による請願にはじまり、一八六九年四月二一日（明治二年三月一〇日）のA. Canfell（横浜在住イギリス人）

の請願にいたる何件かの出願があった（『国鉄百年史』四六頁以下、鉄道省編『日本鉄道史』上篇、一九二一年、一五頁以下）。

（37）直接の出願でなく、フランス駐在幕府代表 F. Herald による鉄道建設勧誘など、資金の供与により、幕府の政策として鉄道建設を推進させようとする動きがあった（『国鉄百年史』第一巻、四五頁以下）。この資金提供方式は、明治維新の政治過程を通じて、結局イギリスが主導権をにぎるにいたる。この過程については、前掲『明治維新の政局と鉄道建設』参照。

（38）『国鉄百年史』第一巻、四七頁以下。

（39）アメリカ側の出願は、幕府老中の認許を獲得したという点で、日本側にとってかなりあとまで問題を残す結果となった（同右、五二頁以下）。

（40）大隈重信や伊藤博文が、交通手段の変革と同時に、中央集権制強化の手段として鉄道の建設を決意したという事実は、大隈の回想にも出ている。すなわち「其当時ノ先輩ニ向ツテ此封建ヲ廃スルコトガ必要デアル、郡県ノ下ニ全国ヲ統一スルコトガ必要デアルト云フ議論ヲイタシテ居ル時デ、之ヲ廃シテ全国ノ人心ヲ統一スルニハ、此運輸交通ノ斯ノ如キ不使ヲ打砕クコトハ必要デアル、又封建的割拠ノ思想ヲ打砕クニハ余程人心ヲ驚カスベキ事業ガ必要デアルカラ之ニ向ツテ何カ良イ工夫ガナイカト云フ考ノ起ツテ居ル時ニ此鉄道ノ議論ヲ聞キ、是等ガ動機トナツテ何ンデモ鉄道ガ一番良イト云フコトニナツテ、夫カラ鉄道ヲ起ストニフコトヲ企テマシタノデゴザイマス」という（一九〇二年四月二四日帝国鉄道協会第五回総会における大隈の演説、『帝国鉄道協会会報』第三巻第七号、一九〇二年、四四八頁）。

（41）この日の参議大久保利通の日記。「十字参朝、鉄道御開之事評決有之」（日本史籍協会『大久保利通日記』下、七一頁）。

（42）イギリスは、明治維新の政治過程を通じて、薩摩・長州両藩などとの関係をつよめ、幕府を支援して後退したフランスに代って、新政府の動向につよい発言権を獲得した。

（43）パークスの勧誘については、前掲『明治維新の政局と鉄道建設』一〇一頁以下に詳しい。

（44）明治維新を通じて、日本が植民地化の方向を進まなかったことについて、その原因をどこに求めるかについては、長い間論争がくり返されてきた。しかし、鉄道についてみるとき、パークスが明治政府の首脳に自国管轄方式をとることを勧告したことは、鉄道の植民地的状況を回避するうえで、重大な要因となったと思われる。それはまた、植民地化を回避しつつ、明治政府の中央集権的支配権を強化していった日本の近代化の進路をそのまま体現していると言えるであろうか。

(45) たとえば前掲『明治維新の政局と鉄道建設』八頁以下の規定などに、この立場は示されている。

(46) 同右、一二七頁以下。

(47) 同右、一四四頁以下。

(48) 訳文は「鉄道寮事務簿」や『大日本外交文書』(第二巻第一冊)にあり、『国鉄百年史』第一巻、五五—五七頁に引用されている。

(49) 『大日本外交文書』第二巻第一冊、三〇九—三一一頁。

(50) 開明派という立場が、どのような根拠に立って成立するかについてはかなり大きな問題がある。単に攘夷という排外主義に対立するというだけではない。また開明派の立場が、近代民主主義の理念やその体制を理解していたというわけでもない。彼らは欧米文明の導入による中央集権国家の強化をはかっていた。いわゆる文明開化の特質はこのような点に規定される。

(51) 大隈が一八六九年四月(明治二年三月)、外国官副知事に就任し、外交の衝にあたる地位についたことも、ひとつの機会とみるべきか。

(52) 井上勝の介在を裏づける史料はないようである。しかし、伊藤博文の依頼を受け、通訳としてこの交渉の過程にいたことが推測される。前掲『子爵井上勝君小伝』所収「日本帝国鉄道創業談」一三頁(以下、「創業談」と略称)。

(53) 前掲『子爵井上勝君小伝』一二—一四頁。

(54) 前掲「創業談」一二—一三頁。

(55) この非公式会談は、右大臣三条実美邸で、大納言岩倉具視、外務卿沢宣嘉以下が出席、パークスと会見した(『大日本外交文書』第二巻第三冊、七四頁)。

(56) これらの点については『国鉄百年史』第一巻、六二頁に要約してある。

(57) 大隈らは、建設反対派が、レイとの確執に乗じて攻撃を加えることを懸念した。この両者はともに、彼らにとって阻害要因となっていた。さらに、大隈らが、のちにふれる軌間など専門的知識を欠いていたことなども、難関のひとつに数えられるであろう。

(58)『国鉄百年史』第一巻、九〇頁。

(59)モレルの人選については、前掲『明治維新の政局と鉄道建設』二〇四頁参照。

(60)この問題は、すでにパークスとの交渉過程において、相互の諒解が成立していた。

(61)一九二〇年帝国鉄道協会大隈会長歓迎晩餐会における大隈重信答辞。『帝国鉄道協会会報』第二一巻第七号、一九二〇年、五一〇頁。

(62)レイとの確執については『国鉄百年史』第一巻、六四頁以下参照。

(63)前掲『明治維新の政局と鉄道建設』二八三頁以下。

(64)資材等についても、当事者が十分な知識をもたなかったことが、くいちがいの原因となっていた。

(65)三〇万ポンドの使途については、『国鉄百年史』第一巻、三三六頁以下参照。このほかに東京・横浜間については、明治五年八月までに大蔵省が一一五万四八五両永一七一文、洋銀三万九五六四ドル七四セントを支出している。

(66)モレルは、一八七〇年工部省設置について、伊藤博文大蔵大輔に意見を寄せ、「工業行政ノ統一」を良策として勧めた(『日本鉄道史』上篇、一七五―一七六頁)。

(67)同右、一七六頁。

(68)*The Intitution of Civil Engineers Session*, 1871, Part I, pp. 299-300, Memoir による。

(69)『旧工部大学校史料　同付録』、一九三一年(一九七八年復刻)、一一頁。

(70)『日本鉄道史』上篇、一五九頁以下。

(71)『鉄道寮事務簿』その他の史料に現われる労働者の雇入、賃金の規程類、『京都府庁文書』(鉄道建設)収載の「職人定雇規則」などから、このことは推測される。

(72)William F. Potter, "Railway Work in Japan", *The Institution of Civil Engineers Session*, 1878-1879, Part II, Sect. 1. Minutes of Proceedings, vol. LVI, p. 8.

（73）前掲「創業談」二六頁。なお本書第二章参照のこと。
（74）北垣聰一郎『石垣普請』（『ものと人間の文化史』58、一九八七年）など参照。
（75）これらの自立過程については、本書第二章参照。
（76）（77）Potter. *op.cit.*, p.3.
（78）形式AJ. N. などの客車について。『国鉄百年史』第二巻、二八九頁以下参照。
（79）本書第二章参照。
（80）前掲「創業談」二七頁。
（81）『国鉄百年史』第一巻、二六二頁。
（82）表1-1参照。一八九三年前半の国産機関車製作にあたって、イギリス人R・F・トレヴィシック（Richard Francis Trevithick）の指示を受け、一九〇〇年起工の東京市街線高架橋の工事にあたってドイツ人H・ルムシュテル（Hermann Rumschöttel）、F・バルツァー（Franz Baltzer）の指導を受けるなど、雇外国人の存在理由は、特定の作業に限定されていった（『国鉄百年史』第一巻、三一六頁）。

第二章　鉄道技術の自立過程における技術官僚の役割

一　鉄道専門官僚の登場

周知のように、日本の鉄道は、まずイギリスから技術者を受け入れ、その技術指導のもとに、同じくイギリスから輸入した資材によって建設・運営された。その意味で、当時の日本には鉄道の建設・経営について、これを自主的に運営する態勢はととのっていなかった。しかし、第一章で見たように自国管轄方式と技術の自立との間には密接な関係があった。そしてこのような当初の技術・資材の導入からはじまった日本の鉄道が、自立への方向をすすんでいったその速度は、かなり目ざましいものがあった。いくつかの徴標となる例を挙げればつぎのようになるであろう。

一八七九年　日本人機関士の登場。
一八八〇年　日本人技術者・労働者の手で逢坂山トンネルを完成。
一八八九年　東海道線全通（測量、土木工事、架橋などの技術の完全な自立化）。
一八九三年　機関車の製作（一両のみ、試作的要素がつよい。イギリス人技師が指導）。
一八九〇年代後半か　列車運行図表（ダイヤグラム）の自主製作開始（列車運行計画の自立化）。
一九〇三年　汽車製造株式会社製の機関車実用化（国内メーカーの機関車製造態勢がととのう）。
一九〇一～〇四年　官営製鉄所（八幡）でレールの製作開始。
一九一二年　蒸気機関車の全面国産態勢成立。

以上のように一八七二年の東京・横浜間開業後四〇年で、ほぼ完全な自立態勢が実現した。このような自立化への急速な進歩は、いうまでもなく、当時の「殖産興業」政策にはじまる資本主義育成の政策と、国内における資本主義体制の急速な成立・発展という条件による。

ここでは、このような条件のもとで、鉄道技術がどのような推移を経て自立の道をすすんだかという点をとりあげてみようと思う。もちろん、このテーマは大きく、しかも多岐にわたるので、その全体を把握することは困難である。したがって、創業当時における技術や資材の導入と、対外依存からの自立過程の開始の時期を中心に特徴ある事件や事実を抽出して考えてみたいと思う。

この場合、鉄道の建設・運営にあたってその中心となった鉄道官僚について主にふれていくこととしたい。もちろん鉄道の建設・運営にあたっては、技術者・労働者などさまざまな分野の人びとが、しかも多数の人びとがかかわっている。したがって、これら多数の人びとの鉄道の導入・自立についての姿勢を見ることが、本来は必要であろう。

しかし、ここでは一応鉄道官僚に焦点をしぼっていかざるを得ない。それもごく限られた人物についてしかふれることができない。とりあえず井上勝を中心に見ていくほかないということになるであろう。

いうまでもなく、井上勝は鉄道創業期において、鉄道建設の当初から一八九二年（明治二五）鉄道敷設法が公布された段階にいたるまで、いわば鉄道の基礎固めの作業を推進した中心人物であった。その井上が、大隈重信の編集になる『開国五十年史』（上下二巻）に、大隈の嘱を受けて「鉄道誌」と題する鉄道創業期の通史的記録を作成した。(1)

この文章は、日本導入にあたって当事者となった井上が、どのような立場から鉄道の導入にあたったか、さらに建設・経営の自立をどのようにして模索していったかを知るうえで重要な史料である。鉄道の導入から自立までの過程においてわれわれが汲みとるべき問題はきわめて大きいといわなければならない。この問題の所在を明らかにするために、井上のこの文章をまず検討してみることとしよう。

井上は自分の青年時代を回顧し、外圧と国内における混乱という状況のもとで、「志士の憂憤に堪へさる(2)」状態にあったという。このようなとき彼が時勢にたいしてとった姿勢は、当時の青年がとった姿勢のひとつの典型である。すなわち「子も亦た志士の顰に倣ひ、窃に報効する所あらんを期し、先つ欧米の長所を探りて我国の短所を補ひ、国家をして外威の圧迫に対抗せしめんと志し(3)」たという。

いわゆる攘夷の直接行動に走った青年たちの行動類型と対極的にみえる。しかし、これは、対極的にみえて実は同根の行為といえよう。しかもこの文章をそのまま信用するとした場合、ここには、欧米の近代文明を摂取しつつ「近代化」路線をつき進んだ、いわゆる文明開化の基本姿勢があざやかに投影されているといわなければならない。「採長補短」こそ、文明摂取の一貫した立場であり、そこには例の中体西用的原理が牢固として作用していた。その意味で、彼もまた時代の子としての立場をつらぬいていったのである。一八六三年（文久三）の、井上馨、伊藤博文、遠藤謹助、山尾庸三と五人のロンドン密航の目的もそこにあった。その直接の動機は、彼によれば、長崎でも函館でも、「到底文物の全彪及び技術の蘊奥は之を探くるに由なし、因て実地を視察し一方を研究して以て為す所あるへしと決意したり」というところにあった(4)。

この留学にさいして、彼はロンドン大学で鉱山、鉄道を専攻したといっている。『子爵井上勝君小伝』に挿入されているロンドン大学の修了証書をみるとGeology すなわち地質学クラスにいたように考えられる(5)。鉱山および土木工学専攻というところか。

周知のとおり井上馨と伊藤博文とは、四国連合艦隊の下関砲撃の報を聞くと帰国する。この二人が維新変革の渦中に身を投じて、のちに明治政府の首脳部に列するコースをとったのにたいし、残った三人は、専門知識を身につけてあとから帰国する。ここで、維新後における進路が決定的に分かれる。政治官僚と専門官僚との違いとみてよいであろうか。遠藤は造幣、山尾は造船から工部省官僚へ、そして井上は鉱山・鉄道へ進み、井上馨、伊藤の下僚としての地位に甘んずることとなる。

官僚制成立期におけるこのような人的配置がもたらす問題は、近代日本における権力機構のひとつの特徴を示しているかもしれない。しかし、ここでは深く立ちいってはいられない。とにかく井上勝がえらんだ道は、このような専門官僚への道であった。それは前に述べた彼の「採長補短」の文明開化＝「近代化」路線への志向から、彼みずからが決定した進路によるものであったとみてよいであろう。幕末以降の留学生がとった進路のいわば先駆ともいえる。しかもこの専門官僚のコースは、鉄道・鉱山・造幣のいずれをとっても、全く前人未踏の分野をひらくものであり、いきおいその各部門において自分の手で技術を導入し、自分の手で組織・施設を構築し、自分の手で経営するという総括的な管理者としての負担を完成されなければならなかった。

各産業部門のなかでも、鉄道における井上勝は、その典型的な総括管理者として位置づけられる。

彼は明治維新の報を聞くと「将さに為す有るべきを察し匆々帰朝の途に就き」(6)一八六八年末か翌年はじめ（明治元年一一月）に帰国した。(7)そしてまず山口の藩庁に復命すると、藩では「直ちに鉱業管理の職」(8)を命じた。しかし、木戸孝允が「地方に小用するのは中央に大用するに如かさる理由」(9)から彼を東京に呼び寄せるよう工作し、井上勝は上京、一八六九年（明治二年一〇月）造幣頭兼鉱山正に任命された。

井上が鉄道事業にかかわる第一の機会があたえられたわけである。井上が自分の意思で鉄道官僚への道をすすんだか否かについては明らかでない。伝記にも「創業談」にもそのような記述はない。どちらかといえば、偶然の機会がそうさせたと見られそうである。

というのは、井上が上京した一八六九年秋には、すでに大隈・伊藤とイギリス駐日公使ハリー・パークスとの間で、鉄道建設に関する打合せがすすめられていたのである。そして、このころすでに、話し合いは建設決定というところまで到達していた。この間の事情については、すでにいくつかの論考もあるのでふれないが(10)、パークスが、清国総税務司の職をはなれていったん帰国ののち再度渡清したH・N・レイを大隈らに紹介した。レイは、上海で一旗挙げようとして再度清国にやって来たが、目的に達することができずに、帰国の途中日本に立ち寄ったのである。おそらくレイの依頼を受けてパークスは、レイを大隈らに紹介したのであろう。レイと大隈・伊藤らとの最初の交渉は、伊藤の回顧談によれば「明治二年九月」とされる(11)。

そして、井上は、この交渉の場所にいわば引っぱり出された。井上の「創業談」を見よう。

其第一回藤公（伊藤博文――引用者）会見の際には、予偶藤家に寄寓し、其通訳の任に当りしを以て、親しく其説を聞くを得たり(12)。

さらに井上は「之れを予が鉄道に関渉するの始とす(13)」と述べている。このようにしてみると、一八六九年（明治二年九月）には、すでに井上勝は上京していたこととなる。そして伊藤博文の家に寄寓していたということになるのである。密航以来の関係がそうさせたのであろう。伊藤よりも英語に堪能であった井上が、伊藤や大隈に依頼されて通訳をしたことは当然であったとみられる。そのようなところにも前に述べた専門官僚へのコースをきめていく要素がはたらいていたとみてもよいであろう。

しかも、井上は、鉄道建設の決定という高度な政策決定の主役とはなっていない。鉄道建設の政府正式決定は、一八六九年一二月一二日（明治二年一一月一〇日）である。井上は前に述べたように、九月の最初の交渉からこのときまでの間に、造幣頭兼鉱山正に任命されている。鉄道建設は、まだ大隈・伊藤ら政策決定をおこなう官僚の手中にあって、井上のような専門官僚が出る段階まで具体化してはいなかったということになる。

井上が、専門官僚として本格的に鉄道建設にかかわるようになったのは、一八七一年九月二九日（明治四年八月一五日）鉱山頭兼鉄道頭となったときである。[14] このときまでに、鉄道管轄官庁は民部省・工部省と変転し、ようやくこの前日工部省に鉱山・鉄道・土木などの一〇寮と測量司とが設置された。[15] 政府における殖産興業政策の体制がこのころにととのってきたわけである。

しかし、兼任では鉄道業務に専念できるわけではない。鉄道頭専任は翌一八七二年八月七日（明治五年七月四日）、東京・横浜間の鉄道が本格的に開業する二カ月あまり前の時期である。すでに一八七〇年四月二五日（明治三年三月二五日）測量は開始されて、工事は進んでいたのである。したがって井上は、この工事に最初から参画していたということにはならない。工事開始直前の四月一九日民部・大蔵省に設置された鉄道掛の長官は、監督正上野景範である。上野は薩摩藩出身の大蔵官僚で、のちに外務官僚への道を進む。その分野については専門官僚といえるが、鉄道についての専門家ではない。しかも一八七〇年七月一五日（明治三年六月一七日）には、レイ借款の問題処理のためイギリスに派遣され、帰国は翌年九月二六日（明治四年八月一二日）である。したがって工事開始後三カ月にして、鉄道建設を管掌する官吏が空席となっていたのである。

井上は、この空席を埋めるため、事実上の担当者とされた形跡がある。それがいつからかは不明であるが、一八七〇年一二月一二日（明治三年閏一〇月二〇日）工部省が設置され、井上は同二二日工部権大丞に任命された。このときは鉱山正兼任であったが、一八七一年二月八日（明治三年一二月一九日）兼官を解かれ、権大丞専任となっている。権大丞の職務は、井上によれば「省中一切の事務を処理させられ」[16]とあり、このとき、山尾庸三とともに権大丞として、工部省事務処理を分担したと考えられる。[17]

井上が鉄道にかかわったのは、このころからと考えられる。そして翌年八月、前に述べたように鉄道頭に任命されたのである。井上の執務の姿勢について、伝記者はつぎのように述べている。

是〔鉄道頭就任――引用者〕より倍々剛毅の性を発揮し、一面は英京修得の風儀作法を以て能く雇聘《ママ》外人の驕傲を制し、一面は長袖紈袴の旧習を排し、工夫に先ちて指導監督に努む。[18]

井上が雇外国人にたいしても、政府部内にたいしても、かなりつよい自己主張をくり返しながら、鉄道建設の事業を推進していったことはおよそ想像できる。そこで、一八七〇年から七七年までの鉄道建設・運営の過程における井上勝の執務のありかたを、いくつかの事例からみることとしよう。井上のもとにおける鉄道寮の職員についても、できるだけふれようと思う。井上の統率のもとに、このときから鉄道寮各部門では、旺盛な技術の習得と自立への努力が重ねられていったからである。「外人の驕傲」に対する姿勢と「旧習を排」する姿勢と、このような見方をふくめて、彼のいう「採長補短」が典型的に現われているのではなかろうか。

二　技術自立への要請

井上が、前に述べたような「採長補短」の姿勢で技術の導入にあたったことは、いくつかの事例から見ることができる。前に「長袖紈袴の旧習を排し」という表現があったが、井上は、測量その他の作業にさいして当時の政府官吏の制服とされていた羽織袴・佩刀を廃止させた。これはあくまでも作業の能率向上と災害防止との二つの理由から実現したもので、井上が意見を述べて実現したという。(19)

能率の向上という観点からみれば、旧来の服装はあらゆる点で非合理的であったであろう。当時の技術者たちの回顧談には、こうしたたぐいの話が多い。とくに芝・高輪間の工事では、海岸沿いに海面を埋め立てて築堤をつくったために、干潮の時期を見はからって海岸線に草履や雪駄ばきで立ち入ったが、足が砂にもぐって作業にならなかったという。イギリス人たちは長靴を用意していたので、作業の能率は格段のちがいであった。(20)

このような例を見ても、作業の能率を向上させるためには旧慣にもとづく制服などにかかずらわっていることはとても不可能であった。すでに幕末以来幕府や各藩の軍隊は、服装の改変をすすめていた。この改変も、集団戦法の能率向上が求めた結論であった。これと同様の要請が、鉄道建設にも起こってきたのである。こののちさまざまな分野にひろがっていく服装の改変には、一面では欧米への追随という要素があったとも見られるが、他面ではこうした作業能率の向上という要素がはたらいていたとみてよいであろう。

井上の「採長補短」論の一端はこのような問題にも現われているが、彼の場合には、何を長とし、何を短とするかという判断基準をつくりあげるための知識が、一定の水準をなしていた。したがって、雇外国人のとる方式にたいして必らずしも盲目的に追随するという姿勢はなかったといってよい。以下、いくつかの事例を見ることによって、井上の姿勢を考えてみよう。

第一に軌間の決定について――。軌間を国際標準軌間の四フィート八・五インチ（一四三五ミリメートル）より狭い三フィート六インチ（一〇六七ミリメートル）に決定した経緯については、決定的な史料がないが、一八七〇年四月九日（明治三年三月九日）に来日して雇外国人技師長となったエドモンド・モレルが、大隈にはかり、その決定をイギリス本国で公債募集や資材購入・技術者の人選にあたっていたレイに通告、レイが最終決定をしてモレルに伝えたと考えられる。(21)

大隈とモレルとの打合せについては、大隈がその回顧談で「濠州の鉄道を造つたモレルと云ふ英国人の技師を傭つて来てどんな鉄道を造るかと訊くと、ゲージはどうしませうと云ふ、ゲージとは何だと云ふやうな有様で、段々外国人の説明で略々解つて来た」と述べている。(22) ゲージすなわち軌間が、これから建設すべき鉄道の、もっとも根本的な規格となるという観点から、モレルはこのような質問を発し、大隈はこれについてまったく知識がなかったと告白しているのである。モレルの立場からすれば当然の質問とみられる。しかし、建設決定の衝に当たった大隈や伊藤では、このような規格の決定については相談相手となることができない。

日本側の対応については、井上勝が大隈に意見を述べたようである。井上は「創業談」でつぎのように述べている。

我国の如き山も河も多く、又屈曲も多き地形上に在りては三呎六吋ゲーヂを適当とす。英国等の如く四呎八吋のゲーヂにては過大に失し不経済なりとの説多きを占めたり。殊に現下の勢にては広軌にて百哩造るよりも狭軌にて百三十哩も造る方、国利尤も多からんと予も思考したり。因て其説を隈公〔大隈――引用者〕に進めたる事もありしか、廟議終に三呎六吋ゲーヂを採用するに決せられたり。[23]

当時イギリスでは軌間について議論がわかれ、狭軌論が優勢を占めた。そして、オーストラリアの一部、ニュージーランド、南アフリカ、セイロン（スリランカ）などで、三フィート六インチの鉄道を建設した。モレルは一八六二年からニュージーランドで、一八六七年からオーストラリアのラスアン炭鉱とその鉄道で、主任技師として活動した。[24] そしてパークスがモレルをレイに推挙した。[25]

モレルの技術者としての良心についてはまたのちにふれることもあろうが、イギリス植民地の鉄道に従事してきた若冠二七歳のモレルは、この日本でも同様に狭軌が適当と考えていたかもしれない。そのモレルと直接交渉があったか否かは不明であるが、井上もイギリスにおける軌間をめぐる論争について知識をもっており、大隈に狭軌がよいと進言したのであろう。モレルの立場に対応できる立場を、すくなくとも井上勝はもつことができたのである。

第二に、雇外国人の技術にたいする評価について――。井上がイギリス留学によって鉄道について一定の知識を得ていたことは、彼がじっさいに鉄道の建設を主宰する立場に立ったとき、雇外国人にたいして主体性を失うという弊を免かれさせたといえる。

井上は言う。「〔外国人とのあいだの――引用者〕意志相通の不充分なるに依りて冗費を要するの多き勝げて数ふ可からざるものあり。譬へば橋の石垣を積むに、上下合場のみを平にすれば宜敷ものを、四面皆平に磨きたる事もあり。軌道の枕木も直角に限りたる事もありし等、無益の費用を冗出するのみならず、時日も随て多消せざるを得ざりし。[26]」

日本ではすでに土木工事の技術水準はかなり高いものがあった。在来技術として治水、築城、坑道建設など、多くの分野に応用されていた。この点については、雇外国人のなかにも、これを高く評価した人がある。[27]またモレルは、日本の木材が豊富な点から、わざわざイギリスから高価な鉄製枕材を輸入することを止め、日本産の木材を枕材に使用するよう忠告した。[28]

測量・設計その他欧米における技術によって基礎計画ができあがれば、そのあとは高い水準の土木技術と豊富な資材とによって、日本人の労働者によって施工にはいることができるという意識が井上にはあったであろう。井上が例に挙げている石垣などの場合、すでに日本では間知石積のような技術があり、かなり高い城郭の石垣でも建設することが可能となっていた。この場合、井上が指摘するように、上下・左右の合場を平面にしていけば、他の二面は加工する必要がないとしていた。しかし、イギリス人たちは、合場以外も平面にしようとする。

枕木の場合でも、日本人の木材を削る技術は、かなり高度で、ポッターも驚嘆したほどであった。[29]このような木材の成型技術をもっている日本人は、枕木敷設の場合、イギリス人が、木材をすべて同一の規格に合わせて成型せよと要求すれば、それに応ずることはできた。しかし、枕木は、レールを同一の軌間の長さに合わせて固定することができればよいのであって、すべてを直方体に成型しなければならないということにはならないはずである。井上の眼からみれば、このような要求もかなり無理であり、また無駄なことと映ったであろう。

このほか溝渠の掘削などについても、日本の在来技術を認めさせた例もあるようであり、ポッターは、機関車用缶水を得るための井戸の掘削のさい、日本の掘抜井戸の技術に、彼らが高い評価を与えた事例を紹介している。[30]

このような例を見ていくと、井上が鉄道建設の知識で雇外国人の技術に対抗し、さらに日本の在来技術を同化させながら建設をすすめていった過程があるていど理解できるように思われる。とくに、在来技術を主体的に使用するという方式を通じて、外来技術摂取を効率のよいものとしていく方策は、意識的にとられているようにもみえるのである。この点は、のちに逢坂山トンネルの掘削の問題をめぐって、もう一度ふれることとする。

もうひとつ、線路選定にあたって、井上が強硬に自説を主張した例を挙げよう。京浜間と同時に計画・着工した大阪・神戸間の線路は、一八七四年（明治七）五月一一日に開業した。この間この線路を京都に延長し、さらに敦賀まで建設しようという計画が進んでいた。(31) この大阪から京都にむかう延長線の線路選定にあたって、井上は、工部省にたいし「大坂西京之間鉄道建築調書」を提出した。この調書では、彼は、大阪から京都にむかう場合、二通りの経路があるとして、これを甲乙に分けた。すなわち、甲は神戸から大阪に入ってきた線路をそのまま京都にむけて延長するものである。乙はこれにたいし、いったん大阪から神崎まで後退し、神崎で阪神間線路と別れて京都にむかうものである。すなわち、乙の場合は、大阪始終発列車にとっては便利であるが、京都・神戸間直行列車は、大阪で逆方向に転換すること、すなわちスイッチ・バックが必要となってきわめて不便である。(32)

この乙案は、「総て雇外国人の測定に係り」(33)、もしこれを採用すれば「大坂以東の交通は永く無限の不利を被らん」(34)と井上は考え、甲案の採用を主張した。当時、都市におけるターミナル停車場の選定のさい、ヨーロッパでは、都市の中心部に線路を突っこむかたちで停車場の位置をきめる方式が多かった。そのため線路は、Y字形に敷設され、この停車場を通過する列車はこの停車場で必らずスイッチ・バックしなければならなかった。日本でも横浜駅（現・桜木町）は、東海道線が延長するとこの方式となった。新橋駅（現・汐留）も、都心通過の計画は不可能とされたため、のちに山手線が東北地方への連絡線として建設されたので、その意味ではこの方式を結果としてとることとなった。この方式による停車場の形式を頭端式と呼び、のちの東京駅のようなターミナルの形式を通過式と呼ぶ。

雇外国人は大阪駅の選定のさいにも、堂島にターミナルを選び、京都へ延長する場合にはスイッチ・バックさせることを構想したと考えられる。

しかし、井上は、乙案が甲案にたいして十三川と神崎川との二つの河川を避けることができるとしても、乙案は一四マイル、甲案は六マイルとなること、そのため二カ所の橋梁の架設費からみて甲案がいくらか建設費の上で高額となるという点はあるが、「大差も無之、往々の便利如何バカリニ可有之と被存候」(35)と述べ、甲案を推したのである。

この井上の意見は、一八七二年三月一八日（明治五年二月一〇日）採用され、同二三日甲案による建設が通達された。

このようにして、井上は、雇外国人が選定した線路であっても、自分の立場でこれを変更させるという措置を遠慮なくとったのである。そのために、彼は、かなり詳細な建設費の試算をおこなっている。注（35）にかかげたのはその結論にすぎないが、橋梁の資材購入費・運賃・組立費・架設費をはじめ、土木工事にかかわる経費を、用地費、土工費など詳細に計算している。

このような計算の基礎があって、はじめて彼の主張はその根拠を認められた。そしてそれは雇外国人にたいする独自の主張を可能にし、同時に自立への道を開いていったのである。

三　技術自立の一階梯

一八八〇年（明治一三）七月一五日、大津・京都間の鉄道が開業した。この区間の建設工事は、技術の自立過程において、いくつかの重要な事例をふくんでいる。そこで、これらの事例を見ることによって、技術自立のありかたを検討してみることにしよう。

この工事の完成にあたって、工部省鉄道局長井上勝[36]は、「京都大津間鉄道景況演説書」を明治天皇に奉った[37]。この報告書のなかで、井上は、この区間の工事において特記すべき点をいくつか挙げている。それを摘記すると、第一に東山山地を越えるための、最初の山岳線建設となったこと、第二にそのため切取、築堤などの土工量が大きくなったこと、第三に逢坂山トンネルという最初の山岳トンネルの掘削が必要となったこと、第四に、工事全体を通じて雇外国人の手を借りることなく、ほとんど独自の態勢で施工することができるようになったこと、第五に、その結果、経費の節減は予算額の一七パーセントに上るという成果を収めたこと、以上である。

大津・京都間の線路延長は一一マイル二六チェーン（約一八・二キロメートル）、一八七七年二月六日に全通した京都・大阪間の線路に接続し、京都から賀茂川を渡って南下、桃山付近で東北に折れ、山科盆地から逢坂山にとりついて、トンネル（二一八一フィート＝六六四・八メートル）を掘り、ここから大津の琵琶湖岸に出る。東山山地を現在のようにトンネルで突っきるのではなく、南に迂回するように線路を選んだ。これはすでに一八七三年以降雇外国人シャービントン（Thomas R. Shervinton）らが担当して測量を進めた経路を踏襲していた。当時の建設技術の水準からこのような迂回線が構想されたものと考えられるが、それでも、賀茂川橋梁のほか数カ所の橋梁の架設、前述のような切取・築堤を場所によっては一〇〇〇分の二五という急勾配区間に建設する工事、それに逢坂山トンネルの掘削工事というように、それまでの京浜間や京阪神間とはかなり異なる難工事に直面することとなったのである。このような条件をどのようにして克服したのか、しかも、前に述べたように、その施工にあたって、日本人独自の手で遂行することができたのか――。

この点を逢坂山トンネルの掘削についてみることにしよう。井上勝は、「景況演説書」のなかで「是ヨリ先キ皇国ノ鉄道河床ヲ横断スルノトンネルハ既ニ之レ有レドモ、[38]唯是瓦石大樋ヲ河底ニ設クルト一様ノミ、山巌ヲ鑽透シテ長サ数百間ニ渉ル其ノトンネルト称スベキモノハ、実ニ此ノ逢坂山ヲ嚆矢トナス」と述べている。[39]この最初の山岳トンネルを掘削するにあたって、どのような方式がとられたか、雇外国人技師ライマー=ジョーンズ（T. M. Rymer-Jones）がイギリス土木学会の機関誌に載せた報告によると、底設導坑の掘削方式をとり、ジョルダン式削岩機が用意され、日本人労働者はその使用法を教えられたが、日本人労働者はノミ、ツルハシによる手掘りの方法で掘りすすみ、岩盤の堅い個所で火薬を使用した。底設導坑は幅六フィート（約一・八メートル）、高さ五フィート（約一・五メートル）の導坑をまず掘って、これを起拱部の幅一四フィート（約四・二メートル）、基面から拱頂までの高さ一四フィートの断面に切り拡げた。[40]

労働力は、ライマー・ジョーンズの報告によれば、表2-1のように編成されて、その延人数は約七万人強となった。

この掘削にあたって、井上は関西で御用商人としての地位をきずいていた藤田伝三郎と、横浜の高島嘉右衛門手代として京浜間鉄道建設工事に従事した吉山某とを提携させ、彼らに工事を請け負わせた。[41]この請負は大津・京都間全線にわたって実施され、このときから鉄道土木工事における請負体制がととのえられていく。そのような意味

表2-1　掘削関係労働者の作業分担・延人数および賃金

作　業　分　担	延人数
導坑掘削　　4人ずつ　1日　4交替制	10,880人
導坑切拡　　　　　　1日　3交替制	8,160
導坑切下　　4人ずつ　1日　3交替制	9,000
岩層掘削　　6人ずつ　1日　3交替制	17,380
排水坑掘削	1,518
側壁掘削　　各側壁5フィート毎に6人、両側	5,200
拱頂切拡	19,360
計	71,498

労働者の賃金

掘削坑夫	6～8時間につき	50～80銭
大　工	8時間につき	40～70
石　工	〃	40～50
作業人夫	〃	20～40

からもこの区間の工事は重要な画期となった。

ところで、逢坂山トンネルもこの請負方式をとり、当時工部省直轄であった生野銀山の労働者を招致して、掘削工事に当らせたという。[42] その人数は不明であるが、東口（起工一八七八年一〇月一日）、西口（起工一八七八年一二月五日）それぞれの工期（貫通一八七九年九月一〇日、完成一八八〇年六月二八日）は、貫通までが、東口三三五日、西口二六九日、掘削関係労働者数は、平均して約一一〇人あまりが東西両口に配置されたとみられる。

これらの労働者が、生野銀山の坑道掘削労働者であり、イギリスから購入した機械を使用することをきらい、手掘りの方式にたよったという事実は、彼らが近世以来の掘削方式を踏襲したことを意味する。そして、導坑からトンネル断面への切り拡げなど、あたらしく導入された工法も、彼らはみずからの技術でこなしていったとみられる。掘進にともなって地層は固くなっていったとライマー・ジョーンズは記しているが、このような条件もあって、手掘りによる安定した作業を労働者たちは選んだのであろう。一度だけ支保工の組立てが不十分であったために落盤がおこり、掘削坑夫一人と作業工夫三人が死亡するという事故が起こったという。[43]

事故が少なかったという点も特筆すべきことかもしれない。トンネル工事につきものともいえる落盤その他の事故を慎重に防ぎながら、排水、換気の問題にも対応できるような施設を一応はととのえて、この工事は進められた。とくにこのトンネルは、京都方から大津方にむかって下り勾配（一〇〇〇分の二五）となっているため、京都側の西口では、排水のための手動ポンプを使用したと記されている(44)。

覆工の煉瓦積みなどの、いわば仕上げの技術は、すでに京浜・京阪神間の工事において経験ずみであり、ほとんど問題にはならなかったと考えられる。要するに底設導坑の掘削と、切り拡げ、支保工の組立てなどあたらしいトンネル掘削方式によって、在来の鉱山における坑道掘削の技術を駆使しながらこのトンネルは掘られたのである。この点に、逢坂山トンネルの、技術自立過程における意義があったといわなければならないであろう。

しかも、ライマー・ジョーンズは「この区間を管理する技師以外、雇外国人の監督者は一人もいなかった。トンネル工事の直接の責任者は、鉄道建設技術の教育を受けた技師見習国沢能長であった」と書いている(45)。この区間の管轄技師というのはシャービントンであろう。彼は、単なる助言者としてとどまったようであり、国沢がトンネル工事について、一切の責務を担ったのである。井上は「這回の京都大津間建築には外国人は顧問の地位に立たしめ、トンネル又は鉄橋の設計等を命じ、其敷設施行の監督一切は少しも容喙せしめず、皆日本人を充用することとなしたり」と述べている(46)。

こうして独自の工事態勢をはじめてとることができ、しかも費用が節減できた。ここから「自此以後の線路は皆此の例にて施工(47)」ということが可能となったのである。

このように独自の施工態勢が実現した背景には、前にふれたような請負方式による労働力の動員という条件も考える必要があろう。それと同時に、技術者の養成がこれを可能にしたという点も考える必要がある。逢坂山トンネルの責任者国沢能長は、ライマー・ジョーンズによれば「技師見習」とされているが、彼は、大阪に設置された工技生養成所の出身者であった。

この大津・京都間の工事では、区間を四分し、つぎのように各区間の責任者をきめていた(48)。

大津・逢坂山間　八等技手佐武正章
逢坂山・山科間　八等技手国沢能長
山科・深草間　七等技手千島九一
　　　　　　　九等技手長谷川謹介
深草・京都間　七等技手武者満歌

全区間の総括は少書記官飯田俊徳であった。

各区間の責任者は、工技生養成所の修了者である。工技生養成所は井上が京阪神間の建築師長であったシャービントンにはかって一八七七(明治一〇)年五月一四日大阪駅二階に設けた鉄道技術者の養成機関であった。もともと技術者養成機関の設置は、雇外国人技師長エドモンド・モレルが主張していた。モレルは一八七〇年五月二八日付の意見書で、伊藤博文にたいし、鉄道・道路・港湾・燈台・鉱山などの建設・運営を管理すべき「建築局」の設置を勧めた。そのさい、技術者養成機関設置の必要性を、とくに強調してつぎのように述べた。

別ニ教導局ヲ開キ国家ニ大稗益アルハ余ガ言ヲ待ズシテ自明ラカナリ。且学術ヲ教導シ之ヲ実地ニ施スコト総テ非常ノ事ニ臨ムノ外欧羅巴人ノ手ヲ仮ラズシテ事ヲ遂ルノ時期至ルベシ。是ニ至ランニハ俊秀ノ少年ヲ選挙シ

学術ヲ教導習熟セシメ、後年ニ至リ銘々一事業ヲ引受容易ニ遂ル様処置スルハ極メテ切要ナリ(49)

モレルは「自今外国商估等ノ籠絡ヲ免ル、様貴国人中貴族ノ者ヲシテ、学力ヲ備ヘ、外国経済ノ枢機ヲ微密ニ熟知シ、若或ハ我無術不学ヲ幸ヒトシ、己ヲ益シ国ヲ害セント謀ル者アリト雖、之ヲ論破シ聊カ其欺騙ヲ受ケザル様今ヨリ人材ヲ養フハ至極慧敏ノ処置ト云フベシ(50)」という立場で日本人の自立の必要性を述べていた。「貴族」を教育せよというところ、当時のイギリス人のエリート意識を感じさせられるが、独自的な進歩のためには、外国への依存からなるべくはやく離脱すべきことを助言したわけで、彼の良識を示しているといえよう。彼は組織の運営にあたり現状では「一時欧人ノ指揮ニ出デザルヲ得ズ」という状態であり、「英人ノ日本ニ来リ事務ヲ執ルハ強チ金ヲ得ル為メノミナラズ、唯其手ニ付属シ、事ヲ共ニスル者彼此ノ論ナク皆服従ヲ旨トシ礼節ノ風厚キヲ欲ス。仮令外国人日本ノ国風礼節ヲ知ラズト雖、事ノ順序ヲ正フシ、号令ノ粛然タルヲ欲セバ、政府其者ヲ保護シ厚遇ヲ加フルニ如カズ(51)」と雇外国人の立場を弁解している。

このような彼の助言は、雇外国人としての立場を客観的に把握したうえでの発言とみてよいであろう。モレルは、京浜間の開通を見ることなく死去したが、彼の意見にもとづいて、一八七一年（明治四年）工部省は技術見習生の制度を定め、また同年九月には工学寮を設けた。工学寮のもとに翌年工学校を設置した(52)。この工学校は大学校と、大学校に進むための予科という性格の小学校とに分かれ、小学校は一八七四年二月開校、一八七七年六月廃校となった。大学校は一八七三年八月開校、修業年限は六カ年とし、専門科目は土木、機械、造家、電信、化学、冶金、鉱山の七科、毎年五〇人前後の官費生を入校させた。この大学校は、一八七七年一月工学寮廃止とともに工部大学校と改称、のち帝国大学工科大学となる。この工部大学校は専門技術者の養成機関としては、かなり基礎的な分野からの教育をおこない、鉄道技術についてものちに中堅以上の幹部を多数送りこんだ。

これにたいして、このような養成機関では、早急に必要な技術者を得られないという理由から、工技生養成所が設置されたとみてよいであろう。

工技生養成所設定のさいの「鉄道局長諭達」は、つぎのようにその設置の趣旨を述べている。


当局ニ技手ヲ置カルルノ趣意タルヤ各員ヲシテ其本来修得ノ業術ニ従ヒ、其職事ヲ務メシムルニ在ルハ素ヨリ弁ヲ俟タサレトモ、之ニ加フルニ各員居常ニ占得スル位地ノ利ニ因テ、学識現術並ヒ進マンコト当初ヨリノ冀望ハ、固ニ各員ノ志尚ト勉励ノ如何ニ因テ共成否ヲトスヘキモノトスト雖モ、然レトモ又各員ノ因テ以テ此冀望ノ点ニ達スヘキ門口ヲ択シテ之レニ指示スルノ要款タルヲ知ルヲ以テ、之ヲ京神建築師長ニ謀リ、更ニ簡易明晰ナル課程ニ依テ其方法ヲ択ハシメタリ(53)

教師は飯田俊徳とシャービントンの他に、建設技師ホルサム（Edmund Gregory Holtham）があたり、生徒は、中学卒業程度の試験に合格した者を入所資格とした。教授課目は、数学、測量、製図、力学、土木工学一般、機械工学大要、鉄道運輸大要であった。

この養成所はもっぱら実際の現場実習と並行させる教育方針をとり、あくまでも技術者の速成をはかるという点に特質があったとみられる。この点は工部大学校と異なっていた。シャービントンのとりきめた教授科目と内容からそのことは伺われる。

シャービントンの『工技生誘導書』によると、教科は、測量、製図、工事計画、建設資材、建設施工、工事用機械、線路選定の基礎（曲線、勾配、道床、軌道、分岐器、排水、停車場、配線など）、代数、三角などであった。生徒は三級にわけ、一級の者は実際に工事区域に配属して実習をおこなわせる。二、三級の者も、若干名を「建築師局」に配属し、「実地ノ工術ヲ修得センガ為ニ建築師ノ工業検査ノ行ニ伴フベシ」とした。(54)

前述の、大津・京都間の各工区責任者の五名は、いずれも工技生養成所の出身である。前にかかげたライマー・ジョーンズの逢坂山トンネル工事報告で、国沢能長の肩書をcadetとしているところからみると、彼らは、シャービントンの『誘導書』における一級生としてこの工事を担当したとも考えられる。日本政府の職員としての肩書はすでに技手となっているが、養成所の生徒としての身分で工事を担当したともみられる。

彼らはもともと鉄道局の職員として養成所に入所したのであった。国沢は一八四八年生まれ、一八七一年一〇月鉄道寮の技術見習に採用され、阪神間の工事に従事していた。佐武正章は一八五二年生まれ、一八七〇年九月鉄道掛に入り、絵図掛として神戸在勤、千島九一は一八四一年生まれ、一八七三年（?）に鉄道寮に入り、少手として建設工事に従事していた。長谷川謹介は一八五五年生まれ、一八七四年六月鉄道寮傭となり、大阪英語学校で学んだ英語を生かして通訳、測量手伝などに従事している。武者満歌は一八四八年生まれ、海軍から一八七〇年三月鉄道掛に転じ、京浜間の測量開始のときから作業に従事、阪神間の測量にも従事した。(55)

このように、すでに何年か実際の工事に経験をもった人びとを生徒として再教育するところに工技生養成所の使命があった。第一回生徒は彼らをふくむ一二名、第二回の一二名には部外からの応募者もふくまれたが、再教育機関としての性格はなおつよかった。この養成所は、一八八二年（明治一五）閉鎖されたが、これは、工部大学校の卒業生がこのころから採用されはじめたことと関係がある。

技術幹部職員養成の組織はこうして大津・京都間の建設期間を通じてほぼ完成した。雇外国人は、鉄道の場合、多いときで一一九人という数字があり、[56] 人件費だけでも莫大な額にのぼり、前に述べたように、井上勝が指摘した意思の不通からくるトラブルなども少なくなかった。[57] 技術も知識も稚拙で、高給目当てに日本にやってきた者もあったようで、これは植民地・後進国における通弊であったといえよう。さきにあげたモレルの弁解も、彼がこのような事例をニュージーランドやオーストラリアで経験したことによるのであろう。

この前後、一八七六年かと思われる時期に工部卿伊藤博文もまた、「鉄道築造見込書」を書き、外国人傭聘の弊害を挙げ、この弊害を除去するためには雇外国人と日本人職員との責任範囲を明らかにし、また外国人は、工事計画の設計図・仕様書作成といった「事業ノ極務」に仕事を限定し、工事は日本人が施行する態勢をとって「国体風土ニ応シ、便宜ニ築造ヲナスヘシ」[58] と述べている。

伊藤と井上との間にはおのずから意思の疎通があり、一致して雇外国人削減の方策が考えられたのであろう。その結果、大津・京都間の建設工事開始にあたって、井上は、技術者の速成養成をおこない、請負体制をととのえ、また鉱山労働者を導入し、外国人を除去した工事態勢をとったのである。井上は「此の京都大津間建設が本邦鉄道技術上の一発展を紀すへき時ならずや」[59] と述べている。一八七九年には、機関士にも日本人が進出した。[60] このころから建設・運転における技術の自立態勢は成立したといってよい。

イギリスに密航留学したときから、「採長補短」の技術導入を考えたという井上は、このようにして導入から自立への方向を推進していった。彼はまず専門官僚としての立場に立って政府部内における技術導入体制の充実をはかるところから出発し、つぎには工事の進展とともに外来技術導入の弊害や、限界の認識から自立の必要性を感じとり、そして、大津・京都間の建設を機会に、技術自立への方策を実行に移すという経過をたどっていた。

技術の自立は、このように、指導者の立場においては、「採長補短」の立場から推進された。それは、日本における伝統的な技術導入の基本的姿勢であった。すなわち、技術を支える基本的な人間観や世界観まで立ち入ることを避け、あくまでも実際的な「技」（わざ）や「術」（じゅつ）の次元に限定して導入をはかる立場であった。「和魂漢才」、「中体西用」的な立場はここでも変わることはなかった。技術の自立という命題は、このような限定をもっていたことを認識する必要があり、それは、現代にいたる日本の近代化の大きな特質をなしていることもまた指摘されなければならないであろう。(61)

注

（1）　これと同文のものが村井正利編『子爵井上勝君小伝』に附録として「日本帝国鉄道創業談」と題して収められている。ここでは便宜上、この「創業談」によることとする。

（2）（3）　「創業談」二頁。なお井上は一八四三年八月二五日（天保一四年八月一日）生まれ。大隈重信より五歳、伊藤博文より二歳年少である。

（4）　同右、三頁。

（5）　この証書の学生氏名は Mr. Nomuran である。彼は生家から野村家へ養子に行き、当時野村弥吉と称していた。ところが友人はたわむれに彼を呑乱と呼んでいた。自分でも得意になって「のむらん」と自称していた。そして学校当局にも正式の氏名として登録させていたのか。飲酒高声の留学生活が垣間見られる。

（6）　前掲「創業談」四頁。

（7）　『世外井上侯伝』第一巻（一〇三頁）では、明治元年一二月帰国、とされている。

（8）（9）　前掲『子爵井上勝君小伝』一四頁。

（10）　たとえば田中時彦『明治維新の政局と鉄道建設』（一九六三年）。

(11) 一九〇二年五月帝国鉄道協会における伊藤博文演説(『帝国鉄道協会会報』第三巻第七号、一九〇二年)。
(12)(13) 前掲「創業談」一三頁。
(14) 日本史籍協会編『百官履歴』二、二三六頁。
(15) この間の組織の推移はつぎのとおり。
一八七〇年四月一九日(明治三年三月一九日)民部・大蔵省鉄道掛設置。
一二月一二日(同年閏一〇月二〇日)工部省設置、鉄道掛は工部省に移る。
(16) 前掲「創業談」一九頁。
(17) 山尾庸三の工部権大丞任命も、井上勝の任命と同日である(『百官履歴』一、二六九頁)。
(18) 前掲『子爵井上勝君小伝』一七頁。
(19) 一九二一年(大正一〇)鉄道開業五〇年記念に鉄道省が刊行した『鉄道一瞥』には、明治三(一八七〇)年一二月、工部省の太政官にたいする稟申「非常服或は筒袖股引勝手次第に著用」が允可され、これは工部権大丞井上勝の意見によるものであったという伝聞を挙げている(同書五七―五八頁)。廃刀は、同書によると明治四(一八七一)年六月とされている。これらについては『工部省記録』や『鉄道寮事務簿』に史料がない。いまは「一二文書に徴すれば烏帽子直衣を朝服となすの時に於て其執務便宜の為め洋服参朝を允されんことを建議せし」という『子爵井上勝君小伝』の跋文(野村龍太郎)をひとつの史料として見るのみである。
(20) 清水啓次郎編『交通今昔物語』(一九三三年)に収録されている武者満歌の回顧談など。
(21) 「九分利付外国公債記事」第二冊(『明治前期財政経済史料集成』第一〇巻)などによる。
(22) 一九二〇年七月一四日帝国鉄道協会における同協会新会長大隈重信歓迎晩餐会席上の演説(『帝国鉄道協会会報』第二一巻第七号、一九二〇年、八二頁)。
(23) 前掲「創業談」一七―一八頁。
(24) *The Institution of Civil Engineers Session*, 1871-72, p. 229 所載の Memoir. による。
(25) 前掲『明治維新の政局と鉄道建設』二〇四頁。

(26)　前掲「創業談」二五―二六頁。
(27)　たとえばWilliam F. Potter, "Railway Work in Japan", *The Institution of Civil Engineers Session*, 1878-79, Part IIなど。
(28)　川田久長「八十周年あれこれ」(『学鐙』第四九巻第一二号)。
(29)　ポッター前掲論文。「大工がはだしで小さな木の上に足をかけ、つま先から半インチ以内のところまで、その木を力を入れて削っていくのをみると、たえずはらはらさせられる。しかも事故はほとんどおこらないのである。」(筆者訳「日本における鉄道建設」〔『汎交通』第六八巻第一〇号、一九六八年、九頁〕)
(30)　同右、七―八頁。
(31)　日本国有鉄道編『日本国有鉄道百年史』(以下『国鉄百年史』と略称する)第二巻、一六五頁以下。
(32)　『鉄道寮事務簿』巻五。
(33)(34)　前掲『子爵井上勝君小伝』一九頁。なお同書によると、この意見は一八七四年に提出されたように読み取れる。しかし、井上の意見は前に述べたように一八七二年初頭に提出されたのである。
(35)　『鉄道寮事務簿』巻五。なお井上の試算によれば、建設費の予算比較はつぎのとおりである(同書)。

甲案　単線一一九万五九〇九ドル
　　　複線一三一万四八四一ドル
乙案　単線一一八万一〇二三ドル
　　　複線一二七万六三九三ドル

(36)　工部省は一八七七年(明治一〇)一月一一日寮制を廃して局制をとり、鉄道寮は鉄道局となった。井上鉄道頭は、そのまま鉄道局長に就任した。
(37)　七月一四日関西巡幸中の明治天皇は、京都・大津間の列車に乗車、このとき、井上は同「演説書」を奉って建設工事の経過を報告した。
(38)　阪神間の石屋川、芦屋川、住吉川のトンネルを指す。
(39)　『工部省記録』巻二―、七。

（40） T. M. Rymer-Jones, "Imperial Government Railway of Japan : The Osakayama Tunnel, Otsu, Lake Biwa," *Minutes of Proceedings of the Institution of Civil Engineers*, vol. LXIV, 1881.

（41） 鉄道建設業協会編『日本鉄道請負業史』明治篇、一九六七年、三一頁。

（42） 同右、三二頁。

（43）（44）（45） 前掲ライマー=ジョーンズ論文。賀茂川橋梁についても設計は三村周、施工は小川勝五郎というように、自立が実現したという（前掲『日本鉄道請負業史』明治篇、三一頁）。

（46） 前掲「創業談」二六頁。

（47） 同右、二七頁。

（48） 『国鉄百年史』第二巻、一八一頁。

（49） 帝国鉄道協会第五回総会に於ける伊藤博文の演説所引（『帝国鉄道協会会報』第三巻第七号、一九〇二年、三五頁）。

（50） 同右、三六頁。

（51） 同右、三七頁。

（52） 旧工部大学校史料編纂会編『旧工部大学校史料』一六頁以下。

（53） 鉄道省編『日本鉄道史』上篇、一九二一年、一六〇頁。

（54） 同右、一六一頁以下。

（55） 日本交通協会編『鉄道先人録』（一九七二年）の各項目による。

（56） 山田直匡『お雇い外国人』第四巻『交通』（一九六八年）一二頁の表による。

（57） 一八七四年一二月新橋工場鍛冶職場建築中雇外国人のペテルソン（Hans Peterson）やドイツ人キンダー（Claude W. Kinder）、キング（George King）らの指導の誤りや手違いから工事が遅延し、日本人技術者や労働者の意見は無視され、そのために、日本人労働者が作業をサボタージュしたという事件が起こっている（『鉄道寮事務簿』巻二四―一）。

（58） 伊藤博文「鉄道築造見込書」（国立国会図書館憲政資料室蔵「伊藤博文文書」）。

（59） 前掲「創業談」二八頁。

（60）一八七九年四月京浜間で三名の日本人職員が機関士に任命された（『工部省記録』巻一四―一）。
（61）採長補短論については、丸山真男『「文明論之概略」を読む』上、一二〇頁参照。

第三章　大量輸送の要請と規格化の進行

一八九〇年代から一九〇〇年代にかけて、日本の鉄道は大量輸送の体制をととのえた。この時期に鉄道技術の自立過程は一応の完成期に入った。本章では、この完成期における技術の諸問題を、規格化という視点からとらえてみようと思う。ところで、一八九二年と一九〇七年とについていくつかの要素を比較してみると表3-1のようになる。

表3-1　大量輸送化の推移

	1892年	1907年
鉄道営業キロ	3,107.2キロ	7,807.5キロ
停車場	425	1,370
機関車	318両	2,035両
客　車	1,376両	4,833両
貨　車	4,565両	44,583両
旅客輸送人員	28,464千人	142,317千人
貨物輸送トン数	2,717千トン	25,913千トン

（注）日本国有鉄道編『鉄道統計年報』その他により作成。

営業キロは約二・五倍となり、とくに貨物輸送量が九・五倍に増加していることが目につく。すなわちこの時期は、一八九四～九五年の日清戦争、一九〇四～〇五年の日露戦争をふくみ、この間に、紡績部門を中心とする産業革命が進行し、それがさらに製鉄・製鋼部門を基軸とする重工業への転換を開始した時期にあたっている。このような資本主義経済体制の急速な発展が、鉄道の発達をうながし、また鉄道の発達が資本主義の発展を促進したと考えられるのである。

経済体制と鉄道との相関的な発達のありかたが、ここでは読み取られるのである。日本の鉄道は、この時期に陸上交通機関の「王座」を占めるにいたった。そして一九〇六年には、「鉄道国有法」が公布され、幹線を構成していた私設鉄道一七社は、一九〇七年までにすべてが国有化され、いわゆる「国有鉄道」が成立することとなったのである。[1]

この鉄道国有化について述べることが本稿の主題ではない。ここでは、この間における技術自立過程の完成期における状況を中心に、技術自立に内在する諸要因を見ていくことにしたい。というのも、前に述べた経済的要請にこたえて輸送力を増大させるためには、さらに高度な技術水準の実現が必要とされたからである。そしてこの時期において完成段階にはいった技術自立の態勢には、輸送要請の側、すなわち資本主義体制が輸送態勢にたいして大量輸送実現のためのさまざまな要請を提起し、そのための技術が急速に整えられたからである。その場合、技術的要請の中心となる要因は大量輸送の要請とそれにもとづく規格化の二つであった(2)。

大量輸送の要請と規格化には密接な関係があることは言うまでもない。その相関関係は、資本主義体制のもたらす機能的特質である。この時期に、日本の鉄道技術に現われたこの二つの要因は、日本の鉄道が資本主義体制の一環として位置づけられるにいたったことを示す指標であった。さらに大量輸送と規格化の進行とは、それと主体的に取り組むという点で、鉄道の建設、運営全般にわたってすすめられてきた技術の自立をさらに促進する動機をなす。そして、国内における重工業の発展とともに車両、機械類の自給態勢を確立したとき、自立過程は一応完了する。技術の自立と大量化・規格化には以上のような関係が内在するが、まず技術自立の指標と見られるものをいくつか列挙してみよう。

一　大量輸送の要請と技術の自立

一八八〇年代から一九〇〇年代にかけての技術自立の指標となるべき項目を、まず掲げてみることとしよう。そして、これらの技術の発展をうながした要因を次節で概観することとしたい。

1　長大トンネルへの挑戦

日本列島は、その地形上の特色として山岳地帯の多いことで知られている。短い区間の、都市を中心にした鉄道の建設の段階では、ほとんど問題とならなかったが、当初からの目標であった東京・大阪・神戸間の幹線や本土横断線など中・長距離の線路を建設するとなると、当然山岳地帯を克服しなければならなくなった。[3] 山岳線の建設自体についてはつぎで述べるとして、ここではまずトンネル掘削の進歩についてふれておきたい。

一八八〇年に完成した大津・京都間の逢坂山トンネルは、前にふれたように日本人が最初に掘削した鉄道トンネルであった。[4] この後、長浜・敦賀間の柳ケ瀬トンネルは延長一三五二メートルで一八八五年に完成し、[5] さらに横川・軽井沢間では延長五四六メートルのものをふくむ二六個のトンネルを一八九三年に完成した。[6] さらに、福島・米沢間では板谷峠越えのいくつかのトンネルを一八九九年に完成、[7] これらの成果を集めたかたちで、八王子・甲府間のかなりの数にのぼる長大トンネルが掘削された。[8]

なかでも笹子・初鹿野間の笹子トンネルは延長四六五七メートル、一八九三年に着工してから一九〇二年完成まで工期九年を要した。この間各トンネルではダイナマイトをはじめとする爆薬の使用や発電所建設による坑内の照明、ズリ運搬用機関車の運転などが実用化され、掘削の機械化がしだいにすすめられた。[9] 同じ時期に進行していた延長二〇キロのシンプロントンネルに比較すると、規模はまだ小さいといわなければならなかったが、[10] 長大トンネル掘削の技術はこの時期にほぼ確立し、一九一〇年代初頭には、関門海峡海底トンネルの掘削の可能も検討されるにいたったのである。

2 山岳線の建設

前に述べたように、一八八〇年代以降に建設を計画された鉄道線路では、かなりの部分が山岳地帯を通過することとなった。平坦な地形に線路を建設するのと異なり、曲線、勾配など線路の規格は大きな制約を受け、また構造上にも築堤、切取などの大規模な土木工事を必要とした。さらにトンネル、橋梁など在来技術だけでは処理できない構造物の建設が必要となってきた。その意味で、土木技術の水準が問われることになったのである。

一八八三年一二月二八日、政府が公債を発行して東京・大阪・神戸間の建設を決定したとき、経由地点は、中部山岳地帯を通る中山道線が採用された。これは日本に侵入する敵軍が太平洋岸に上陸した場合を考慮した陸軍の要請にもとづく措置であったと考えられる。(11) この中山道線については、一八七〇年代に雇英人技師長E・V・ボイル(E. V. Boyle)が実地踏査を完了していたので、(12) これに従えば線路選定は比較的容易であった。

しかし、海岸から一〇〇～一五〇キロの間に標高一〇〇〇メートルの高度に線路を上らせることは、相当の困難が予想された。そのため一〇〇〇分の二五の連続急勾配と、スイッチ・バック停車場や馬蹄形曲線などを組み合わせなければならなかった。それでも関東平野の西北端、標高三八六メートルの横川から碓氷峠を越えて標高九二四メートルの軽井沢に抜ける区間は一一・一キロの間に約五〇〇メートルの高度を上らなければならず、多くの比較線が検討されたが、結局スイス、ドイツの登山鉄道で使用されているアプト式歯軌条を採用、一〇〇〇分の六六・七の急勾配によることとなった。(13)

この工事には雇英人技師C・A・W・ポーナル(Charles Assheton Whately Pownall)が指導にあたったが、(14) 大小二六個のトンネルや橋脚の長さが一〇メートルを越える橋梁などの設計と建設は、まったく日本人の手によっておこなわれた。

一八八六年鉄道局長官井上勝の強硬な主張により、中山道幹線は東海道幹線に変更された。[15] このため、碓氷峠越えをはじめとする山岳線はこの幹線から外された。しかし、この時期に到達した技術水準は、こののち官設、私設を問わず各線の建設において活用されていった。

日本鉄道会社の東京から青森までの線路（政府に工事を委託）や官設鉄道の中央線（八王子・名古屋間）、同奥羽線（福島・秋田・青森間）など、全国各地の山岳線は、一八九〇年代以降、かなり困難な地形でもこれを克服できる態勢がととのっていった。しかも曲線や急勾配でトンネルを避ける方式から長大トンネルで一気に山をつらぬくという進歩がこの間にみられることは前に述べたとおりである。

同時に、この段階までに、土木工事の規格化がすすみ、建設基準は一九〇〇年鉄道建設規程（逓信省令第三三号）としてまとめられた。[16] このことはのちにふれるが、それまでに勾配・曲線の規格は、一〇〇〇分の二五、半径四〇〇メートルがほぼ実現した。さらに橋梁については、東海道線、直江津線（のち信越線）の一部で、谷を越えるさいに架橋を避けて築堤を構築する方式がとられたが、[17] 桁材の輸入から国内自給態勢の成立へ、また強度計算の確立による橋梁桁の規格化により橋梁化がすすみ、またこのことは、一般河川における長大橋梁の架設技術をいちじるしく進歩させた。

以上の経験をもとにした規格化が、一九〇〇年代にはいって、鉄道建設規程にまとめられたとみるべきであろう。

3　蒸気機関車の試作

一八九二年一〇月官設鉄道神戸工場では、神戸在勤の機関車監督官、R・F・トレヴィシック[18]（Richard Francis Trevithick）指導の下に一B一型タンク機関車の製作を開始した。この機関車は当時イギリスで採用されていた高低両圧の複式シリンダーをとり入れ、全長九六五二ミリ、運転整備重量四〇・七トンで、一八九三年五月二六日に完成した。当時日本には近代的な製鉄工場がなかった。そのため台枠板、低圧ピストン、鋼鉄製の管類などはイギリスに注文したり、またはイギリス製品のストックを用いた。しかし高圧ピストンほかシリンダ、軸箱などの鋳物部品は神戸工場が製作した。トレヴィシックの報告（R. F. Trevithick, "Locomotive Building in Japan," *Proceedings of the Inst. of Mechanical Engineers*, 1895）によると、職長級の外国人が一人もいなかった神戸工場で、日本人技師と労働者の手で製作した点に意義があるとされている。(19)

このの ち、北海道炭礦鉄道が一八九五年に、山陽鉄道が一八九六年に各一両の機関車を試作、一九〇一年から汽車製造合資会社が製作を開始した。そして一九一一年七月関税自主権が確立し、(20)政府が機械類の輸入関税を引き上げたのを契機として機関車の輸入は一部の例外を除いて杜絶した。もちろんこの間、北九州八幡の官営製鉄所が操業を開始し、(21)前記の汽車会社をはじめ、日本車輛、川崎造船所、三菱神戸造船所などが機関車製作を開始したという条件の変化(22)がそこにはあったのである。

4　列車計画、運転技術の自立

日本の鉄道関係者にはひとつの伝説がある。初期のころ列車計画は雇英人W・F・ペイジ（Walter Finch Page）が立てていて、その方法を誰にも教えなかった。彼は一八七四年以降運輸長として、列車計画、運転の事務を統轄していた。彼の計画の立て方は、一室にこもって誰も寄せつけずに仕事をし、運転時刻を表にまとめて一同に見せるという方法であった。しかもこの表によると、安全、確実な列車運転ができる。なぜ、どのようにしてこのことが可能なのかは誰にも理解できなかった。しかも彼は自室へはいることも許さなかった。ところがあるときペイジが自室に鍵をかけずに外出した。そこへ偶然通り合わせた日本人職員のひとりが、ふと「ペイジ先生の秘密」を知りたいという気を起こした。机の抽出にも鍵はかかっていなかった。その職員は、抽出にしまいこまれている列車ダイヤを発見した。「秘密」はわかった。考えてみれば簡単な操作であった。縦軸に距離、横軸に時刻をとって（縦軸に時刻、横軸に距離ということもあり得る）、その上で列車の運行を考えればよい。(23)

現在東日本旅客鉄道株式会社に残されているダイヤの最古のものは一八九〇年代後期のものである。「秘密」が日本人に知れたのがいつかは不明であるが、一八九〇年代前半かなかばごろではなかろうか。(24)ペイジは一九〇〇年三月に辞職、そのとき勅任官待遇（各省の局長クラス）で月俸七二〇円（内閣総理大臣の月俸八〇〇円）勲三等瑞宝章を贈られていた。(25)

この「伝説」がどこまで真実を伝えているかは不明である。一般に雇外国人は技術の提供に熱心で、これを秘匿するということはまれであった。ペイジだけがダイヤの技術を秘匿したというのもあやしい。

しかし、日本人による列車計画作成は一八九〇年代なかばごろになってようやく自立したとみてよいようである。このころから信号、保安までふくめた運転技術の自立が達成されたとみてよいであろう。

二　技術自立の背景(一)

上にみたように、一九一〇年代初頭の時期までに、日本の鉄道における技術の自立は、蒸気機関車の完全な国産化を最後として達成されたとみてよい。(26)

このような技術の自立を促進した要素をどのような点に求めるか。もちろん大量化を要請する資本主義体制の成立がそこにあることは言うまでもない。しかし、そればかりでなくそこには単なる経済的要請以外の要因が介在していた。とくに日本のようにいわゆる列強よりおくれて出発した資本主義国家にあっては、列強との「落差」を縮小し、いわば「追いつき追い越せ」という目標をあらゆる面で国家的目標として掲げなければならなかった。すなわち、単なる産業革命にもとづく要請だけでなく、軍事的要請が、重要な、ある場合には経済的要請よりも決定的な作用をもたらす要請としてはたらいていたのである。

このような観点から輸送要請の増大をもたらした要因について、まず第一に経済的、第二に軍事的要因をみることとしよう。

1　産業革命と商品流通の拡大

最初にかかげたように、一八九二年から一九〇七年にいたる一六年間に年間旅客輸送人員は、約二八四六万人から一億四二三二万人へ、五倍の増加をみせた。年間貨物輸送トン数にいたっては、二七二万トンから二五九一万トンへ九・五倍の増加である。貨物の増加率が旅客の増加率の二倍近くとなっていることは注目に値する。貨物輸送量の増加、これこそ産業革命の進行が鉄道にもたらした影響を、物語っているということである。

たとえば一八九〇年代以降、産業革命の中軸ともいえる地位を築いた綿糸紡績部門では、工場数、原料需要量、綿糸生産量は、この時期において、表3-2のように変化している。

この場合原料は輸入に比重を移しており、これらの輸入原棉は、紡績工場が、多くは海岸の港湾に近いところに立地しているため、鉄道便によるものは少なかった。しかし、製品については、国内市場向けはもちろん、輸出品

表3-2　綿糸生産量の推移

	工場数	原料需要量	綿糸生産量
1888年	24	6,776,535キログラム	6,562,927キログラム
1893	40	43,242,401	45,537,259
1898	77	159,542,460	141,383,756
1903	76	170,705,208	166,925,486
1908	86	185,612,419	182,360,164

（注）鉄道院編『本邦鉄道の社会及経済に及ぼせる影響』中、1916年、925頁から作成。単位貫をキログラムに換算した。

も、取引の敏速を要求されるためか鉄道便によるものが多く、一九〇八年における原棉輸送量は九万六四三九トン、綿糸輸送量は一〇万八七五三トンとなっていた。(27)

鉄道の果す役割は、当時の主要輸出品であった生糸の場合決定的ともいえるほどであった。繭、生糸の主要産地は、長野県、岐阜県、福島県、山形県など山岳地帯に分散しており、港湾や国内市場への搬出には、道路や鉄道にたいする依存度は絶対的であった。しかも、繭、生糸の市場における価格の変動はきわめて大きく、これに対応するためには敏速な輸送手段を必要とした。

例を長野県諏訪地方にとると、一八九三年に東京・上田間の鉄道が碓氷峠の開通によって直通すると、諏訪から中山道を大屋・上田に搬出することとし、従来の甲州街道による輸送に比してはるかに短時間で横浜に輸送することが可能となった。しかし、同地方の製糸業者は、甲州街道沿いに八王子にいたる鉄道、すなわち中央線の速成をたびたび請願、一九〇四年日露戦争開始にともない国内各線の建設が停滞したときも、戦費獲得の輸出産業奨励という大義名分をふりかざして早期建設を要請し、一九〇五年ついにこの地方まで中央線の開通を実現させることに成功した。(28)

同地方における生糸生産量は鉄道の開通によってかなりの伸びを示し、一九〇五年の八万二九九二キログラムは、一九一〇年には三七万五五九九キログラムにまで増加したのである。(29)

最後に石炭についてみることにする。石炭の生産量は一八九三年に三三六万七一五一トンであったが、一九〇三年には九九二万九九四一トンとなり、一九〇八年には一四五一万一一二一トンと急増した。(30)これらの石炭産地は北海道の空知、夕張、福島県の磐城、北九州の筑豊や長崎、佐賀県の各地に分布しており、炭鉱から搬出港まで、また大都市付近の港湾から石炭を使用する工場、企業までは鉄道が輸送を分担する方式がとられた。

北海道の最初の鉄道（幌内・手宮間）[31]や、日本鉄道磐城線（現・常磐線）はいずれも石炭輸送を主要な目的とする線路であり、筑豊炭田地帯には、一九〇〇年代にかけて、大都市付近と同様の稠密な線路網が形成されていった。[32]鉄道が一年間に輸送する石炭の量は一九〇七年に七二〇万五四一七トンに達し、全貨物輸送量の四四・二二％に達するほどになっていったのである。[33]それは産業革命の進行を象徴する様相を示していたといってよいであろう。

2 軍事輸送の要請

以上のような経済的要因に加えて、軍事的要因を無視することはできない。この期間には、前にも述べたように、一八九四～九五年の日清戦争と、一九〇四～〇五年の日露戦争という二つの大きな対外戦争を経験した。そして、国内における出港地にむかう兵力の輸送には、鉄道が大きな役割を果すこととなったのである。

鉄道の幹線は、日清戦争開始の直前に、山陽鉄道会社の線路が広島まで開通し、青森・広島間の縦貫幹線が開業していた。すなわち、青森・東京間は日本鉄道会社、東京・神戸間は官設鉄道、神戸・広島間は山陽鉄道と、三つの企業に分かれてはいたが、線路、車両の規格は基本的に統一されていたために、列車の直通運転は可能であった。鉄道にたいする軍部の要請については、のちにまとめて述べることとするが、このような直通運転方式によって、兵力の能率的な輸送態勢をとることができたのである。

軍部は、東京の外郭線をなしていた日本鉄道品川線の新宿から青山練兵場（現・神宮外苑）へ軍用側線をつくり、ここを兵力輸送の中継基地とした。[34]当時上野・東京間の直通線がなかったため、このような措置がとられたのであ

表３－３　日露戦時の官設鉄道輸送実績

	人　員	馬　匹	貨　物	列車走行キロ
発送(1904年２月～05年10月)	886,012人	138,350頭	262,026トン	1,997,094キロ
帰還(1905年10月～06年５月)	398,887	62,476	60,888	656,441

（注）鉄道作業局運輸部編『明治37,8年戦役軍事輸送報告』から作成。
帰還輸送は復員兵力全体にわたってはいない。列車走行キロはマイルをキロメートルに換算した。

る。さらに、山手線と東海道線との接続駅品川や、東海道線の横浜では、従来スイッチ・バックの方式がとられていたが、陸軍は品川については大崎・大井間、横浜については神奈川・程ヶ谷（現・保土ヶ谷）間にそれぞれ直通線を応急的に建設し、スイッチ・バックによる時間のロスを省く方法を講じた。(35) とくに後者は、戦後この直通線が本線としての性格をもつこととなり、(36) 従来の横浜は支線の駅となっていく。

日清戦争の輸送実績は不明であるが、能率的な輸送態勢によって出港地である広島に大量の兵力を短期間に集中させることができたことは確かであった。

一方日露戦争については、官設鉄道における輸送実績が記録されているので、まずそれをみよう（表３－３）。

のべ出動兵力一〇〇万人という大規模な対外戦争の軍事輸送であり、しかも兵力の動員は開戦時をふくめ、大会戦の直前に集中的に実施された。このため、一般列車の間を縫って輸送するという方式はとても不可能であり、戦時中に適用するための軍用列車を主体とする列車ダイヤを二種類つくった。ひとつは普通運行表で、一般列車を主体としておき、他のひとつは、軍用列車を主体とする特別運行表で、東海道線の場合、等時隔、等速度で一日上下各一四本の軍用列車が運転できるようにした。(37)

この軍事輸送は、緊急時における大量輸送の要請にたいして鉄道が十分に対応できる弾力性と柔軟性を持っていることを証明した。しかも当時官設鉄道と私設鉄道とが複雑に入り組んでいた国内の鉄道網を考えると、このような鉄道態勢が可能とされたことは

驚異に値する。(38)

そこで、以上のような大量、敏速な輸送態勢を可能にした条件を、いくつか挙げてみることにしよう。

三　技術自立の背景(二)

以上述べてきたような輸送要請の増大が、技術の自立を促がす最終的な基盤を形成したことはいうまでもない。要するに、そこではそれらの要因が大量かつ敏速な輸送の態勢を早急にととのえなければならないという要請として作用したのである。

もともと、大量、高速輸送は、鉄道が輸送手段として本来もって生まれた特性であったといえよう。このような特性が、産業革命の進行とともに鉄道を生み、また鉄道の発達が産業革命の進行を促進するという、産業革命と鉄道との相互連関を形成したのである。

しかし、日本の場合、鉄道は産業革命によって生みだされたのではなく、中央集権的国家体制の確立という政治的要請によって生みだされた。最初の動機がそのような点にあったことから、その後における日本の鉄道の発展には、このような性格が長く定着して、日本における鉄道の特質をつよく規定したのである。

技術の自立完成にあたって、軍事的要請がつよく作用したというのも、こうした特質を反映しているとみなければならないであろう。そして、技術の統一、さらに規格化は、このような背景のもとに進められていった。以下、このような統一ないしは規格化をもたらした具体的契機について見ていきたい。そのうえで、このような規格化の進行の実態を次節で扱っておこうと考える。

1　私設鉄道にたいする統制の必要

日本における鉄道創業のさい、政府が「官設官営」の方式をとったことは周知の事実である。これは郵便、電信、電話などの通信手段についても同様であった。交通、通信手段を政府みずからの手で建設、運営することは、中央集権体制強化という目的からして必要不可欠の方法と考えられたのである。電信にいたっては、官用、軍用を優先し、「余裕ある場合に限って民間の利用に供する」という原則を初期には立てていたほどであった。

私設鉄道を計画することは、このような政策からみても、資金の面からみてもとても実現の可能性はあり得ないものとされていた。しかし、東京・横浜間や大阪・神戸間の鉄道建設に予想外の資金を要し、さらにその後の線路の延長は、当時の財政状態からみておよそ不可能という状態となると、民間の資金を集めて鉄道を建設すべしとする意見が出てきた。(39)

こうして政府は、私設鉄道会社の創立を認めた。この日本鉄道会社は、その名の示すとおり、日本全国に鉄道を建設するという目標を立てたが、(40)さしあたり政府が計画している中山道幹線の東端、東京・高崎間と、さらに東京・青森間の建設を実施することとした。(41)この場合、政府は建設工事をみずから実施し、用地買収は地方官庁がおこない、さらに会社にたいしては利子補給をするという方針を立てた。要するに同社を資金提供企業としたのである。したがって購入資材も、施設、車両の規格も、すべて官設鉄道と同一の規格によっていた。(42)

この私設鉄道は、大方の予想に反して大きな利益を上げた。というのは、品川で東海道線と接続させたことにより、高崎、前橋に集中する群馬県や長野県産の横浜に積み出す生糸の輸送がそれまでの中山道や利根川による輸送からほとんど鉄道に転移したからである。しかも、この一八八五〜八六年の時期に、日本では農民分解が起こり、労働力が都会に集中しはじめ、同時にあらたに紡績業を中心とする資本主義企業への資本投下が急速に開始された。[43]

ここから各地で私設鉄道を計画する人びとが現われたのである。その多くは政府による補助を期待したり、または株の売買だけを目的とした投機的なものであったが、それでも、山陽、九州、甲武（飯田町・八王子間）、関西（名古屋・大阪間）など幹線を構成する鉄道会社の計画が実現した。そして、一八八九年度末には九三八・四キロメートルと官設鉄道の八八二・一キロメートルを超え、一八九〇年には一四三三・六キロメートルと官設鉄道の営業キロを大きく引きはなした。[44] 日本の鉄道はこのころからむしろ私設鉄道が主体となるほどの勢いを示したのである。

ところが、これらの私設鉄道は、たとえば九州鉄道がドイツから技術者を招き、資材を購入するとか、また北海道の場合は幌内炭坑から小樽港に石炭を輸送する鉄道が、最初開拓使が鉄道を建設したとき、北海道開拓に深くかかわっていたアメリカ合衆国の技術を導入し、それが民間に払い下げられて北海道炭礦鉄道という私設鉄道会社の運営に移されてからも、米国式の鉄道として運営されていた。

さらに官設鉄道でも、当時イギリスにかわって国際市場に進出しはじめていたドイツやアメリカ合衆国からレールその他の資材を購入するなど、英、独、米各国の技術、資材が導入されはじめた。[45]

これは、非常な不統一をもたらすおそれがあった。政府にとっては早急に私設鉄道にたいする統制を強化する必要が生じてきたのである。

2　鉄道政策における政府、軍部の主導性の確保

政府の統制政策というより、むしろ軍部がまず積極的に発言した。創業当初鉄道建設に消極的であった軍部は、

一八七七年の西南戦争にさいして、京浜間の鉄道が、横浜から九州に海路輸送する軍隊の集中に大きな効果を挙げたことにあらためて注目した。そして一八七九年には、陸軍は鉄道の輸送力について詳細な調査を実施した。[46] そのころ従来のフランス式軍制からドイツ式軍制の採用に転換しつつあった陸軍では、プロイセン・フランス戦争においてプロイセン軍部が兵力の敏速な移動に鉄道を活用した事実からも教訓を得たと考えられる。一八八一年日本鉄道会社創立のさい同社に与えられた特許条約書には「非常ノ事変兵乱ノ時ニ当テハ、会社ハ政府ノ命ニ応ジ政府ニ鉄道ヲ自由ニ使用セシムルノ義務アル者トス」（第二四条）と定められた。[47]

さらに一八八四年二月二五日太政官達（工部卿宛）において「鉄道ノ布設変換ハ軍事ニ関係有之条、処分方詮議ノ為陸軍省へ協議可致」と、建設や改良工事にあたっては陸軍と協議すべきことが正式に決定された。[48] こうして、陸軍は鉄道の建設、改良についてつよい発言権を確保した。一八八七年五月一八日には私設鉄道条例が公布され、官設鉄道との規格の統一が法制化された。規格化がこのように外的条件から実現したところに、日本の鉄道における規格化の特異な性格がみられるのである。

しかも、陸軍はさらに積極的に鉄道の軍事的利用の方法を構想したのである。[49] 一八八七年六月、私設鉄道条例公布の一カ月後、当時の陸、海軍にわたる作戦中枢機関であった参謀本部は、本部長有栖川宮熾仁《たるひと》親王の名で建議書案を作成し、この書類を井上鉄道局長官に諮問した。参謀本部は、鉄道の幹線の一部が海岸を経由しているのは危険であるから、さらに本州、九州の中央部を縦貫する幹線を建設すべきことを主張した。[50] そして、この幹線は、従来の三フィート六インチ（一〇六七ミリメートル）の軌間では軍隊の大量輸送に十分機能を発揮できないから四フィート八八・五インチ（一四三五ミリメートル）、またはそれ以上の広軌を採用すべきこと、またこの幹線は全線を複線で建設すべきことなどを内容に盛りこんだ。[51]

井上長官は、このような改良工事には厖大な費用がかかるから、すぐには賛成できないと述べた。しかし井上自身も私設鉄道の発展にはつよい反対の立場をとっており、軍部のこのような計画には正面から反対の立場を主張したわけではなかった。[52]

その翌年一八八八年四月、参謀本部陸軍部は、『鉄道論』と題する論文をまとめ、鉄道の軍事的利用のための諸方策を列挙するとともに、鉄道のもつ軍事的機能について政府内外の認識を喚起しようとした。[53] とくにそのなかで注目すべき点は、陸軍が鉄道政策全般にわたって干与する態勢をとるべしと主張したこと、幹線計画の決定、複線化の実現、既設停車場その他の設備の軍事目的にかなうような改造を主張したことなどである。

これにたいする反響については知ることができない。しかし、一八九〇年以降毎年一回陸海軍の大演習が実施され、兵力輸送はその重要な一環としておこなわれた。[54] これらの経験を通して、砲車その他を貨車に積みおろしするときの便宜のため、プラットホームの高さを貨車の床面の高さと同一にし、ホームの両端は砲車その他の揚げおろしに便利なように傾斜面とするなどの工事が実施された。

このような工事にも、軍部の意向が反映していたことは言うまでもないことである。

そして、官設、私設を問わず、軌間の統一が、局地的な、たとえば路面軌道などを除いて実施され、客貨車などの基本的な規格の統一もなされたのである。それが法制化されたのは前述のように一九〇〇年代のことであった。そこにいたるまでには、一八九二年の鉄道敷設法など、まだいくつかの迂余曲折があった。次節では、規格化完成にいたる過程をめぐっての問題を検討することにしたい。

四　規格化の進行

一八九二年六月二一日鉄道敷設法（法律第四号）が公布された。この法律は、政府が、将来建設を必要とする線路を予定線として指定し、このうちとくに緊急必要と認める九線を第一期予定線とし、これを一二カ年間に建設することとし、その資金は、特別会計によって支弁すること、また六〇〇〇万円を限度として一二カ年間に公債募集することとなどを定めた。また私設鉄道買収の権限を政府に与え、予定線路について私設鉄道が建設を出願した場合は議会の承認のもとに許可することはあるが、政府の買収権限はもちろん保留することとなった。

この法律は、鉄道政策についての政府のつよい主導権を確立したものとして画期的であった。この二年前一八九〇年に、最初の資本主義恐慌が到来し、私設鉄道経営者のなかには、鉄道の国有を要請する動きが起こった。このような情勢をみた井上鉄道庁長官（鉄道局は一八九〇年九月六日内閣から内務省に移り、同省外局となって鉄道庁と改称した）は、一八九一年「鉄道政略ニ関スル議」を内務大臣に上申、このさい一挙に私設鉄道を国有化しようと試みた。[55]

このことが動機となって、この法律は制定された。政府内外には、このような国有化に賛意をあらわさない動きもあり、とくに議会では、各地方の利益を代表する議員たちが、必ずしも国有化に賛成しないという立場をとっていた。そこで、法制化された内容は、井上の最初の意図とは異なるものとなった。しかし、政府、軍部の主導権は、この法律によって確立した。とくにこの法律によって鉄道会議が設置されたが、鉄道政策について意思決定をおこなうための内閣の諮問機関であるこの会議では、議長の椅子には参謀次長がすわることとされた。この会議には議会の代表や資本家代表も加えられた。しかし、軍部代表と政府官僚代表が多数を占めていて、これらのグループの発言権が優位性を保つようになっていたのである。(56)

こうして一八九二年を境として、私設鉄道にたいする国家権力の統制は、法制上の裏づけを得ていくこととなった。そしてこの法律の成立の前後からあたらしい動きが起こって、すなわちこの時期の技術自立の完成が、つぎの段階として規格化を進行させたのである。そしてこの技術自立と規格化の連続的進行は政府軍部の主導権把握によって展開していったのである。

そこでここでは三つの問題をとりあげてみようと思う。すなわち第一は、鉄道敷設法制定前後を中心とする時期における規格化の問題である。第二は一九〇〇年公布の鉄道営業法にもとづく規格化の問題である。この法制化によって規格化の法制的根拠は完成したとみてよい。第三は軌間変更の問題である。はるかのち一九六四年開業の東海道新幹線にいたるまで、軌間問題はながく日本の鉄道にとって重視され、議論がくりかえされてきた。この問題の起こりはこの時期にある。

以上のような点を通じて、技術の自立と規格化の進行とのかかわりを、通観してみようと思う。この場合重要なことは、日本の鉄道技術はドイツの鉄道にならって規格化をすすめた点である。後発資本主義国であるドイツは資本主義の高度化を早急に実現するためにも国内の各部内における規格化、標準化を積極的にすすめる必要があった。日本の鉄道技術が、一九〇〇年代にはいるとともに、鉄道局が主導権をにぎって規格化をすすめた背景はなにか、政治的要因か経済的要因かこの点も見すごすことのできない問題である。

1　一八九〇年代後半における技術水準

とくに建設部門についてみると、曲線や勾配ないしは線路の構造などについては、これまでは個々の場合に応じて定めていたことが多かった。[57] それは雇イギリス人技術者が持ちこんだ技術をそのまま施工したためともいえる。そのため線路の規格はもちろん、トンネルの断面や橋梁の強度などについて、かならずしも日本の風土的条件に適合しないという場合もあった。

しかし、一八八六年幹線の経路が中山道から東海道に変更され、しかも五〇〇キロにも及ぶ区間を約三年の工期で仕上げなければならないという期間の制約が加わった。このとき井上鉄道局長官は、全区間をいくつかの工区に区分し、同時に工事を進行させるという方式をとった。[58] この場合、各工区で線路の規格が一定していないと、開通後輸送力に格差が生じ、ある特定の区間で輸送力が落ちるおそれがある。そこで、最小曲線半径は二〇チェーン（約四〇〇メートル）とし、最高急勾配は平地で一〇〇〇分の一〇、山岳地帯で一〇〇〇分の二五とし、[59] 山岳地帯（この場合、国府津・御殿場間と大垣・柏原間、それにすでに建設されていた大津・京都間）では補助機関車を連結して、輸送力の低下を防ぐ措置をとった。また橋梁については、中部山岳地帯から太平洋に流れる富士川、安倍川、大井川、天竜川などに八〇〇～一〇〇〇メートルの長大橋梁の架設が必要となったが、これには安倍川を除き規格化された二〇〇フィートダブルワーレントラスを使用することにより工事の進捗をはかった。[60]

トンネルの規格は、従来起拱線の幅を一四フィート（四・三メートル）としていたがこれを一五フィート（四・六メートル）とし、施工基面からの高さは一五フィート六インチ（四・七メートル）から一六フィート（四・九メートル）とされた。[61]

このような規格化によって東海道線の工事は短時間に能率を上げることができた。同時にこのような規格化によって構造物の保守は容易となり、また全線にわたって均斉のとれた輸送力を実現することができるようになったのである。

この工事は、もちろん外国人の指導なしに実施された。当時すでに工部大学校やその後身である帝国大学工科大学（現・東京大学工学部）の卒業生のうち土木工学の基礎および応用技術を習得した者が、毎年何人か技術官として任用され、これらの人びとが各工区の責任ある地位について工事の指揮、運用にあたった。[62]ここでは、初期のころ雇外国人技術者から経験を通じて習得してきた技術の基礎理論を通じて体系化し、したがってこれによって幅広い分野に応用させることが可能となっていったのである。

そして、作業現場で直接工事にたずさわる現場技術者の場合にも、一定の理論的基礎にもとづく応用技術として習得させるという方式が生まれてきた。これは土木技術だけでなく、車両の運転や修理、保守にあたる人びとについてとくに顕著であった。彼らは基礎理論から応用技術にいたる広範な分野について簡単にまとめられた教科書などによって速成の教育を受け、ただちに作業現場で応用できるようになっていったのである。[63]

このようにして、工区の責任者から直接担当技術者にいたるまで統一的な技術体系によって作業をすすめる態勢がととのえられ、その意味では「技術の規格化」が進行したとみることができるのである。

さらにこのような統一は、官設鉄道や私設鉄道において共通の基準に立つことになった。それは前に述べたように政府、軍部の要請があったためでもあるが、帝国大学工科大学のような養成機関や教育内容の統一、また同じ技術者がいくつかの鉄道会社で建設を担当するという慣習によってもいた。こうして技術の自立と規格化とは同時に進行することとなった。

2　鉄道運営法令と規格の法制化

鉄道敷設法制定を契機として、官・私両面にわたって、鉄道の建設は進捗した。これにともなって、規格化の動きはさらに強まった。線路の延長による輸送量の増加や列車の相互乗入れの増加など輸送需要に対応するための必要性と、軍部による官鉄および私鉄各社にわたる直通運転体制への要請と、これらの理由から、基本的な規格の統一は、前よりもいっそうつよく要求された。

官設鉄道は、一八九五年四月一日官設鉄道線路名称を定め[64]、それまでまちまちであった各線の線路名称を統一した。施設の規格化だけでなく、このような名称の規格化も、ここにはふくまれていたのである。その意味で、鉄道監督官庁であった逓信省鉄道局がすすめた、運転その他の業務にかかわる帳表類の規格化は、監督側のみならず各企業においても作業の能率向上のうえで有効であったと考えられる。

この間鉄道局は官設、私設を問わず、国内の鉄道について、最低限の規格を定めるための予備調査を実施していた。そして一九〇〇年三月一六日鉄道営業法、私設鉄道法が公布され、鉄道営業法第一条で「鉄道ノ建設、車両器具ノ構造及運転ハ命令ヲ以テ定ムル規定ニ依ルヘシ」とした[65]。すなわち規格を法律によって定めると急速に進歩する技術からみて十分な対応ができない。そこで、政府がみずからの手で改廃できる命令形式をとるという趣旨によって、このような規定が生まれたのである[66]。私設鉄道法もまた規格、基準については直接規制をおこなわず、鉄道営業法にもとづく諸規程が官設、私設の両鉄道にわたって規制するということにしたのである。

同年八月一〇日鉄道建設規程、鉄道運転規程、鉄道信号規程、鉄道運輸規程、鉄道統計規程などが定められ、同年一〇月一日鉄道営業法および私設鉄道法施行と同時に施行された。

鉄道建設規程では、軌間を三フィート六インチ（一〇六七ミリメートル）とし、最急勾配一〇〇〇分の二五（一〇〇〇分の四〇以上を禁止）、最小曲線半径一五チェーン（約三〇〇メートル）、最小軌道負担力一両当り一〇トンとし、このほか軌条重量、道床厚、プラットホームの最小幅、停車場における本線有効長、軌道中心間隔、橋梁、トンネルの各規格を定め、さらにはじめて建築限界、車両限界を定め線路構造物と車両との関連を明らかにした。この規程の特徴は、ヨーロッパの鉄道の設計基準を参考にしながら、一〇六七ミリ軌間と日本における輸送状況に見合った基準を理論的に再構成した点にあった。勾配、曲線、縦曲線、軌道中心間隔、軌道および橋梁の負担力、建築限界および車両限界はすべて計算的基礎をもったのであった。[67]

こうして建設基準は統一され、しかも日本独自の輸送要請に対応する技術水準を確立したのである。

運転、信号、保安についても同様であった。運転最大速度、推進速度、転轍機付帯曲線、通過設備、入換設備、停車場、車両の整備・検査、車両の標記、列車の制動機数、貫通制動機の設備、列車編成、信号機およびその取扱、連動装置取扱などの原則がこれらの規程によってすべて統一されることとなった。[68]

これらの規格化によって官設、私設両鉄道における列車の直通は可能となり、とくに軍部の要請にこたえる態勢は完成した。そして各鉄道は、これらの規制のもとで、輸送力増大のための努力を重ねた。たとえば山陽鉄道が八本松・瀬野間に一〇〇〇分の二二・五の勾配を設けた以外、全線の勾配を一〇〇〇分の一〇以下に抑えたこと、官設鉄道も前に述べたような東海道線の局地的な一〇〇〇分の二五の連続勾配を解消するために、改良工事の計画を開始したこと、[69]また官設鉄道がＡＳＣＥ（American Society of Civil Engineers）規格による六〇ポンドレールの採用を決定し、[70]さらに東海道線など通過列車量の多い区間で七五ポンドレールを採用するなど重軌条化の方向に踏み出したこと、日本鉄道が磐城炭輸送のために軸配置一Ｄ一（この軸配置ではほとんど世界最初、Mikado type）

の大型機関車を採用したことなど、[71] さまざまな分野で輸送力増強のための措置がとられたのである。

3　広軌改築問題

日本の鉄道が三フィート六インチ（一〇六七ミリメートル）のいわゆる狭軌を採用したことは、鉄道のもつ輸送力を増強するうえで基本的な障害となった。そこから、国内の鉄道を国際標準軌間である四フィート八・五インチ（一四三五ミリメートル）またはそれ以上の広軌に改築すべしとする議論は一八八〇年代の末から一九一〇年代にかけて何回も繰りかえし主張された。そのなかで最初に広軌改築を主張したのは陸軍であった。

前にふれた参謀本部陸軍部『鉄道論』では軍事上の理由から国際標準軌間の採用を強調していた。[72] 軍部とくに陸軍は、こののちも広軌改築を主張した。一八九三年には鉄道会議議員であった貴族院議員、陸軍中将谷干城《たてき》が、これも軍事上の理由から広軌改築を主張した。[73]

日清戦争後、国内における資本主義の発展にともない、こんどは民間実業家の間から広軌改築の主張が表明され、一八九六年には、政府は鉄道管理官庁であった逓信省に軌制取調委員をおき、広軌、狭軌両軌間の経済的得失、改築のための方法や経費などを審議させた。この委員会においても、参謀本部はつよく広軌改築論を主張した。[74]

しかし、逓信省内では改築経費が大きいこと（総額約一億七三〇〇万円、当時の財政規模が年間約二億円、軍事費はそのうち四〇—五〇％）などから改築を断行しようとする機運が盛りあがっていなかった。そのため、一八九九年この委員会は廃止された。しかも当時ヨーロッパに派遣されて軍事輸送の調査にあたっていた陸軍少佐大沢界《かい》雄《ゆう》が帰国し、軍事輸送の機能を高めるためには、軌間の問題は主要な要素ではないという立場に立って、鉄道の改築についての論文を発表した。[75] 大沢は、広軌改築よりも、狭軌のままで軍事輸送の機能を高めるための施設、車両の改築をおこなうことによって十分に成果を挙げることができると述べた。このため参謀本部でも広軌改築論はしだいに弱まり、日露戦争を経過するまで広軌改築論は唱えられなかった。

しかし、政府は、朝鮮で建設する鉄道については、国際標準軌間を採用した。ソウル・仁川間の京仁鉄道と、ソウル・釜山間の京釜鉄道とがそれで、朝鮮で建設された最初の鉄道に、日本は国際標準軌間を採用したのである。[76]

これは、すでに建設がすすんでいた中国における軌間に合わせたものと考えることができる。日露戦争後ロシアからその利権を獲得した南満州鉄道について、ロシア経営当時の五フィート（一五二〇ミリ）軌間から国際標準軌間に改築したのもそのためであった。ロシアが鉄道創業にあたって、ヨーロッパ諸国の軍隊の侵入を防ぐためにわざわざ広軌を採用し、これをシベリアから中国東北まで延長したのとは対照的な措置であった。[77]

「日本国内で実施できない技術をアジア大陸で実施する」という志向が、鉄道技術の場合にも現われていったのである。[78]

五　まとめ

以上、資本主義体制確立期における日本の鉄道の技術自立の過程を概観してきた。そして同時に、この時期においてさまざまな面での規格化がいちじるしく進行したことを明らかにした。たしかに技術の自立は、創業以来鉄道関係者の努力目標であったし、それが創業三〇年にしてほぼその目標を達成したのである。その意味では大きな成功を収めたといわなければならない。

大量輸送の要請にもとづいて進行した規格化は、それを日本人がみずからの手で実現させたという点に重要な意味があった。創業当時、もっとも根本的な規格である軌間を「与えられ」てから、施設、車両の規格は、いわば「あなたまかせ」で導入された。そのため当初はさまざまな混乱が生まれた。しかし、日本人はみずからの手でまず経験、知識により、つぎには理論的体系にもとづいて規格化をすすめた。それは技術の自立の進行と密接に結びついていた。

その意味でも技術の自立と規格化とは同時進行性をもっていたのである。技術者たちの主体性が、それを可能にした。同時にその結果は鉄道を資本主義体制における主要輸送機関として位置づけることに成功した。さらにこれを推進することによって、近代市民社会における利用者のための輸送機関として位置づける可能性もはらんでいた。(79)

しかし、以上見てきたように、この規格化を促進し、最終的に仕上げる作業に、常に軍部がかかわっていたことは無視できない。しかもこの集団は、近代国家の軍隊としての外装をととのえてはいたが、民衆の意志を反映させる機能をもつことはまず考えられない集団であった。

もともと規格化は、資本主義の経済的要請が求める一定の合理主義から出発する。それがいわば古典的近代国家における特質であった。もちろん明治国家も、政府の機構や軍隊の組織、軍備に徹底した合理主義を実現させていった。陸軍が日清戦争前に、日本独自の創案にかかる村田連発銃で歩兵の装備を統一し、しかも小銃弾もふくめてその全面国産化に成功したことは、技術自立と規格化との同時進行の典型とみることができる。このようにして合理主義の追求は軍隊においてもっとも重視されていたのである。しかし、このような合理主義は、当時起こりつつあった資本主義のあらたな要請とは無縁であったし、またそこに起こってきた資本主義体制も、いわば近代市民社会における民衆の権利意志と結びつくというよりも、大陸進出をはかる国家権力の意志とよりつよく結びついていたのである。

ここにおいて、いわば「上からの」規格化というコースが成立した。本来資本主義体制における合理化、規格化には、そのような要素がつきまとうことはいうまでもない。しかし、明治国家の場合には、権力による規格化が、資本主義体制の求める規格化より先行し、しかも後者を誘導するような性格をもったのである。それは殖産興業政策以来の、権力主導型ともいえる規格化の典型であった。それが、この技術自立の完成期にあたって、ある明確な特性を描き出したと見ることはできないであろうか。

そして、そのような特性が、鉄道の場合最終的に形をとって現われたのが、鉄道国有化ではなかったか。一九〇六年に法制化され、翌年までに完全に実施されたこの国有化についてふれることは、本稿の目的ではない。しかし、日本鉄道、山陽鉄道、九州鉄道など日本国内における主要な幹線網を構成してきた一七社の私設鉄道会社を国家が買収し、私設鉄道をごく局地的な地方線以外すべて認めないとする方針は、規格の最終的な統一をはかる国家権力の意志を反映するものではなかったであろうか。

もちろん鉄道国有化の実現にはさまざまな目的がかかげられていた。前にもふれたように私設鉄道の経営者のなかには、景気の沈滞とともに国有化を要請するような安易な姿勢もあった。そして国有化の計画は、日清戦争後に一度具体化した。そして日露戦争の最中に、政府は戦後における日本の国際的国内的状況への展望をふまえて、国有化の実現という方針をかためたのである。ここでは、私設鉄道の経営者の立場は問題ではなかった。

そして、政府がかかげた国有化がもたらす効果三つのなかには、運輸の疏通、運賃の低減とならんで、設備の整斉という一項が設けられていたのである。このことを述べた「鉄道国有ノ趣旨概要」では、この点について「現在各鉄道ニ属スル異式ノ車両及各種材料ノ統一ニ依リ、各線共通使用上ノ利便ヲ招来シ、将来運輸経営上便益ヲ得ルコト鮮少ナラズ」と述べられていた(80)。

このようにして、規格化は鉄道の国有化という政府主導の方策において、その重要な効果を期待されたのである。技術の自立と規格化の進行というもっとも根元的な努力目標は、以上のような要因によってよりつよく動機づけられ、仕上げられていった。そこにこの時期における日本の鉄道の基本的な特質を見ることができるのである。

注

（1）「国有鉄道」という名称は、この時期以降に使うのが通常のあり方で、それまでの政府管轄下の鉄道は「官設鉄道」としてこれと区分する（拙著『日本の国鉄』一九八四年、五二頁以下参照）。

（2）この輸送要請には経済的要因と軍事的要因という二つの要因が常に複合していた。そして技術の自立と同時に進行した規格化にも、このような複合がさまざまなかたちで影響をあたえていたのである。

（3）創業当初、東京・京都間の幹線を、東海道経由とするか中山道経由とするかは大きな問題とされた。一八八三年中山道経由が決定されたのち、一八八六年に東海道経由に変更されたのは、地形上の制約が、建設ばかりでなく運営上にも不利をもたらすと判断されたからであった（村井正利編『子爵井上勝君小伝』一九一五年、三四頁以下）。

（4）本書六二頁以下参照。

（5）Kinsuke Hasegawa, "The Yanagase Yama Tunnel on the Tsuruga—Nagahama Railway Japan", *Associates Minutes of the Institution of Civil Engineers*, Minutes of Proceedings of the Institution of Civil Engineers, vol. X, 1886-87, pt. IV.

（6）渡辺信四郎「碓氷嶺鉄道建築略歴」（『帝国鉄道協会会報』第九巻第五号、一九〇八年）。

（7）小城斉「奥羽線福島米沢間ノ鉄道」（『帝国鉄道協会会報』第一巻第四号、一八九九年）。

（8）鉄道作業局甲府出張所編『中央東線鉄道線路概況』（筆写本、刊行年月不明）。

（9）鉄道作業局建設部編『中央東線笹子隧道工事報告』（一九〇四年）。

（10）関門連絡の調査（橋梁・トンネル双方）は、一九一一年以降鉄道院の手ですすめられた（「関門連絡の調査報告」〔鉄道大臣官房研究所編『業務研究資料』第七巻第一号、第二号、一九一九年一月、二月〕）、このうち第一は東京帝大教授広井勇の橋梁設計報告（一九一六年三月）であり、第二は鉄道院工務課技師岡野昇のトンネル調査報告（一九一三年一月）である。

（11）この決定については、確実な史料がない。ただ井上勝の「日本帝国鉄道創業談」に「中仙道といふことは軍人社会に在ては非常に之に重きを置たり」（前掲『子爵井上勝君小伝』付録、三七頁）という記述から推測するのみである（以下「創業談」と略称）。

（12）E・V・ボイル「西京敦賀間竝中山道線及尾張線ノ明細測量ニ基キタル上告書」（一八七六年四月）、鉄道省編『日本鉄道史』上篇、一九二一年、一八九頁以下）。

（13）前掲「碓氷嶺鉄道建築略歴」参照。

（14）C. A. W. Pownall, "The Usui Mountain Railway Japan", *Associates Minutes of the Institution of Civil Engineers*, Minutes of Proceedings of the Inst. of Civil Engineers, vol. CXX, 1895.

（15）前掲「創業談」三六頁以下。本章注（3）も同趣旨である。この経路変更は陸軍の同意のもとに実施された（一八八六年七月一九日閣令第二四号）。その背景には、当時清国にたいする攻勢戦略を固めはじめていた陸軍が、それまでの防衛戦略から脱皮しつつあり、その戦略転換が、このときの同意に関連をもっているのではないかと推測される（拙著『鉄道の語る日本の近代』一九七七年、一九八三年増補版、八〇頁参照）。

（16）この規程は、鉄道技師野村龍太郎がイギリスに赴いて適当な基準を得られなかったため、ベルリンで、当時そこに滞在中の日本鉄道会社汽車課長田中正平の援助を得て、「ドイツ鉄道の建設規程を参考として作成した」という（日本国有鉄道編『鉄道技術発達史』第一篇「総説」、一九五八年、五二頁）。同書によれば、官設鉄道はそれまでに、一八九三年土工定規、一八九八年建築定規を制定、橋梁については一八九四年鋼鈑桁の定規、トンネルについては同年隧道定規を制定したという（同書、五三頁）。

（17）たとえば、関ケ原付近の藤古川、直江津線の太田切拱渠・築堤工事（太田切については日本国有鉄道編『日本国有鉄道百年史』〔以下『国鉄百年史』と略称する〕第二巻、二四二頁参照）。

（18）一八八八年三月雇入れ契約。一八七六年から在勤したF・H・トレヴィシック（Francis Henry Trevithick）の兄にあたる。ともに機関車の発明者の一人として知られるリチャード・トレヴィシック（Richard Trevithick）の孫である（『国鉄百年史』第一巻、三三四頁参照）。
(19) 同右、三〇七頁、金田茂裕『日本蒸気機関車史』官設鉄道編、一九七二年、一三八頁を参照。
(20) 機関車国産化の実現、すなわち製作技術の自立過程については多くの問題があり、稿を改めて究明したいと思う。
(21) 機関車の試作段階において、台枠、ピストンやかなりの部品を輸入したことは、上に述べたように、製鉄製鋼部門の未成立、機械加工部門の未成熟がその原因であった。このうち製鉄製鋼部門は、比較的はやく自立態勢にはいっていった。しかし、工作機械の国産化は、第二次大戦の段階においても、まだ十分完成しているとはいえない状態であった。
(22) 鉄道国有後、これら各社がカルテルを結成して、国鉄の機関車受託態勢をとり、国鉄はまた民間企業育成の立場から、新型機関車の外注方針をとった。このような経済的立場が、国産態勢の完成に大きく作用したことは無視できない（汽車製造株式会社編『汽車会社蒸気機関車製造史』〔一九七二年〕など参照）。
(23) この「伝説」は、かなりふるい時期から言い伝えられているようである。しかし文献に載せられたものとしては、三崎重雄『物語日本鉄道史』前、一九四二年、などが代表的なものといえよう。空間を図化する地図とことなり、時間と空間との函数をグラフ化する技術については、当時の日本人は創造性を持つことができなかったことが、このことから理解される。
(24) 『国鉄百年史』第三巻、五三六頁に掲載の米原・神戸間列車運行表（一八九七年七月一日改正）は、現在のところＪＲ保管のもののなかで最古のものといえよう（『通信省公文』運転　巻八掲載）。
(25) 『国鉄百年史』第一巻、三三三頁による。
(26) もちろん、これには例外がないではない。こののち五〇キログラムレール、三シリンダー式蒸気機関車、各種電気機関車などの導入にさいして、一九二〇年なかばまで製品の輸入がおこなわれた。しかし、その多くは量産態勢を前提とした試作品としての輸入であった。
(27) 鉄道院編『本邦鉄道の社会及経済に及ぼせる影響』中、一九一六年、九二八頁。
(28) 川田礼子「中央線の建設とその経済的背景」（『交通文化』第五号、一九六五年）。

(29) 前掲『本邦鉄道の社会及経済に及ぼせる影響』中、八九三頁。
(30) 同右、中、七七四頁。
(31) 北海道の鉄道は、開拓使の手によって建設され、石炭、木材などの輸送を主な目的としていた。この鉄道が、開拓使の方針にもとづき、アメリカ合衆国の技術を導入して建設されたことは、本州の鉄道とのいちじるしい対比を示した(『国鉄百年史』第一巻、一一三頁以下参照)。この場合北海道にたいする植民が、アメリカ人を雇い入れてその指導のもとに実施されたという背景が作用していることは言うまでもないが、局地的な技術導入のひとつの典型をなしている。
(32) 日本鉄道磐城線の場合は、主供給地東京との距離からみて、その全区間を鉄道輸送によることとして建設された。これにたいし、筑豊炭は、大阪や東京への供給を船舶による必要があり、積出港である北九州の港湾への輸送線として、建設された。この場合、それまで輸送を担当していた遠賀川の川艜(かわひらた)による輸送から、急速に鉄道輸送に転移した。この過程については、永末十四雄『筑豊』一九七三年、八六頁以下を参照。
(33) 『明治四十年度鉄道局年報』一四九―一五一頁による。
(34) この区間は、当時甲武鉄道が新宿から飯田町に向かう線路を建設中であり(牛込・新宿間一八九四年一〇月九日、飯田町・牛込間一八九五年四月三日開業)、この軍用側線は、この線路を利用したものであった。これらの例は、軍部の要請が私設鉄道をも動かすことができたという事実を示している。
(35)(36) 『日本鉄道史』中篇、一五九頁。
(37) 『国鉄百年史』第三巻、五五〇頁以下。
(38) このときの経験から日本の鉄道は一九〇六年以降列車ダイヤ作成に際しては、まず軍用列車のスジを引くことからはじめてダイヤを完成し、必要なときは一般列車の運行を変更することなしに軍用列車をいつでも運転できるようにした。
(39) 関西地方では商業資本、江戸時代以来の富豪である三井家や鴻池家、島田家などを中心に政府が指導して鉄道会社を計画し、この会社は、関西鉄道会社とよばれた(山口栄蔵「関西鉄道始末」〔『交通文化』第八号、一九三四年〕)。また東京では華族が中心となって、華族組合をつくり、これが京浜間の鉄道の払下げをうけて運営しようかという計画ももちあがった。

前者は実現しなかった。後者も、このときには実現しなかったが、一八八一年華族や士族から資金を集めて日本鉄道会社を創立するところまで漕ぎつけた。当時華族、士族は、江戸時代以来受けていた俸禄を打ち切られ、退職金というべき公債証書を交付されて、何らかの職業を持つことを要求された。ところが西南戦争（一八七七年）にともなうインフレーションによって、一片の公債証書はあたらしい職業のための資金にも、また職業を得るまでの生業資金にも足りなくなった。

そのため、宮内省の華族監督部長であった岩倉具視が、華族組合以来の組織を活かして、鉄道会社の創立を薦めたのである。すなわち第十五国立銀行に公債証書を預けさせ、この公債証書を引当てに政府が資金援助をおこない、銀行出資を中心に鉄道会社を創立させるという方式であった（日本鉄道に関しては『日本鉄道株式会社沿革史』参照〔『明治期鉄道史資料』第Ⅰ期第2集第一巻に復刻収録、一九八〇年〕）。

(40) 一八八一年二月二〇日、同社首唱発起人決定のさいの岩倉の構想演述によれば、同社の線路網は、東京・高崎間、東京・青森間、高崎・敦賀線間（中山道経由）、中山道線、新潟・羽州間、大里・小倉・長崎および熊本間となっていた（前掲『日本鉄道株式会社沿革史』第一篇、三七頁）。

(41) 同社の設立経緯からみて、まず政府が計画した幹線の一部を建設することが優先されたと考えられる。東京・青森間については、開拓使がつよい関心をもっており、鉄道局も一八八一年一月開拓使の土木顧問J・クロフォードをして東京・高崎間、東京・青森間の実地調査をおこなわせた（同右、第一篇、四二頁以下）。

(42) この方式は、政府の私設鉄道にたいする役割を強化することを容易にしたといえよう。

(43) 拙稿「日本の工業化と鉄道網の形成」（『社会経済史学』第四八巻第五号、一九八三年二月）参照。

(44) 『明治二十二年度・二十三年度鉄道局年報』付図による（マイル程をキロ程に換算）。

(45) 私設鉄道ばかりでなく、官設鉄道でも、このころになると、イギリス依存の姿勢をしだいに脱却したことは、資材についての国際市場の変動を示唆している。この点については、レール、機関車など部門ごとの市場分析が必要と思う。

(46) 「陸軍省ヨリ鉄道汽車総数問合往復」（一八七九年三月一四日、『工部省記録』鉄道之部　巻一四―一）。

(47) 前掲『日本鉄道株式会社沿革史』第一篇、九四頁。

（48）『工部省記録』鉄道之部　巻三―五八。前にもふれたように東京・大阪・神戸間の幹線の経路決定にあたって陸軍の長老山県有朋が強く中山道経由を主張したことも、これとかかわっている。

（49）前述のように、この年までに軍部は清国との戦争を決意し、本格的な戦争準備にはいっていた。その前年七月井上鉄道局長官の熱心な説得によって幹線の経由地点を東海道に変更することを認めたのも、すでに陸軍が「守り」の態勢から「攻め」の態勢に入ることを決定していたからとみてよいであろう。

（50）『日本鉄道史』上篇、六四九頁以下。

（51）ここでいわゆる広軌改築が提起されたことは注目に値する。軌間の変更は、全面的な規格の変更をもたらすからである。

（52）『日本鉄道史』上篇、六五〇頁。

（53）同書においては、さきの参謀本部長の建議書案がより具体化され、施設にとどまらず、鉄道の運用についても、詳細な提案がなされた（『明治期鉄道史資料』第Ⅱ期第2集第二一巻『参謀本部鉄道論集』一九八八年、所収）。

（54）『明治期鉄道史資料』第Ⅱ期第1集第一三巻『軍事輸送記録(Ⅰ)』一九八九年、所収の『陸海軍連合大演習記事』（一八九〇年）参照。とくに巻末の「陸海軍連合大演習記事付図」に、東西両軍の鉄道輸送計画と実行についての表がつけられている。

（55）『日本鉄道史』上篇、九一五頁以下。

（56）鉄道の運営にあたって、これらのグループがつよい発言権をもつことは、鉄道技術の発展についての彼らの発言権や影響力をつよめることをも意味した。

（57）工学会日本工業史編纂会編『明治工業史』鉄道篇、一九二九年、二二八頁以下など参照。

（58）前掲「創業談」三八頁。

（59）『国鉄百年史』第二巻、二五四頁（ただし横浜・熱田間）。この記述がどのような史料によったものかにわかに判じがたいが、およそこのような規格化は推測される。

（60）久保田敬一「本邦鉄道橋梁ノ沿革ニ就テ」（鉄道大臣官房研究所『業務研究資料』第二三巻第二号、一九三三年、八頁）。

（61）前掲『鉄道技術発達史』第二篇「施設」Ⅲ、一九五九年、一四八一頁以下。これらの推移ののち、一八九四年五月隧道定規が制定され、さらに一八九八年八月一〇日隧道建築定規として制式がきめられた。
（62）本書第二章で見た技術官僚の養成は、一八八六年帝国大学の設置により、従来の工部大学校が帝国大学工科大学として再編成されると、より組織的かつ総合的に実施されることとなった。そして、とくに土木、機械の各学科における基礎・応用の課程はいちじるしく充実した。
（63）たとえば一八九六年一〇月二二日死去（大植四郎編『明治過去帳』一九七一年版、五〇二頁）した鉄道局広川広四郎技師のノート『虎の巻』は、その好例といえよう。この書物は、広川技師が生前執務上の参考のために集めた資料「虎の巻」「竜の巻」「獅子の巻」の三冊のノートから同僚・知友が抜萃し、『虎の巻　*The Notes and Extracts about Railway and Engineering Works*』と題して一九〇一年一二月に刊行したもので、編者は国沢新兵衛となっている。
（64）一八九五年二月二三日鉄道局長達第三六六号による。
（65）このとき、一八八七年五月一八日に制定された私設鉄道条例は廃止された。この条例が定めた基準・規格は、軌間など基本的な部分に限られていた。
（66）しかし、同時に、鉄道局が私設鉄道各社にたいする「上からの」統一のうえで主導権を確保し得るという効果もあった。
（67）これらの計算的基礎は、たとえば前掲『虎の巻』に、詳細なデータが列挙されていて、これらの規程が生まれる前から、一定の基準がすでにつくられていたことがわかる。
（68）各社は、こののち、この規程にもとづいて、各社独自の規程をつくっていった。これらの規程は、しかし、軌間に代表される基本的な規格の範囲を超えて独自性を実現することは困難であった。
（69）関ケ原越えの関ケ原・長岡（現・近江長岡）間の一〇〇〇分の二五の勾配を一〇〇〇分の一〇に緩和するための改良工事は複線化工事と同時に開始され、一九〇一年一一月六日新線が完成した（『明治期鉄道史資料』第Ⅱ期第1集第五巻『明治三十四年度鉄道作業局年報』一九八八年、一三〇頁）。しかし御殿場越えは、長大トンネルの掘削技術の向上を待たねばならなかった。一九三四年一二月一日に開通した国府津・熱海・沼津間は、この改良の系列の上にある。
（70）『国鉄百年史』第四巻、八頁以下参照。
（71）金田茂裕『日本蒸気機関車史』私設鉄道編Ⅰ、一九八一年、三四頁以下によると、一D一の軸配置の最初は、一八八四年アメリカで製作（一Ｅを改造）され、この軸配置は当初 Calumet（アメリカ原住民の長い飾り煙管、和平の象徴の意味あり）と呼ばれていたという。

（72）参謀本部陸軍部編『鉄道論』一八八八年、五七頁以下（『明治期鉄道史資料』第Ⅱ期第2集第二一巻『参謀本部鉄道論集』一九八八年、所収）。

（73）『第一回鉄道会議議事速記録』第三号、一八九三年一月二八日、二頁以下（『明治期鉄道史資料』第Ⅱ期第2集第一巻『鉄道会議議事速記録』一九八七年、所収）。

（74）『日本鉄道史』中篇、七九五頁以下。

（75）大沢界雄「鉄道ノ改良ニ関スル意見」（一八九八年七月）八頁。

（76）朝鮮における縦貫鉄道は、日本の軍事的目的から鉄道敷設権を獲得して計画された。その経営主体である京釜鉄道株式会社創立のさい、この鉄道の軌間について、鉄道作業局は軌間一〇〇〇ミリ（いわゆるメーター・ゲージ）、軍部は軌間一〇六七ミリ（日本国内の鉄道と同じ軌間）を主張した。しかし、同社技師長笠井愛次郎は、「将来支那・欧羅巴大陸の鉄道と聯絡し、世界交通の幹線たるべき使命を有する本鉄道としては、単なる殖民鉄道を以て視るべきに非ず、万難を排するも標準軌間を採用しなければならぬ」と主張した。これに動かされた同社会長、取締役渋沢栄一が、標準軌間の採用を決意し、鉄道作業局、軍部の諒解をとりつけたという（朝鮮総督府鉄道局編『朝鮮鉄道史』第一巻、一九二九年、一一〇頁。同『朝鮮鉄道史』第一巻創始時代、一九三七年、二八二―二八三頁、鮮交会編『朝鮮交通史』一九八六年、三九頁も同趣旨の記述である）。

（77）南満州鉄道については、一九〇六年八月一日、会社設立事務に関する命令書（外務・大蔵・逓信大臣、秘鉄第一四号）の第二条で、営業開始の月から満三カ年以内に四フィート八・五インチ（一四三五ミリ）の軌間に改築することが定められた（南満州鉄道株式会社編『南満州鉄道株式会社十年史』一九一九年、二二頁）。その背後の事情については、同書にも記載がないが、中国、朝鮮の鉄道との軌間の統一が有利という判断がなされたことは推測できる。

（78）狭軌がもたらす技術的限界にたいし、国際標準軌間の鉄道で、国際的な水準の技術を駆使するという志向は、朝鮮総督府鉄道局（のち交通局）や満鉄の技師たちに共通する姿勢だったように思われる。一九三四年に運転開始された満鉄の特急「あじあ」号なども、その代表とみるべきであろう。

（79）この点については序章の冒頭に述べたが、一九一〇年代後半以降三〇年代初頭にかけての鉄道技術には、このような展望をひらかせる面がいくつもあったと私は考える。

（80）臨時鉄道国有準備局編『鉄道国有始末一班』一九〇九年、一二一頁（『大正期鉄道史資料』第二集第三巻に復刻収録、一九八三年）。

第四章　大量輸送化と停車場の改良

一　大量輸送に適応する停車場の立地・構造・規格

1　客貨分離による機能の向上

大都市の停車場[1]は、すでに、一九〇〇年前後から大量輸送を負担する傾向がつよまった。しかし、本格的に大量化現象が開始されるのは、日露戦争以後である。言うまでもなく、重工業産業革命による資本主義の高度化により大都市における経済活動が活発化し、また大都市にたいする人口集中がさらに顕著となるのはこの時期以降である。このような事態のもとで、大都市の停車場は、それまでの状況とまったく異なるあたらしい条件に対応しなければならなくなった。ここでは、鉄道企業のこのような状況にたいする対応と、そこに成立する技術のあり方と、この両者を相互に関連づけ、貨物駅や臨港駅についてもふれながらみていきたいと思う。

上に述べたような状況にたいする対応の結果生まれてくるあらたな様相は、これをいくつかに分類することができる。その分類を整理すると、つぎのようになる。

㈠　中央停車場や各線の分岐・接続停車場の巨大化

㈡　取扱種別、とくに旅客・貨物の分離（いわゆる客貨分離）

㈢　上記㈡とも関連するが、大規模停車場における操車・検修施設の分離、これら施設の都心からの拡散化

およそ以上のように分類ができるかと思う。これらの変化の類型は、停車場の立地・構造にかかわり、さらに、

このころから進行する停車場の規模の拡大にもかかわって、かなり複雑な要素を内包する。そこで、ここでは上記の分類にもとづき、主として、立地（停車場相互の関係や、各停車場の配置をふくむ）と規格化（停車場における施設の規格化だけでなく、建造物の規格化をもふくむ）、構造（停車場の各施設の配置、とくに配線もふくむ）という条件を照合しながら、この問題を考えてみようと思う。[2]

最初に、立地という条件を前面に出すかたちで、客貨分離の問題からみていくことにする。

一八九〇年（明治二三）一一月一日、日本鉄道会社が秋葉原に貨物扱所を開業したのは、隅田川に通ずる水運の便を考慮した水陸連絡の貨物取扱設備を設置したもので、同社の東京におけるターミナルである上野駅との客貨分離と言い得るかどうかは疑問のあるところである。これは、一八七五年五月一日に開通した大阪・安治川間の線路と共通するところがあるようにみえる。[3]この段階までは、旅客・貨物の取扱数量の増加という客観的要請にもとづく客貨分離は、まだなかったのであろう。

石炭積出しのための貨物駅が設置された筑豊その他の炭坑地帯は別にして、大都市における客貨分離の典型を求めるとすれば、東京駅の開業にともなう旧新橋駅の貨物駅化による汐留駅の開業を挙げるべきであろう。[4]

汐留駅は、一九一四年（大正三）一二月二〇日、旅客専用の中央停車場が東京駅として開業したときに、貨物駅として生まれ変わったわけであるが、もともと旧新橋駅は、一八七三年（明治六）九月一五日に貨物の取扱いを開始、その後輸送需要の増大にともなって、一八八一年までに旅客・貨物それぞれの取扱設備を区分し、能率の向上をはかった。[5]駅の作業のあり方からみて、旅客・貨物の取扱いが混在することは危険でもあり、客貨分離は、本来駅構内においてすでに実施されなければならなかったのである。

一八九〇年代に入って、東京市区改正条例（一八八八年八月一六日公布）による東京の鉄道網整備計画が検討されることとなった。この計画は、東京の鉄道網を整備するうえで、ひとつの画期をなしたと言える。すなわち、官設鉄道（東京・横浜間を最初の開通区間として、当時新橋・神戸間の線路を東海道経由で建設中）と日本鉄道（上野を起点として一線は前橋に、一線は盛岡・青森への線路を建設中）と、この両者の線路をつないで南北縦貫線をつくり、この線路の上に、中央停車場をおくという構想があらたに生まれてきた。(6)

それは、中央停車場を新設して、旅客専用とするという計画であった。すでに、欧米の大都市では、中央停車場と貨物専用停車場の分離が進んでいた。一八八八年に大規模な中央停車場が完成したフランクフルト・アム・マインでは、ここに集中する各鉄道がそれぞれ貨物駅を設置した。(7)このような傾向は各都市に見られた。それは、資本主義の発達にともなう輸送需要の増大の結果であった。(8)

東京の場合、輸送需要の増大という条件よりも、首都改造計画が先行し、これに輸送需要の増大がともなった。この点が、欧米諸都市の場合との事情の相異を示している。日本の場合には、都市の近代化改造が、政府の主導によって進められ、停車場配置は、その計画の一部にふくまれた。汐留駅の設置には、このような日本の特殊性がその背景にある。

しかし、別の観点からすれば、汐留駅の設置にはある必然性があったように思われる。この場合の「別の観点」とは、鉄道当局側というべき立場によるものであるが、旧新橋駅構内は、一九一〇年代にはいるころ、何らかの方策によって、その設備を整理しなければならない状態となっていたのである。

汐留駅開業当時、この構内にあった機関はつぎのようである。(9)

中部鉄道管理局、新橋工場、経理課（鉄道院か）、新橋運輸事務所、新橋保線事務所、新橋通信区、新橋保線区、東京機関庫分庫、東京検車場派出、御料車庫、客車庫等

創業以来、鉄道現場業務の中枢として、各業務機関を、大都市の中心的な駅構内やその付近に集中する傾向は一般に見られたが、旧新橋駅の場合にも、その典型というべきか、鉄道管理機関に加えて、工場など大規模な施設が、同一構内におかれていた。このような諸機関の整理も、同時に進行させる必要が生じていたと考えられる。

これらの機関を整理して、貨物駅としての設備をととのえれば、東海道方面の貨物を受け持つ貨物駅として、東北方面の秋葉原、隅田川と南北並立する体制が可能となる。

これらの点からみても、単純な貨物の輸送需要が増大したという条件だけでなく、首都の都市計画、鉄道諸機関の整備（再配置・規模の拡大などをふくむ）などの客観的要請が、客貨分離を実現する動機となったと考えられるのである。

汐留駅に改称した翌年の一九一五年七月二一日には、新橋工場が移転して大井工場となり、一九一六年二月東京機関庫分庫は廃止（推定）、一九一七年一〇月中部鉄道管理局は東京駅に移転、諸機関の整理はすすんだ。これに対応して、一九一六年五月構内の配線変更によって、旧東海道本線ホーム跡を貨物積卸場に改築、一九一七年九月ガントリークレーン（三トン）新設、一九一八年には貨車入換用のキャプスタンを設置した。(10)

このようにして、諸設備はしだいにととのえられ、貨物駅としての体制は整備されたのである。

汐留駅が開業した少し前に、京都では、京都駅と梅小路駅との分離が実現した。京都駅の改良工事は一九一〇年（明治四三）秋に基本計画が立てられ、工事の準備にはいった。当初は高架式の駅を、在来駅の南側に建設する予定であったが、一九一三年大正天皇の即位大礼が一九一四年に挙行されることが決まったため、工事を急ぐ必要が生じ、「本屋ヲ木造トシ、高架式線路ノ計画ヲ平地式線路ニ変ジ、工事ヲ急速施行スルコトニ院議ヲ更メ」(11)、一九一四年八月一五日新停車場で営業を開始した。

この工事にともなって、ここでも客貨分離が検討された。京都駅には、一八九七年二月一五日二条・嵯峨間を開業した京都鉄道（一九〇七年八月一日国有化、京都線、一九一二年三月一日山陰本線）が乗り入れていた。この鉄道は、一八九七年四月二七日京都駅の西〇・四七五マイルに大宮駅をおいて、線路をそこまで延長、同年一一月一六日京都駅に乗り入れた。この大宮駅は一八九九年七月三一日閉鎖されたが一九〇五年一月一五日営業を再開、一九一一年九月一五日廃止された。この廃止は、京都駅改良工事にともなう線路の移設などがその理由と考えられる。(12)

一方、一九一〇年一一月五日東海道本線に梅小路仮信号所が設置され、一九一一年二月二五日仮停車場として貨物の取扱を開始した。(13)停車場としての開業は、一九一三年六月二一日とされている。同駅の貨物取扱設備は、東海道本線の移設にともなって移設された山陰本線の旧線路敷につくられた。(14)本線路の切換は、一九一四年八月一五日新しい京都駅の使用開始の日とされている。(15)

以上によってみると、梅小路貨物駅は、改良工事の本格的着手前から貨物の取扱を開始し、改良工事の完成とともに、京都駅から実質的に分離されたとみられる。

梅小路駅の場合は、汐留駅の場合と異なり、京都駅の西に、ほぼ隣接といってよい位置に設置されたが、ここでも客貨分離が実現した。東海道本線の主要都市駅における客貨分離は、大阪の梅田、神戸の湊川がともに一九二八年一二月一日、名古屋の笹島が一九三七年二月一日であった。これたいして、京都の場合は汐留よりはやく、先駆的な位置づけがされてしかるべきであろう。(16)

以上、汐留、梅小路と、いわば貨物駅の分離という点で先駆的な例をみてきた。『京都停車場改良工事紀要』が

「一面欧米先進鉄道ノ実例ヲ倣スルト共ニ」[17]と述べているように、当時の改良工事にさいしては、欧米の先例を参考とする部分はつよかったと考えられる。たとえば鉄道院業務調査会議は、一九一三年二月『停車場設計原論』を刊行しているが、これは「エー・キョヲリン、エム・ヲーダー両氏著」とされ、ここでは大都市における停車場で、客貨分離がおこなわれるべきことを説いている。[18]

このような文献による知識は、一九一三年五月に刊行された『欧米諸国鉄道停車場図集』(鉄道院技手小笠原鈖編集・発行)にもみられるように、写真や図による視覚的な資料によっても導入されていたと考えられる。客貨分離は、一九世紀末から二〇世紀初頭にかけて、より合理的な停車場の配置・設計をめざしていた欧米諸国の先例を学びつつ実行されていったとみるべきかもしれない。

2　旅客停車場における規格化の進行

大量輸送の段階にはいると、鉄道の施設・車両はもちろん、輸送手段とその運営全般にわたって、輸送要請の変化(とくに量の上での増大)に対応するための措置が必要となった。もともと、鉄道は大量輸送手段としての特性をもって生まれてきた。それは、鉄道が産業革命における生産力の増大という要請からつくり出されたことによって必然的にもたらされた特性であった。そして、大量輸送手段としての特性をもつことは、線路をはじめとする輸送施設全般に、本質的に規格化の方向を要請したのである。それはまず軌間という条件において示された。すなわち、線路の軌間が、その鉄道の輸送手段全般にわたる規模を規定する基本的条件を形成した。[19]

このように鉄道は、規格化による大量輸送の実現という特性を本質的にもって生まれてきたというべきであろう。停車場もまたその例外ではなかった。さきに挙げた第二の条件、規格化についてここで見ておくこととしよう。

官私鉄を通じて、停車場の規格が法令上に規定されるようになったのは、一九〇〇年八月一〇日制定の鉄道建設規程（逓信省令第三三号）が最初といえよう。[20] このとき、鉄道営業法の制定を受けて、鉄道の各分野における規程類が制定された。[21] 鉄道建設規程は、そのひとつであった。この規程は、線路の規格を定め、それに次いで、停車場設備の基準を規定した。

すなわち、まず、停車場内[22]における本線路の勾配を三〇〇分の一以下とすること（特許を得た場合は一〇〇分の一まで可）を定め（第一三条）、連絡停車場[23]における側線設置（第一五条）、連絡所・信号所の設置条件[24]（第一六条）、連絡停車場などにおける連動装置の設置義務など（第一七条）を規定した。

そのうえで、この建設規程では乗降場の必要最低基準を定めた。

まず、乗降場擁壁面（突出点からはかる）と軌道中心との距離を四フィート六インチ（一三七二ミリメートル）以上とすること（但書で曲線の場合の拡大を規定）、乗降場の幅は七フィート（二一三三ミリメートル）以上、ただし、いわゆる島式ホームでは九フィート（二七四三ミリメートル）以上（ただし停車する列車の長さ以外の場所はこの限りでない）、軌条面から乗降場面までの高さは二フィート（六〇九ミリメートル）以下一フィート六インチ（四八七ミリメートル）以上とすること、乗降場には少なくとも一端に四分の一より急でない勾配をつけること、乗降場の長さは少なくともその線路に運転する列車中の「客車全数」に相応するようにすること、乗降場に建てる柱類は乗降場の擁壁面から三フィート六インチ（一〇六七ミリメートル）以上隔てること、乗降場の跨線橋、地下道口は乗降場の擁壁面から五フィート（一五二〇ミリメートル）以上隔てること、停車場本屋は乗降場擁壁面から七フィート（二一二八ミリメートル）以上隔てること（以上第一八条）。

以上が乗降場の基準である。さらに、待避側線の長さ（原則として有効長七〇〇フィート（二一二・八メートル」以上）（第二〇条）、停車場、連絡所、信号所に場内信号機を設けること（必要条件、必要に応じ遠方、出発、側線信号機を設置）[25]（第二一条）、同上の個所に電気通信設備を設けること（第二二条）、停車場に待合所、乗降場、便所等旅客に必要な設備を設けること（第二三条）、その他貨物積卸場[26]（第二四条）、機関車庫・客車庫（第二五条）、跨線橋、地下道（第二六条）などが規定された。

この規程において、のちの規程における駅の基本的な基準が、官私両鉄道にまたがって定められた。[27]当時（一八九九年度末）の営業マイル数は、官設鉄道が八三二マイル七二チェーン（約一三三二・一キロメートル）、私設鉄道が二八〇六マイル（約四四八九・六キロメートル）であった。[28]私設鉄道のマイル数が官設鉄道のそれの約三・四倍という状態で、年間輸送量は、旅客が官設二八六六万三六八三人、私設七三四五万二二五九人、貨物が官設二三九万一四七一トン、私設九四二万八五六三トン、旅客は私設鉄道が二・五六倍、貨物は三・九四倍という実績を示していた。[29]

このように私設鉄道の線路延長・輸送量がむしろ主流を占めている状況では、とくに私設鉄道の施設にたいする規制は、全国的な輸送体制の確立という点からみた場合、重要な条件とされたであろう。もちろん、この規制には、軍事輸送上の要請がはいっているであろう。前にふれた第一八条第四項の「乗降場ハ少クトモ其ノ一端ニ四分ノ一ヨリ急ナラサル勾配ヲ附スルコトヲ要ス」という規定は、参謀本部陸軍部『鉄道論』（一八八八年四月）以来の軍部の要請にかかわる設備といえよう。[30]

たしかに軍部のこのような要請が規格化をすすめるうえで、重要な動機をなしていたことはもちろんである。鉄道建設規程制定時には、このような要請がかなりつよくはたらいていたであろう。しかし、鉄道国有法によって、それまでの主要私鉄を統合して成立した国有鉄道は、開業マイルが一九〇五年度末の一五三一マイル五八チェーン

表4-1　旅客・貨物輸送量の推移

	旅客		貨物	
	官設・国有	私設	官設・国有	私設
	人	人	トン	トン
1903年	34,008,286	79,861,798	3,492,622	14,268,690
1904	28,828,711	75,225,481	3,677,453	15,576,409
1905	31,026,964	82,648,459	4,403,494	17,126,570
1906	47,566,920	78,228,468	7,620,528	17,124,614
1907	101,115,739	39,890,322	18,312,223	5,203,383

（注）鉄道局編『明治四十年度鉄道局年報』付録74―75頁。

から一九〇七年度末の四四五二マイル六七チェーンとなった。これにたいし、私設鉄道は、同じ時期に三二五一マイル二三チェーンから四四五マイル六二チェーンとなった。国有鉄道の占める比率は三二・〇パーセントから九〇・九パーセントに伸びたのである。[31]

全国の鉄道網のほとんどすべてを網羅するにいたった国有鉄道の輸送量は、日露戦争後の輸送需要の増大という条件に乗って、いちじるしく伸長した（表4-1）。

年間一億人、一八〇〇万トンの輸送量をもつ国有鉄道は、鉄道輸送の中心となったばかりでなく、陸上輸送の中心的地位を占めるにいたったのである。

このような状況のもとで、増大する輸送量に対応する施設の改良が必要となった。

鉄道国有にともなって、各私鉄が保有してきた施設・車両の規格の統一、線路名称の整理など国有鉄道として保有すべき諸施設の規格化がすすめられたが、停車場については、これら在来施設の規格を超えて、あらたに増大する輸送需要に対応するための規格が必要となってきた。

一九〇八年二月二五日に制定された「停車場内向乗降場幅員及跨線橋柱距離ノ件」（達第六三号）は、その顕著な例である。

すなわち、ホームの幅、跨線橋の階段および跨線橋の幅を甲乙丙丁の四段階に

表4－2　ホーム、跨線橋の規格化

	ホームの幅	跨線橋階段の幅	跨線橋の幅
甲	32フィート10インチ	12フィート 0インチ	9フィート 0インチ
乙	26フィート10インチ	9フィート 0インチ	6フィート 0インチ
丙	26フィート10インチ	9フィート 0インチ	9フィート 0インチ
丁	20フィート10インチ	6フィート 0インチ	6フィート 0インチ

32フィート10インチ＝約9.97メートル　20フィート10インチ＝約6.13メートル　9フィート 0インチ＝約2.74メートル
26フィート10インチ＝約7.95メートル　12フィート 0インチ＝約3.65メートル　6フィート 0インチ＝約1.82メートル

定め、甲乙丙は主要駅のものとし（丙は特殊の場合）、丁はその他の駅の標準とした（表4－2）。

これを、鉄道建設規程における標準七フィート以上、島式九フィート以上と比較すると、いちじるしく拡大していることがわかる。丁規格でも、鉄道建設規程の島式ホームにくらべて二倍を超えている。このような規模の増大は、軍事的利用という条件を超えて、利用者の増加がもたらした結果とみるべきではないか[32]。

この直後に建設された東京駅の場合、ホームの幅は約一二メートルとされた[33]。京都駅の場合には、本屋側五二フィート（一五・八メートル）、第一面、第二面四二フィート（一二・八メートル）、第三面、山陰線三〇フィート（九・二メートル）で[34]、これらは、さきの拡大された基準よりもかなり広い。すなわち、大都市の主要停車場では、利用者の増加に対応する措置がとられはじめていたのである。

単にホームの幅だけでなく、長さについても同様の変化が見られた。一九一九年一二月二七日、達第一三三〇号で乗降場延長の標準が定められた。言うまでもなく、ホームの有効長は、その線区に運転される列車の最大の長さに対応するものでなければならない。このような条件を満たすホームの長さが、いつごろから決められたかは明らかでない。列車単位が大きくなり、したがって列車の長さが増大して来るのは、一九〇〇年代と考えられる。それは、客車の四輪単車からボギー車への転換や、客車自体の大型化とも関係しているとみてもよいであろう。輸送需要の増加に対応するために、車両自体を大型化することは、列車単位の増大に相乗作用をなして、列車の長さを増加させたと考えられるのである。

それまで二〇〇メートル前後であった幹線主要駅のホームの長さは、鉄道国有前後から延長される傾向にあり、この傾向を現実的な要請にもとづく標準化によって、一定の規格として具体化したのが、この達であったと考えられる。

ここで採用された標準は、たとえば東海道本線では、つぎのようであった。

東京・神戸間　　八〇〇フィート（二四三・二メートル）
同電車区間　　二五八　〃　（七六・〇メートル）
横浜・桜木町間　〃　〃　（　〃　）
（このうち東京・神戸間で、急行列車が停車しない駅および乗車人員一日一〇〇人未満の駅は、六五〇フィート〔一九七・六メートル〕とした）(35)

この達で幹線における急行列車停車駅では、乗降場の長さを、約二五〇メートルとしたことがわかる。また電車専用駅の二五〇フィートは、将来五〇〇フィート（一五二メートル）に延長することができるように計画することが決められた。

約二五〇メートルの有効長といえば、当時の一七メートル前後の客車で編成した列車の場合、最大一五両までの編成が可能である。また電車ホームは約一五〇メートルの場合、八両までの編成なら発着可能である。当時は二～三両の編成であったから、七五メートル程度の長さが指示されたのであろう。しかし電車区間における沿線の人口増加を予想して、五〇〇フィートへの改築準備がおこなわれることになったと考えられる。

停車場の規模は、この時期に拡大し、同時にその主要部分についての標準を定めることによって規格化が実現した。この傾向は、一九二一年、一九二九年とこののち二回にわたる建設規程の全面改正を通じて、鉄道のシステム全体の規格化と連動していったのである。

3 貨物駅の成立

旅客を取り扱うことのない、いわゆる貨物駅の成立にはいくつかの動機がある。第一は、石炭などの搬出のみを目的として、一般の旅客輸送についての需要のない地点に駅を設置する場合であり、炭坑地帯などにおける貨物駅がこれにあたる。第二は、港湾などの水陸連絡地点に設けられる場合で、もっぱら貨物の積卸しが作業の中心であり、旅客輸送はおこなわない。第三は、大都市などにおいて、貨物の輸送需要が増大し、旅客の取扱いと貨物の取扱いとを同一構内でおこなうことが、量のうえで不可能となり、かつ利用者に危険をもたらすおそれが生じてくる場合で、前から述べてきたいわゆる客貨分離がこれにあたる。

日本の場合、第一のケースは、たとえば筑豊の炭坑地帯などで、一八九〇年代以降、かなり多くみられる。[36] 第二のケースは、日本鉄道の秋葉原や隅田川が、成立の動機としてはほぼ最初のものに属する。のちには門司埠頭その他の港湾における水陸連絡駅がつくられ、横浜港周辺にはいくつかの貨物駅が開業した。さらに臨海工業地帯が造成されると、水陸連絡と原料・製品輸送とを兼ねる貨物駅が、京浜工業地帯に開業した。

第三の客貨分離による貨物駅については、前にふれたが、これはもっぱら都市の拡大にともなって起こった現象で、単に鉄道輸送上の理由だけでなく、都市の拡大にともなう市場・流通構造の変化が、このような貨物駅の分立や新設を求めたということができよう。一九二〇年代以降、「××市場」という駅名をもつ貨物駅が現われてきたのは、そのような条件が、鉄道側を動かしたからとみることができる。

ここでは、この三つのケースについて、貨物駅の成立過程を概観し、そこにみられる問題点を摘出しようと思う。

第一のケースについては、筑豊炭坑地帯における石炭積出しのための駅を取りあげたい。筑豊における鉄道による石炭輸送が、従来の遠賀川水運の、いわゆる川艜《かわひらた》輸送を、その量において凌駕するのは、日清戦争後の一八九五年前後である。[37]九州鉄道は、一九〇七年に国有化され、この地域の石炭輸送は、ほぼ全面的に国有鉄道の手に移った。この石炭の積出し施設は、初期の段階には、石炭採掘の坑口近くまで線路を敷いて、選炭をおわったものから積み出すという単純な方式がとられていた。しかし、採掘量が多くなり、したがって輸送量が増大すると、列車の本数、単位ともに増加し、貨車を引き込み、石炭を積みこむ線路も増加してくる。また積みこみの機械化が要請されれば、そのための設備をそなえるスペースも必要となる。

このような事情からも、また石炭業者との輸送契約上からも（輸送距離の算定その他）、制度としての駅の設置が必要となってきた。筑豊地帯における石炭の積卸場（注（36）参照）の多くは、炭坑の近くの、掘り出した石炭を集積する地点に設けられ、伊田（現・田川伊田）、後藤寺（現・田川後藤寺）、直方などを通じて若松などの港湾に輸送可能な立地と線路網とをもっていることがわかる。

この炭坑地帯の積卸場は、石炭企業の専用線に属するものではなく、国鉄や私鉄の営業線上に設置される。その点で、企業の専用線に設けられる積卸場と制度上は異なる。[38]のちに拡張されたものもあれば、採掘の終了とともに廃止されたものもある。したがってその推移は複雑で、現在これを克明に跡づけることは不可能に近い。[39]しかし、軽工業段階から重工業段階にかけての、日本の産業革命を支えた石炭の、大量輸送の拠点として、これらの積出し貨物駅の流れは無視できないものがある。[40]

第二の臨港駅については、もともと新橋・横浜間、大阪・神戸間の鉄道建設のときから、港湾とくに開港場は、建設資材や車両の陸揚げ地として、鉄道と密接な関係を成立させてきた。鉄道開業後は、貿易品の積卸場として、横浜、神戸両駅は水陸連絡設備をそなえて、輸送需要に対応してきた。しかし、これら港湾における貿易量の増大にともなって、築港工事が進められ[41]、港湾における埠頭設備がととのえられると、鉄道の側も、これに対応して、水陸連絡設備を整備することが必要となった。一九二〇年七月二三日に開業した横浜港駅などは、その一例である。この場合は、横浜（桜木町）駅との客貨分離という見方ができるかもしれないが、横浜港駅では、汽船の出入港に合わせて旅客の取扱いをするので、貨物駅が分立したとはいえない。横浜の場合、貨物駅として分離したのは東横浜とみるのが妥当であろう。東横浜は、神戸駅から分離した湊川駅と共通の性格をもっているようである。なお神戸港駅については、一九〇七年八月二〇日臨港線（東海道本線の貨物支線）に設置された小野浜荷物取扱所を、一九〇九年九月三日小野浜貨物駅としたものがまず存在し、これとは別に、一九二四年八月三日東灘から分岐する臨港線に神戸港駅が開設され、一九三九年一〇月三一日、両者が併合されて神戸港駅となったという複雑な経緯がある[42]。

むしろ、一九一一年五月一日に開業した名古屋港駅のほうが、旅客の取扱いもおこなわない臨港貨物駅としての体裁をととのえた例とみるべきかもしれない[43]。

臨港貨物駅の場合、中心となる貨物駅の周辺に、埠頭の増築に応じて側線が延びていくが、場合によっては、さらに貨物駅が増設される場合がある。横浜の入江、新興、瑞穂など、神戸の摩耶埠頭などがその例で、名古屋の場合も西名古屋港が増設されている[44]。この場合も、第一のケースの石炭積出し駅の例と似ていて、取扱量の増加にともなう設備の増強が、こうした駅の分立をもたらすとみるべきであろう。

　このような貨物駅の設置は、鉄道国有前後にはじまり、一九三〇年代までつづく、そこには、第一のケースと同様に、日本資本主義の高度化という背景があり、これらの駅の設置は、まさにその波に乗ったとみられる。そして、駅の規模、配線、機械設備の充実は、いちじるしいものがあった。機械設備は、他の要素にくらべると発展がおくれていたが、石炭の船積みについては、機械設備の充実がかなり見られた。たとえば、北九州の戸畑・若松の各線の場合、一九〇五～一九〇六年に、炭積機三台・エレベーター、ホイストなどが設置された[45]。これらの機械が設置された理由は、日露戦争当時、軍事輸送のための輸送船にたいする石炭の積込みが輻輳したことにあるという[46]。設置の直接の動機は、このように軍事的理由によるものであったが、これを設置した九州鉄道の側は、将来における輸送量の増加を考慮していたことが考えられる[47]。

　北海道の室蘭、小樽でも、このころから機械化への動きがはじまり、一九三〇年代までに、画期的な機械化が実現する[48]。このような石炭積出し設備の機械化は、当時の工業化過程における石炭の位置を示している。それは、水陸連絡設備のなかで、石炭取扱設備が巨大化したアメリカ合衆国の場合に[49]、規模は小さいが似ている。日本の場合、前にふれたように、貨物駅の機械化が比較的おくれており、それだけに、石炭設備の機械化は、よりつよく石炭の重要性を意識させるのかもしれない。しかし貨物駅は、すでに一九一〇年前後から、大量輸送のための設備を要求されていたことはおよそ疑いない。そのための設備全体の改良が要求されていたのである。

　そのような要請に応じた代表例として、秋葉原駅の場合を挙げることができる。

　秋葉原駅は、一八九〇年一一月一日、日本鉄道会社が開業した貨物駅で、上野駅から一マイル一五チェーン（約一・八キロメートル）、東京市神田区（現・千代田区）の花房町、佐久間町、松永町、練塀町、相生町、花田町にまたがる約一万五〇〇九坪（約四万九五三〇平方メートル）の用地をもち、南町を東西に流れる神田川に、町筋一つへだてて接していた。当初は着発線二本、貨物積卸線二本、同補助線一本、貨物積卸場二カ所であった。一八九三年五月一日神田川との間につくった堀割が完成、構内東側に船溜がつくられて水陸連絡設備がととのった。[50]

構内はその後拡張され、一九二二年には約一万六六〇六坪（約五万四八〇〇平方メートル）となり、図4-1にみられるように構内の側線はかなり延びていた。年間作業能力は約七五万トンとされていたが、積卸場が分散し、配列が混乱し、しかもその位置によっては転車台で貨車を出入させなければならず、作業能率はきわめて低かった。[51]しかも取扱量は、発送・到着合わせて、一九一三年度には七八万七一〇一トンとなっていて、取扱能力を超え、一九一六年度には八七万一五一七トンに急増した。[52]

折から、市区改正計画にもとづく東京・上野間高架線建設の計画が進められていた。一九一六年鉄道院に東京付近鉄道計画調査会が設置され、秋葉原駅については、旅客の取扱いを開始する場合は当然高架駅とすることになるが、とくに貨物駅としての設備のあり方について、調査が開始された。その結果、高架式の設備をつくることとした。[53]この計画は、旅客線と並行して、上層に長さ六〇〇フィート（約一八二・四メートル）、幅四〇フィート（約一二・二メートル）のホーム四本を二本づつ並列させて設け、下層には、中央通路を上層ホームに沿って貫通し、その両側に上層ホームと連絡する貨物扱場を設けることとした。[54]

立体式の貨物駅が、ここに構想されたのである。この構想は、すでにアメリカ合衆国では実用化されていた。[55]秋葉原の貨物設備の立体化が構想されたとき、アメリカのこのような先例がどのようなかたちで伝えられたかは不明である。[56]「秋葉原駅の変遷」によると、前述のように一九一九年の原設計のときには、すでに四本の積卸場が高架で建設されることになっていた。一九二一年に積卸場一線増設を決定、一九二五年五月一〇日変更設計が決裁された。[57]したがって、アメリカの例との関連をつき止めることは困難であるが、設計の過程において、アメリカの例を

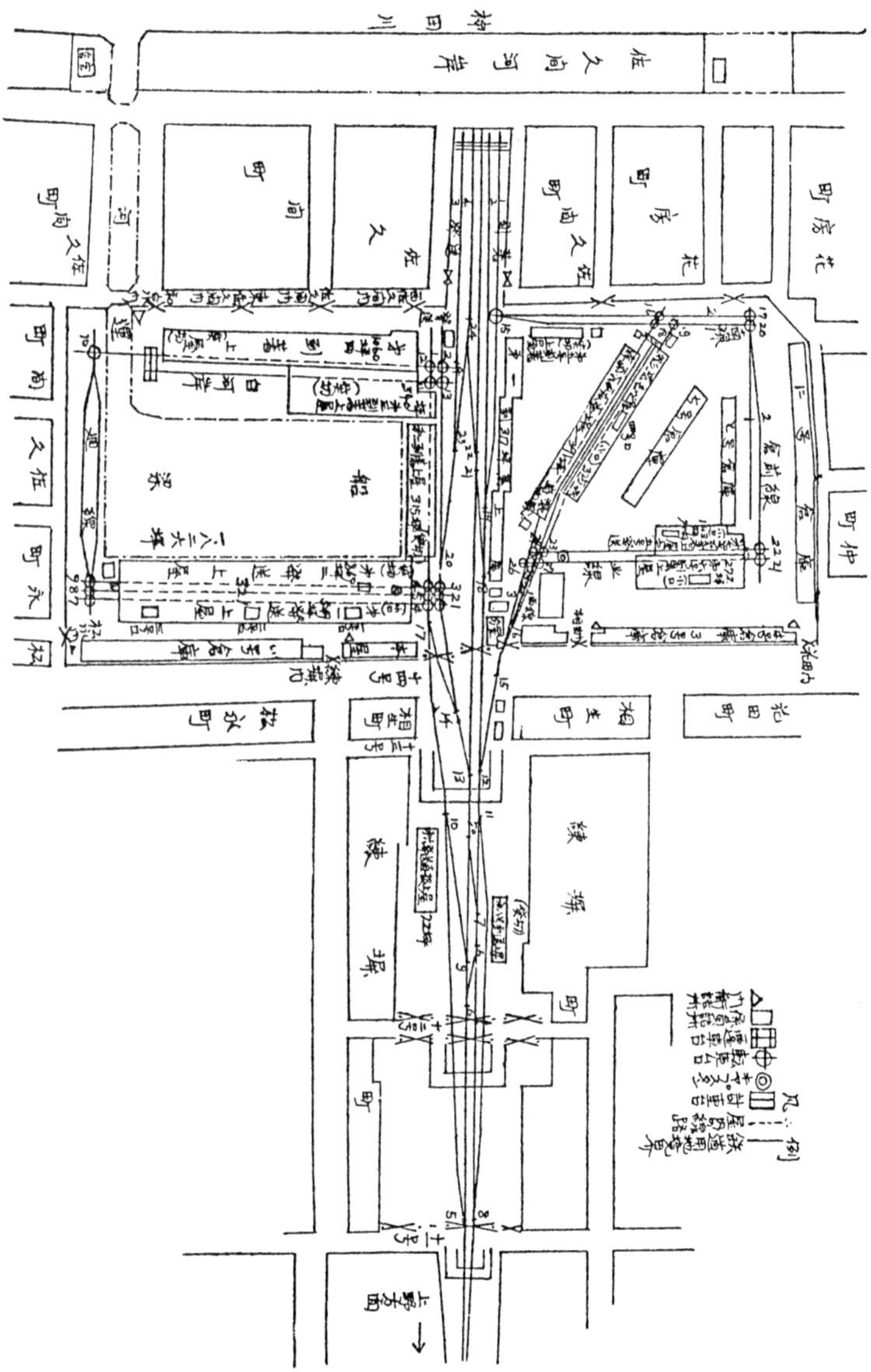

図4－1　秋葉原駅構内（1922年）

図4-2　秋葉原駅上層（1928年）

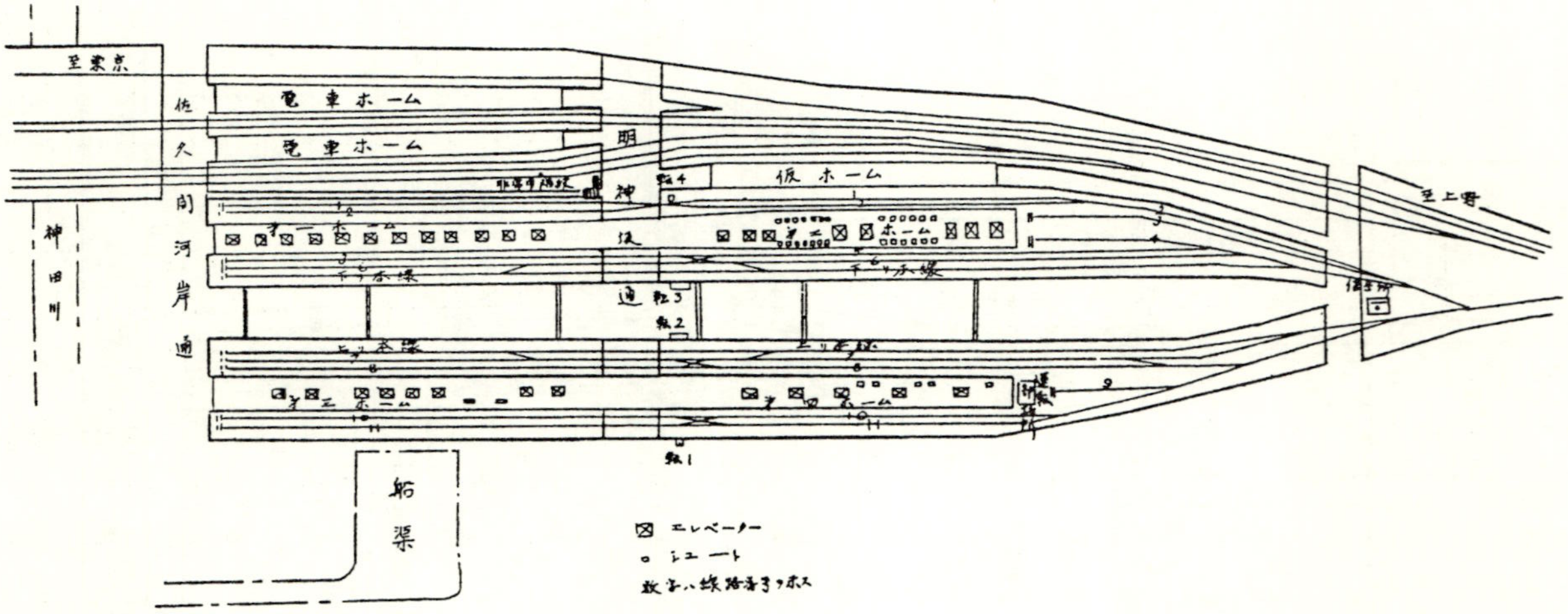

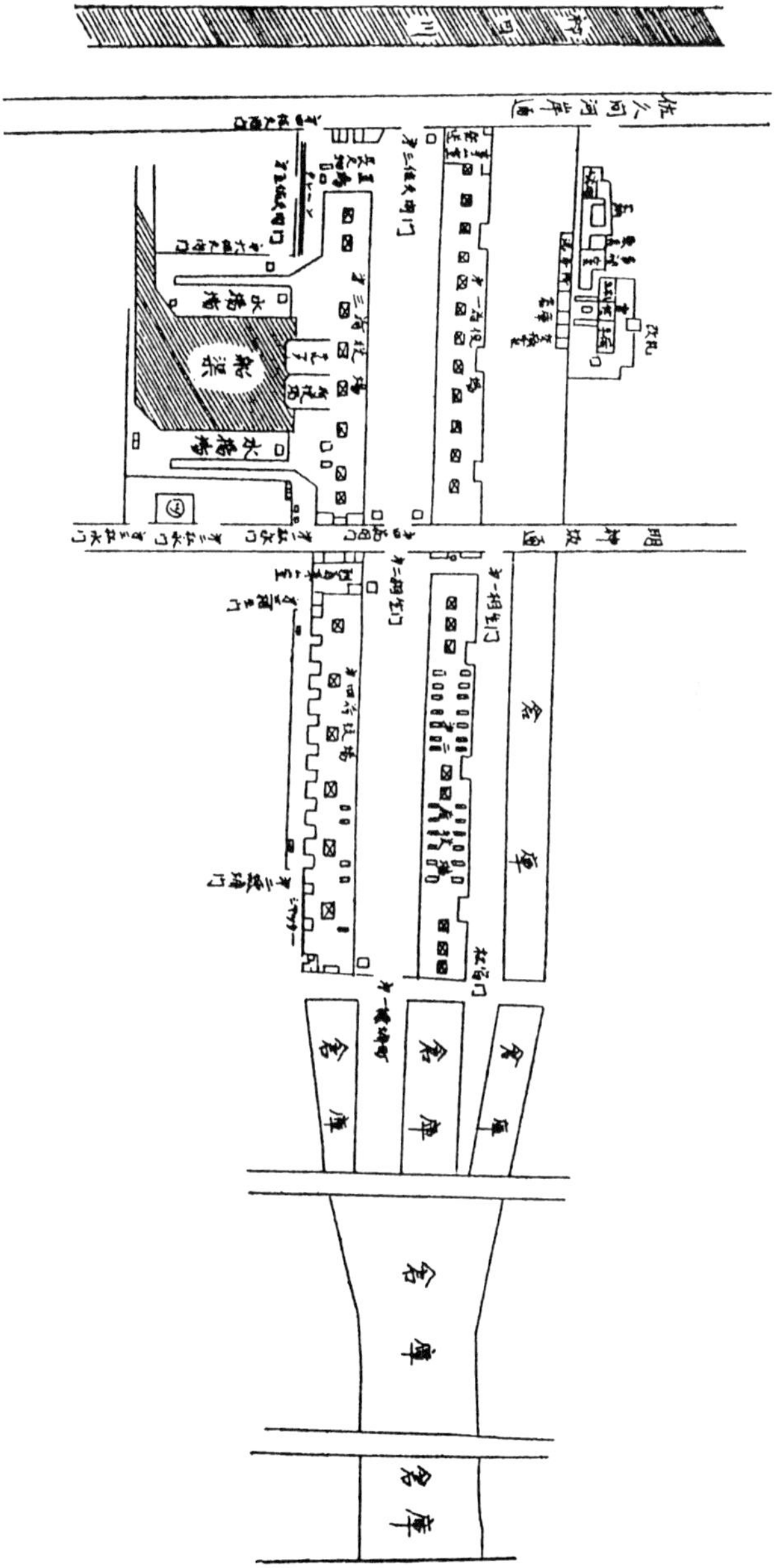

図4－3　秋葉原駅下層（1928年）

表4－3　秋葉原駅貨物取扱数量の変化

年次		発送	到着	計	摘要
		屯	屯	屯	
明治	33年	256,440	195,584	452,024	
	34	238,650	190,425	429,075	
	35	274,035	204,505	478,540	
	36	318,856	203,587	522,443	
	37	279,328	299,833	579,161	
	38	294,176	255,214	549,390	日露戦役の影響に依り減少
	39	329,659	267,815	597,474	
	40	305,466	328,780	634,246	
	41	306,620	325,700	632,320	
	42	306,532	344,951	651,483	
	43	323,871	363,883	687,754	
	44	336,231	373,661	709,892	
大正	1年	336,358	398,754	735,112	
	2	374,228	416,253	790,481	
	3	346,038	404,679	750,717	欧州戦争開戦の影響に依り一時減少
	4	318,606	464,944	783,550	
	5	339,237	540,332	879,569	
	6	385,539	617,999	1,003,538	欧州戦乱の影響に依り増加
	7	454,905	611,381	1,066,286	
	8	533,952	588,966	1,122,918	
	9	437,364	627,005	1,064,369	欧州大戦終焉の影響に依り減少
	10	523,966	635,731	1,159,697	
	11	549,774	640,592	1,190,366	
	12	375,335	620,926	996,261	関東大震災の為減少
	13	426,216	774,437	1,200,653	震災復旧品輸送の為増加
	14	513,143	691,811	1,204,954	
昭和	1年	512,207	687,611	1,199,818	高架改築工事及一般不況の為減少
	2	444,321	639,224	1,083,545	同
	3	362,305	601,500	963,805	同
	4	344,736	543,544	888,280	同
	5	309,842	496,676	806,518	同

（注）鉄道省運輸局「秋葉原駅の変遷」111頁より。

学んだのであろう。[58]

同駅の改築工事は、一九二五年六月から本格的に着工され、一九二八年四月一日西側高架設備の使用を開始した。[59]東側高架設備は一九三一年四月一〇日使用開始した。[60]関東大震災のために、当初の予定はかなりおくれたが、一九二五年一一月一日の東京・上野間高架線（東北本線）の開通に次いで、秋葉原・上野間の地平貨物線も高架化され、一五カ所の踏切は除去されて、都市交通のうえでも貢献するところが大きかった。同駅の取扱数量はこの間年間一〇〇万トンを超えたが、あたらしい高架設備は、この増加に見合って、年間一七五万トンを想定したもので、[61]十分需要に対応できるものとなったのである（図4-2、3）。

二　大都市におけるターミナル駅の構造

1　頭端式停車場の構造と機能

日本の大都市における、いわゆるターミナル駅の構造をみていくと、頭端式停車場が近郊私鉄に多く、国鉄（JR）に少ないことがわかる。もともと国鉄の場合、新橋・横浜間の開通時には、新橋も横浜も、この方式をとっていた。しかし、つぎの大阪・神戸間では、神戸は頭端式をとったが、大阪では、神戸方から堂島に乗り入れ、スイッチ・バックして京都方に向かう方式を避け、大きな迂回線の線形をとって梅田に駅を設ける方式とした。これは、京都への延長が既定の方針であったということもあろうが、当時の鉄道頭井上勝の合理的判断の結果であった。[62]大阪駅で通過式をとったことは、技術の自立のひとつの指標を示すとともに、日本における、大都市ターミナル駅のその後のあり方を示唆するところがあった。

その後、官設鉄道では、大都市のターミナル駅で頭端式を採用することはなくなった。[63] むしろ私設鉄道が、頭端式を採用し、これが、のちにいわゆる近郊私鉄などにつらなっていったように思われる。ここでは、この頭端式停車場の流れを追ってみることとする。

頭端式停車場の定義は、線路と停車場設備との関連配置によってきめられることは言うまでもない。したがって、それは形態的分類による。[64] しかし、その成立の過程については、イギリス、フランスそれぞれに、駅としての機能のあり方から頭端式が完成するまでの過渡的な段階を類型化して分類する試みがあるようで、とくにイギリスでは最初から大都市ターミナルの典型としてこの形式が定着したものとは言いがたい面もある。[65] ヨーロッパでこのような推移が進行中の段階で、頭端式が日本に導入されたことになった。もちろん、一九世紀の五〇年代までには、ヨーロッパの大都市におけるターミナル駅では、この方式が取り入れられていて、その機能も認められはじめていたから、[66] ひとつの典型として日本に導入されたということは考えられる。

日本の場合に、当初これを採用した官設鉄道が、すぐにこれを放棄したこと、にもかかわらず、後から登場した私設鉄道がこれを採用したことには、それぞれにその存在理由が認められたからであると思われる。官設鉄道が頭端式を採用しなかった背景には、井上勝が大阪駅の位置決定にさいしておこなった建設費その他の計算にもとづく見積りなど、当時の段階で線路や停車場の経路・位置選定について自主的な判断能力をもっていたことがまず挙げられるであろう。さらに、一八八〇年代後半にはいって、官設鉄道が、本格的な幹線建設の実施段階に到達したときには、都市から都市へ線路を延長することがより重視され、輸送能率のうえからも通過式を採用するという判断が成立したと考えられる。[67]

頭端式では、到着した列車を出発させるために機関車をつけかえる必要がある。そのため、出発する列車の牽引用の機関車を一両増備するか、さもなければ、到着した列車を牽引した機関車を移動させるための線路が必要となる。この機関車の移動のために余分に必要となる線路の長さは五〇〜六〇メートル、さらに本線に隣接して移動線（機回り線？）を敷設しなければならない。これは頭端式の大きな欠陥とされ、ドイツなどでは、頭端式から通過式に移る傾向が一九〇〇年代には現われてきた[68]。二〇世紀にはいって、ターミナル駅は、「都市の顔[69]」というそれまでの役割を放棄していく必然性は、こうした機能の面からも醸成されていったのであろう。

もともと近代化の象徴として位置づけられてきたターミナル駅は、頭端式という形式、すなわち「いくつものプラットホームを連結する横の通路と、鉄とガラスとで作られた構内ホールからなるターミナル駅（Kopfbahnhof）の新しい建築様式[70]」をとることによって、近代化機能の実質的役割をも果したのである。

しかし、「近代産業の宮殿」とされた一九世紀の駅[71]は、シベルブシュの指摘によれば、一八六〇年代以降、鉄道に助けられて、都市が中世的性格を失い、近代的交通によって工業的特質を帯びてくると、横断ホームをふくむホールの前につらなる駅本屋の存在理由は失われ、巨大な空間を占めるホール自体が消滅していく[72]。その推移は、まさに工業化がもたらす機能化の要請ということになるであろう。ここに、頭端式停車場が、その存在理由を失う時代の背景がみられるであろう。シベルブシュは、この移行を的確に示した。

こうして、主要幹線のターミナル駅としての頭端式は姿を消さないまでも、新設されることは稀になっていった。しかし、日本では、むしろヨーロッパに先駆けて、通過式を採用していったが、前述のように近郊私鉄があい次いで建設されるようになると、これが多く頭端式を採用し、しかも、輸送量の増加にともなって、その規模が拡大し、一九二〇年代以降になると、国鉄のターミナル駅とならぶ主要駅としての役割を果すようになった。

たとえば、大阪の場合を取りあげてみよう。北の大阪駅にたいして、南でまず開業したターミナル駅は、阪堺鉄道の難波駅（一八八五年一二月二九日）であり、堺、和歌山との連絡ルートのターミナルがまず形成された。次いで大阪鉄道の湊町駅（一八八九年五月一四日）が奈良と大阪とを結ぶ鉄道の終端駅を形成、これらの駅は頭端式を採用した。この頭端式ターミナル駅の初期のものは小規模であった。しかし難波駅の場合、その後南海鉄道のターミナルとして発展、湊町の場合は、大阪鉄道を合併（一九〇〇年六月六日）した関西鉄道が国有化（一九〇七年一〇月一日）されたのちも、関西本線の終端駅として存続し、現在にいたっている。

この駅の開業ののち、浪速鉄道が片町にターミナル駅を開業（一八九五年八月二二日）し、木津に向かって線路の建設をすすめた。さらに東側から大阪にターミナル駅を求めて進出を企てていた関西鉄道は、大阪鉄道に対抗するうえから一八九七年二月浪速鉄道を買収、さらに同月、四条畷・木津間を建設中の城河鉄道を買収引継ぎを受け、一八九八年一一月一八日この線路の放出から線路を分岐させて、北区東野田町に網島駅を開業した。この湊町、片町、網島の三つの駅はその後、関西鉄道の国有化により国鉄のターミナル駅となった。このうち湊町、片町は、その後近郊私鉄の発展に追い越され、網島はのちに大阪鉄道を合併した関西鉄道の手によって旧大阪鉄道の天王寺・大阪間に接続させるため、網島・桜宮間の線路が開業（一九〇一年一二月二一日）、大阪駅への乗入れが可能となると、ターミナル駅としての性格は弱まった。(73) そして、最終的には一九一三年一一月一五日廃止されてしまったのである。

これにたいし、難波駅を開業した阪堺鉄道は、一八九五年に創立された南海鉄道に一八九八年九月三〇日合併された。南海鉄道は軌間を二フィート九インチ（八三八ミリメートル）から三フィート六インチ（一〇六七ミリメートル）に改築、本格的な鉄道として発展させる端緒をつかみ、一九〇七年八月二一日電車運転を開始（同年一一月二一日難波・和歌山市間全線電車運転開始）した。こうして難波駅は、近郊・都市間電気鉄道のターミナル駅として大量輸送の態勢を確立した。(74)

南海鉄道が開業後に電化したのにたいし、阪神電気鉄道は、最初から電車を運転、大阪のターミナル駅は、梅田の大阪駅西側に頭端式で設けられた（一九〇六年一二月二一日仮営業開始、その前一九〇五年四月一二日に大阪〔出入橋〕・神戸〔三宮〕間で開業していた）。(75)このターミナル駅は、その後輸送量の増大とともに手狭となり、結局は地下線を建設してその終端に梅田駅を建設し、一九三九年三月二一日に開業した。(76)

京阪電気鉄道のターミナル、天満橋は、当初同社が考えていた北浜への乗入れにたいし、市営電車を経営していた大阪市が梅田・天満橋間の建設計画をもっていて、これに反対したため、(77)結局天満橋南詰を起点とすることになった（一九一〇年四月一五日開業）。この場合、大阪市電への乗入れが計画されていたが、乗入れ車両の規模をめぐる問題で話合いがつかず、京阪側が乗入れを断念したため、天満橋が京阪の終端ターミナルとなった。(78)京阪の場合、一九六三年四月一六日に天満橋から地下線で淀屋橋まで開業したことにより、(79)天満橋ターミナルの配線は変わって、頭端式の形式は失われた。

大阪電気軌道の上本町ターミナルは、一九一四年四月三〇日同社の奈良までの線路が開通したときに開業した。『大阪電気軌道株式会社三十年史』には一九四〇年までの五段階の変遷図が載せられていて、その推移をたどることができる（第4-4図）。(80)これによると、当初は有効長電車二両分の着発線二本と貨物積卸線二本があったが、一九二六年大阪市の区画整理事業にともない、南側に移転（一万一六〇〇平方メートル）、着発線の一部を立体交叉させ、また降車場と乗車場とを分離、さらに地下をふくむ七階建ての駅本屋ビル（延床面積九七九〇平方メートル）を建築した。これは、南海鉄道の難波ターミナル、後述する阪急の梅田ターミナルとならんで、いわゆる近郊私鉄が、ターミナルの基盤をかためていく傾向を示したものとみることができる。

大阪電軌の場合も、当時の近郊私鉄の多くがそうであったように、道路併用を前提とする軌道として出発し、次第に大量・高速輸送の態勢をととのえた。このことから、ターミナルの容量が不足し、拡張を余儀なくされるという事態に立ちいたる。第三期の場合、参宮急行電鉄が山田まで全通することにより、直通運転の実施が構想され、三両編成の着発を可能とする乗降場が必要となって、拡張工事がおこなわれた。第四期は、この三両編成を六両編成とするために実施された拡張工事によるものであった（このとき百貨店が開店した）[81]。

梅田に阪急電鉄がつくったターミナルは、拡張と移転をくり返して現在の姿となっている。その過程は、増大する輸送需要にたいする対応だけでなく、大都市の拡大と交通機関の変化による、ターミナルの立地条件の変化にたいする対応の推移を示している。

箕面有馬電気軌道が、一九一〇年三月一〇日宝塚・梅田間を開業したとき、梅田の大阪駅付近にターミナルを設置したことは、同社のその後の営業に絶好の条件をもたらした[82]。わずか一本の発着線が設けられただけで、路面電車の折返線のような配線であったが、開通より前に本社事務所が建築された[83]。何よりも、大阪駅の東側に接していて、しかも大阪市営電車との連絡が便利であるという立地が、有利な条件となった。一九一四年ターミナルの着発線は一線増設され、さらに一九二〇年七月一六日神戸線の開業にともない、乗降場四線に拡張[84]、同年一〇月三〇日阪急ビルディング（旧館）が竣工[85]、ターミナルビルの基礎が築かれた[86]（第4-5図）。

つぎの段階は、一九二六年七月三日梅田・十三間の複々線開通、大阪市内高架の完成により、梅田ターミナルを高架に改築した時期である[87]。こののち一九二九年四月一五日、阪急電鉄直営の阪急百貨店が新築のビルに開業した[88]。いわゆるターミナルにデパートが、近郊私鉄のターミナル経営のあたらしい方式を生み出した。

図４－４　上本町駅の変遷

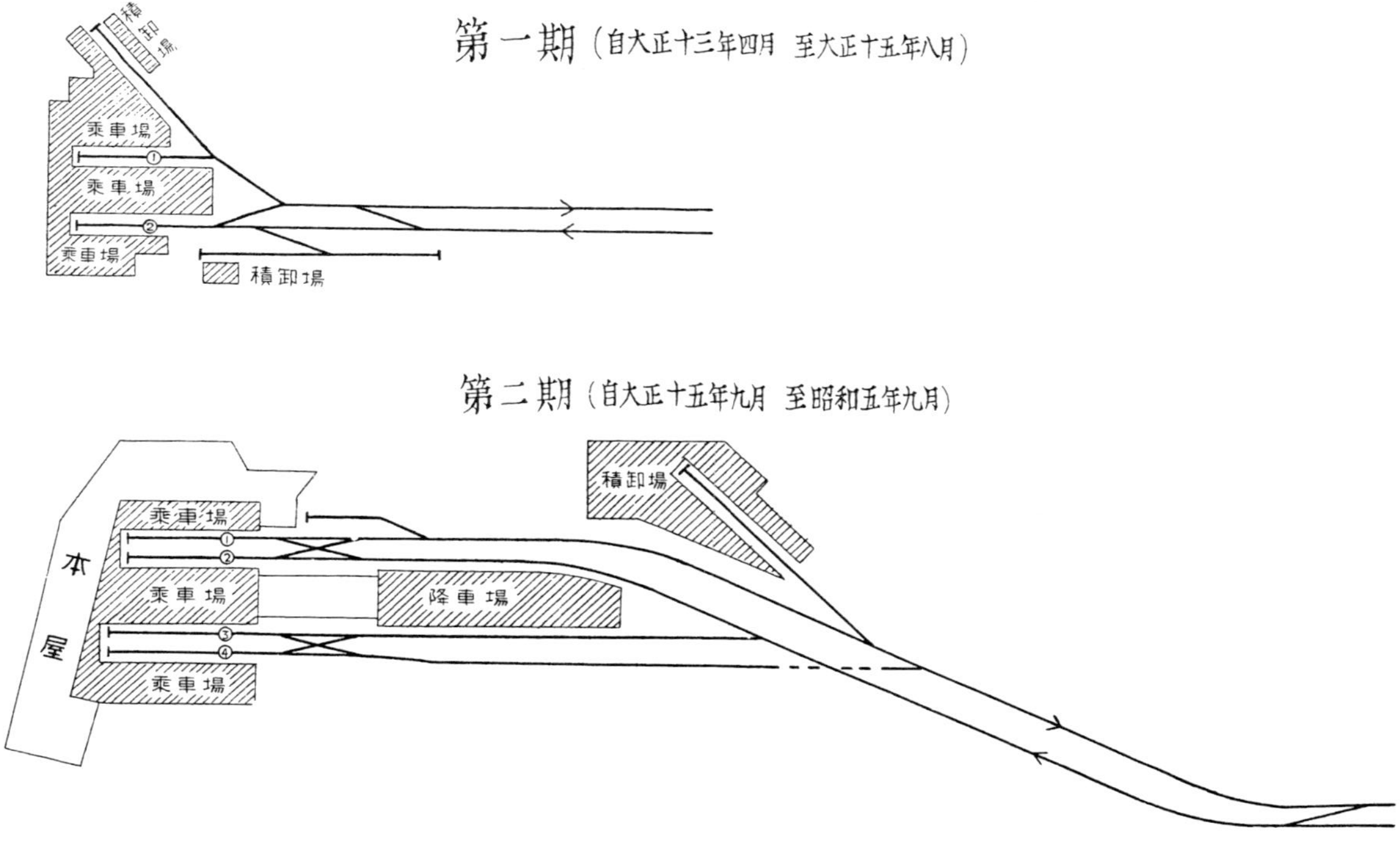
第一期（自大正十三年四月　至大正十五年八月）
積卸場
乗車場
①
乗車場
②
乗車場
積卸場
第二期（自大正十五年九月　至昭和五年九月）
積卸場
乗車場
①
②
本
乗車場
降車場
③
④
屋
乗車場

第三期（自昭和五年十月　至昭和八年十一月）

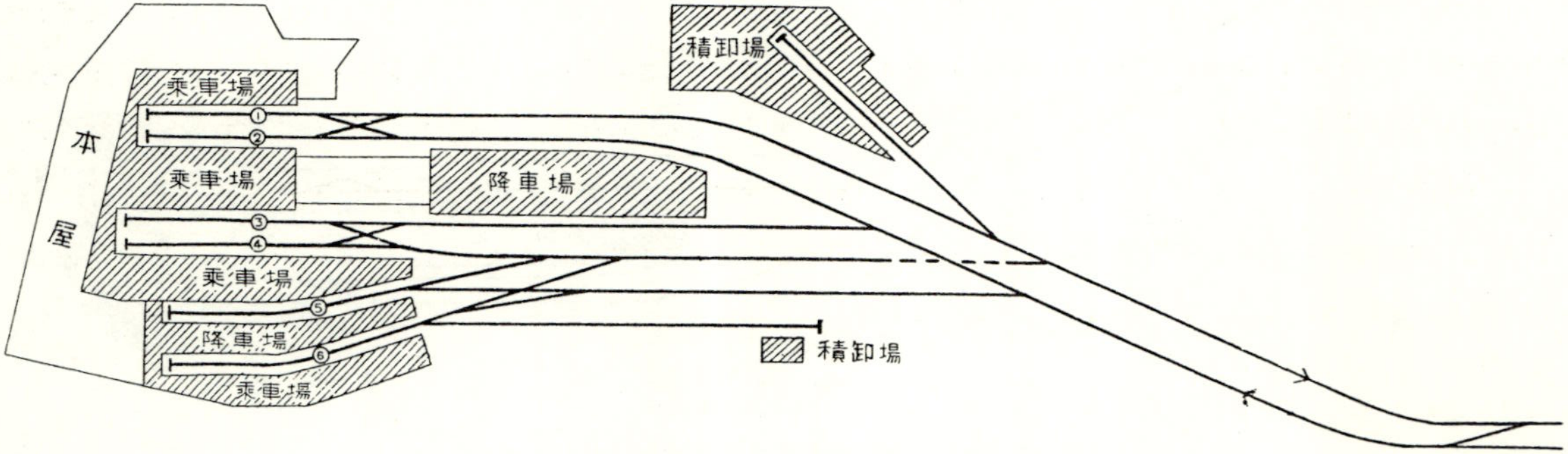

第四期（自昭和八年十二月 至昭和十四年九月）

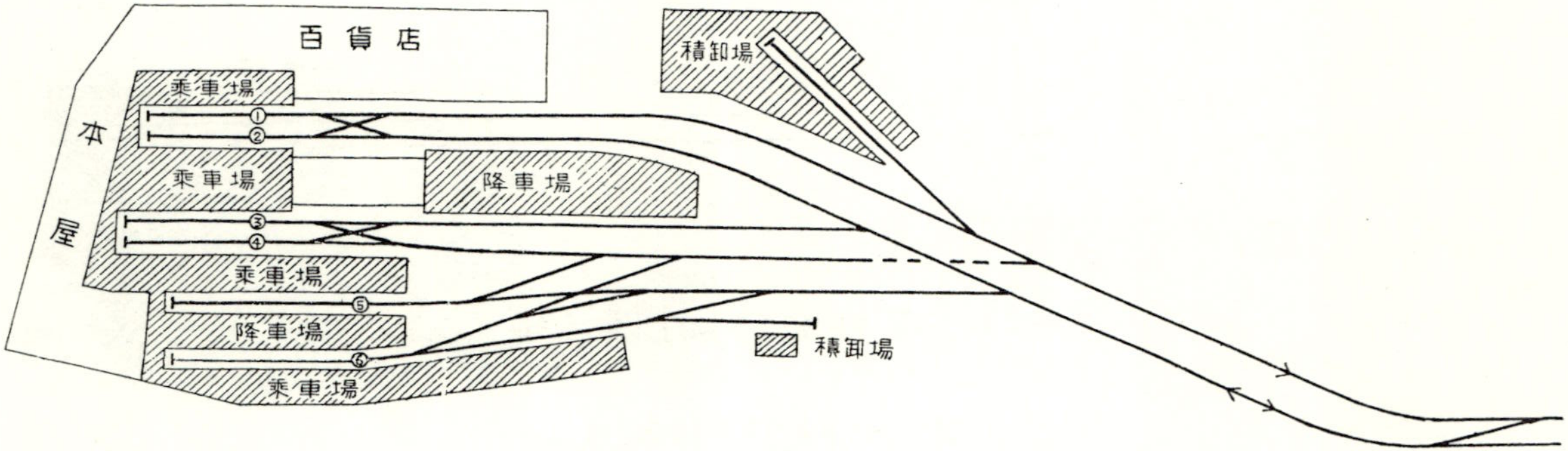

第五期（自昭和十四年十月　至現在）

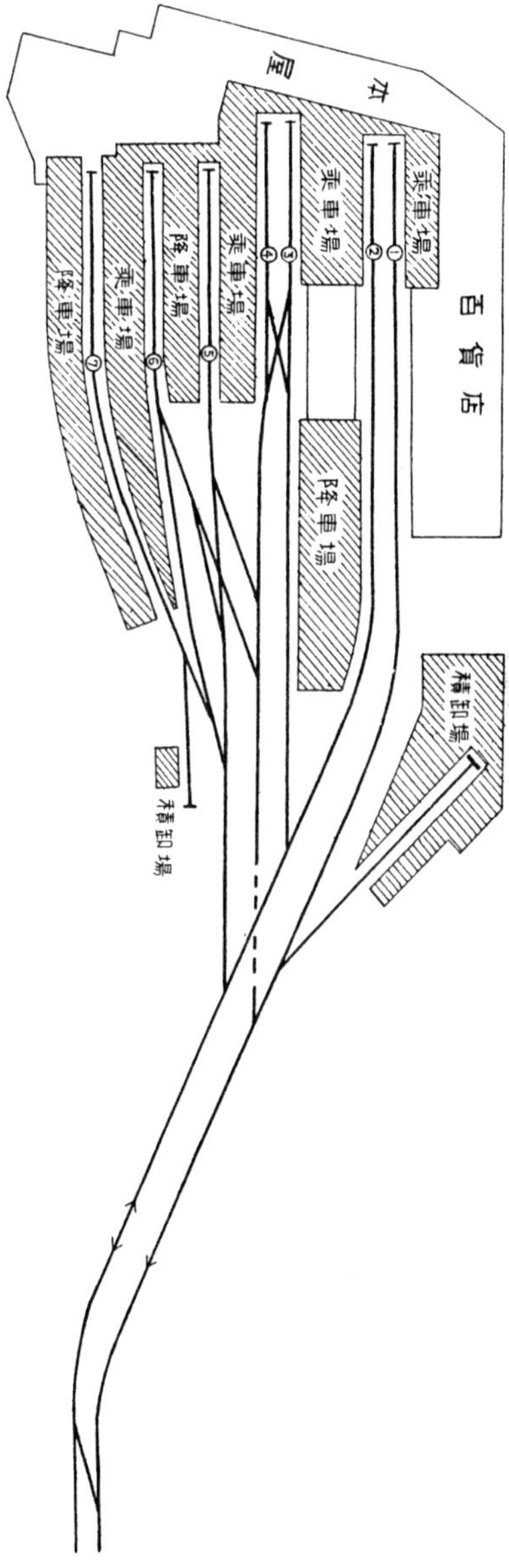

（注）　大阪電気軌道編『大阪電気軌道株式会社三十年史』1940年、222頁の折り込みより。

その後、一九三四年六月一日、国鉄大阪駅の高架化にともない、大規模な切り替え工事が実施され、ターミナルの乗降場は地平ホームに変更された(89)。隣接交通機関の改築によって、ターミナルの改築を余儀なくされたのである。そして、第二次大戦後、増大する輸送需要に対応するため、せまくなったターミナルを、国鉄高架線の北側に移し、より大規模なターミナルとする計画が立てられた。この計画は一九六六年二月に着工、一九七三年一一月二三日あたらしいターミナルが完成した(90)。

開業時一七〇坪(91)（約五六一平方メートル）とされたこのターミナルは、あたらしいターミナルゾーンの完成によ

図４－５　創業時の梅田ターミナルと10年後の変化

1910年

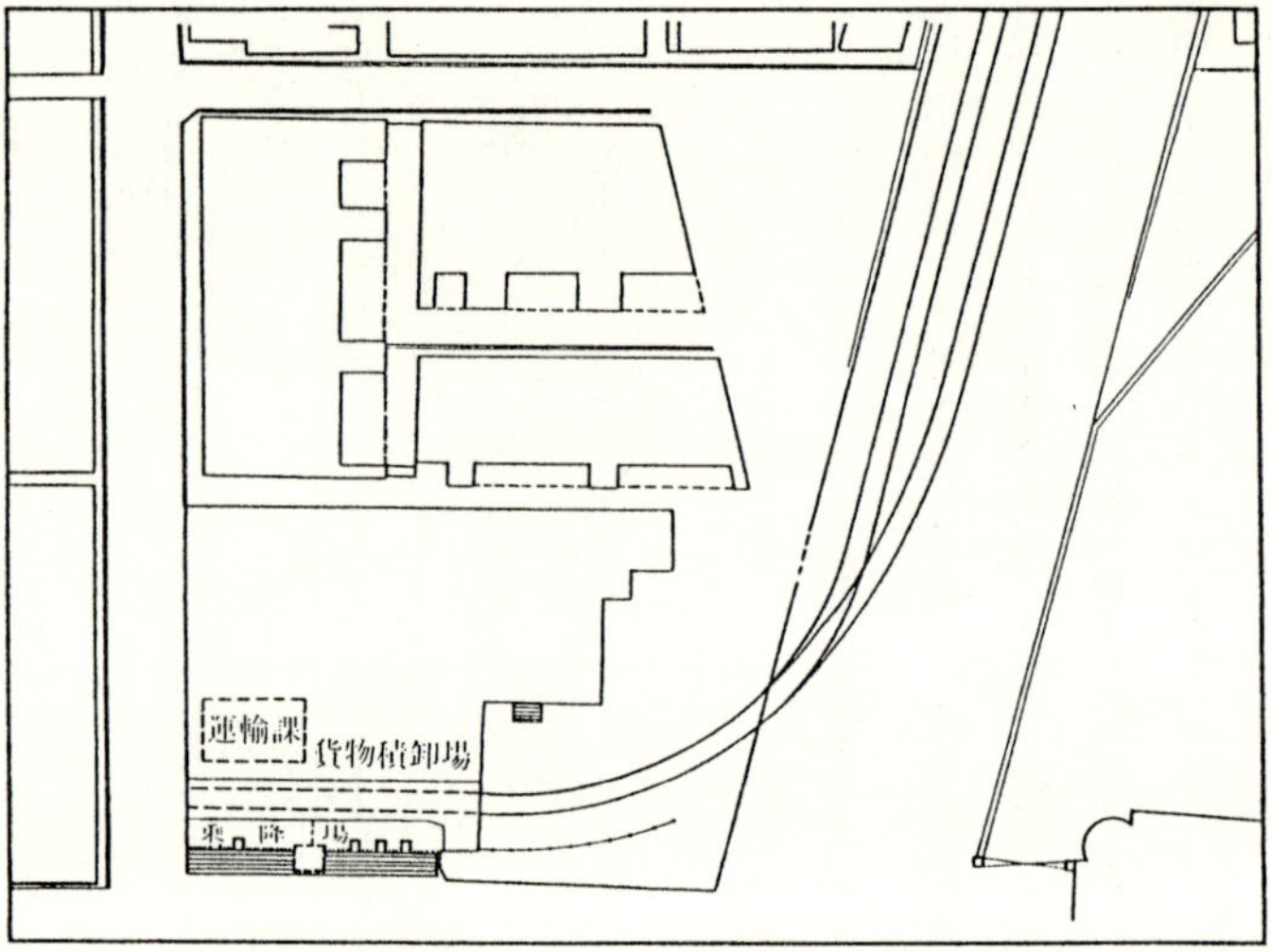

1921年

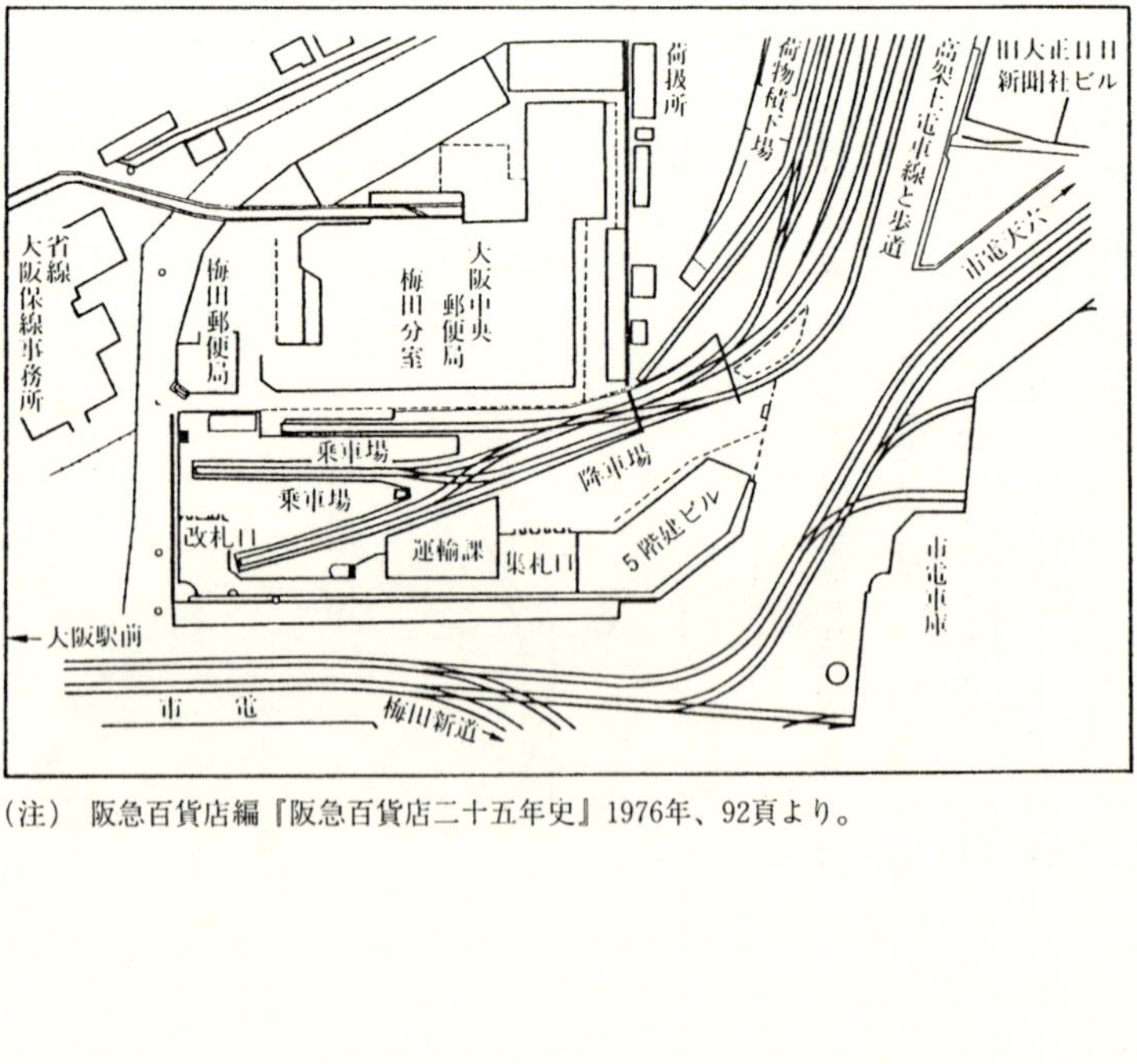

（注）　阪急百貨店編『阪急百貨店二十五年史』1976年、92頁より。

って、その床面積は、阪急梅田駅四万二一九〇平方メートルとなり、これに新阪急ホテル四万三六八〇平方メートル、阪急三番街九万五三〇平方メートル、阪急ターミナルビル三万四三九〇平方メートル、計二一万七九〇平方メートルの巨大なターミナルを構成することとなった[92]（第4-6図）。

頭端式が、このようなターミナルでそのまま存続し、巨大化した背景には、動力分散方式の電車による列車の前後の両運転台方式が、これを可能にした条件として認められるであろう。電車は、まさに機関車方式のもつ制約を解決したのである[93]。

図4-6　阪急ターミナルの推移

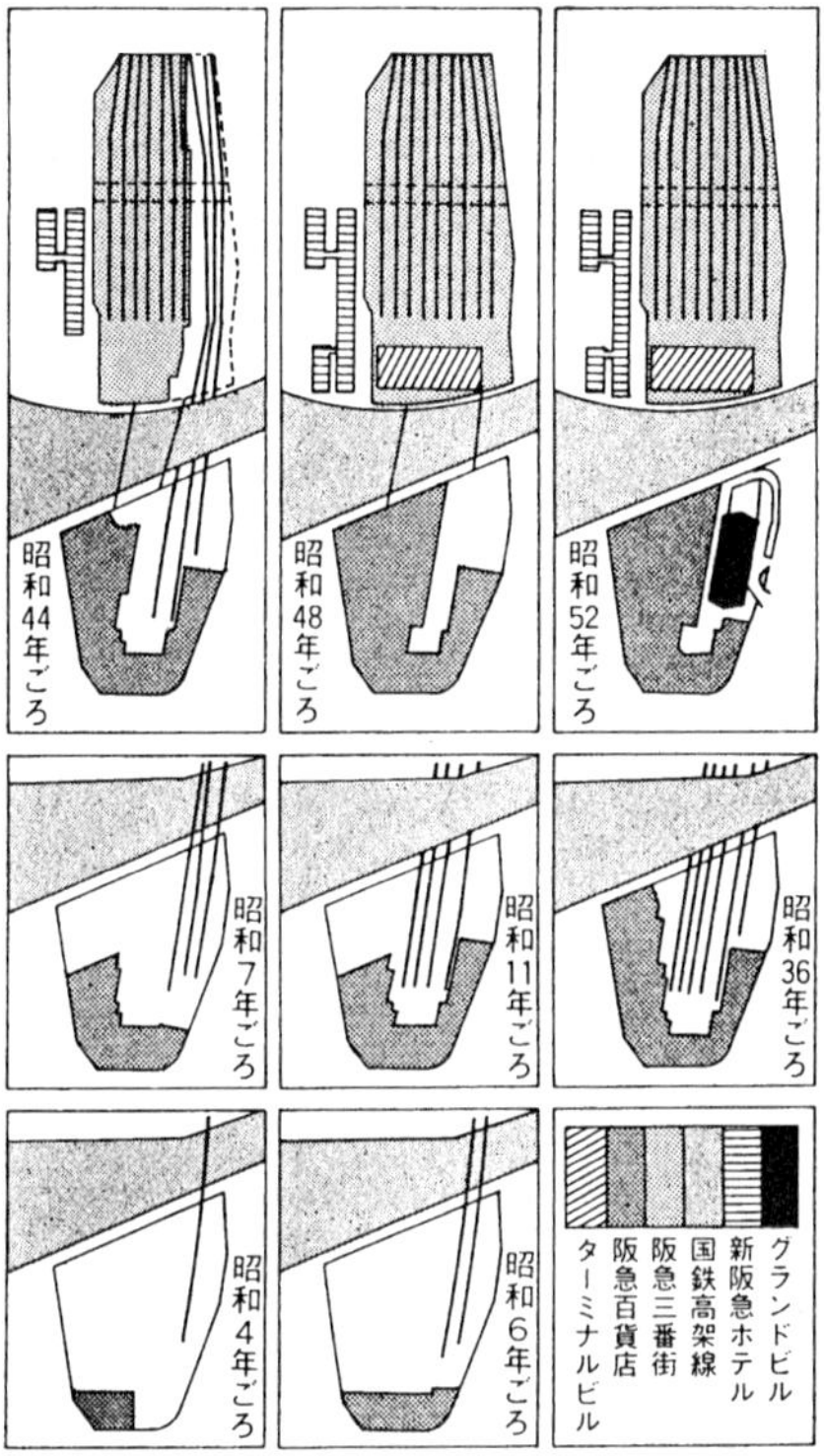

（注）　阪急電鉄編『阪急75年の歩み』1982年、51頁より。

2　ターミナル駅の拡張と高架化の要請

上に見てきたように、ターミナル駅は、輸送需要の増大とともに、その規模を拡張せざるを得なくなる。これはごく一般的な傾向で、かつ常識的な結果であることは言うまでもない。ただ、この拡張の方式に、いくつかの類型があり、それが、そのターミナルのおかれた条件や、輸送需要の質のあり方を示す。そして、この類型を見分けることによって、われわれは、鉄道と、鉄道がおかれた客観的状況との関係をさまざまな面から探ることができるように思われる[94]。

上に挙げた大阪における近郊私鉄の頭端式ターミナルの場合、その頭端式をそのまま維持しているものと、一面で頭端式は残しながら、地下鉄道方式の延長線と建設して都心部にはいっているもの（たとえば、京阪電気鉄道の天満橋、近畿日本鉄道の上本町）とに大別される。後者の場合、都心部への接近という経営上の理由があることはうかがえる。しかし、それだけでなく、他の交通機関、この場合大阪市交通局の地下（高速）鉄道との連絡による都市交通の利便への貢献という公共的要請がはたらくこともまた事実であろう[95]。その意味で、前者と後者との類型の差異の検討には、経済的（多くの場合経営的）視点や社会的視点が必要とされるであろう。

およそこのような問題意識を前提として、ここでは、東京の上野駅における推移を取り上げてみたいと考える。

上野のターミナルは、日本鉄道会社が東京・高崎間の建設を進めるにあたって、すでに決定していた品川・赤羽間（新宿経由）の建設工事が「速ニ落成スルヲ得ズ」[96]という状況によって、工事の比較的容易な上野・赤羽間に「一支線ヲ設ケザルベカラザルナリ」[97]と判断したことから、その建設が決定した。すなわち、この計画は支線の扱いを受けるかたちをとっていたようにみえる[98]。この計画が認められ、停車場用地として貸下げを認められたのは、寛永寺の旧下寺跡地二万九二八〇坪（九万六七九三・四平方メートル）を中心とする上野山下の一帯であった[99]。

その後何回か変動があり、一九三〇年代初頭の用地は、約三万三〇〇〇坪（約一〇万八九〇〇平方メートル）となっている[100]。一八八三年七月二八日上野・熊谷間の開通により、上野駅は開業したが、このとき、「上野ノ乗車場ハ縦ニ十五間横五間ノ本構ナリト雖、本来荷物取扱所ニ充ツベキ計較ヲ以テ構造セシヲ目下仮ニ充用スルモノナレバ、亦之ヲ仮構乗車場ト請ハザルヲ得ズ[101]」という状態があった。駅本屋は計画中、機関庫、水槽、貯炭所などもまだ仮設のものであった。

駅本屋の完成は一八八五年七月一六日であった。[102] この建物は、同社技師長毛利重輔が監督、鉄道局から出向してきていた技手三村周が設計、煉瓦造瓦葺、二階建、延二三七坪（七八二・一平方メートル）、これに、長さ七一〇フィート（二一五・八メートル）、幅三〇フィート（九・一二メートル）、上家つき煉瓦造りの乗降場がついた。[103]

この工事によって、上野駅の施設はととのった。構内の面積は、新橋駅の六万七八八六坪（約二二万四四一六・五平方メートル）[104]とくらべると約半分である。これは、新橋駅が、官舎、工場などを構内に包括していたことによるもので、機関庫、客車庫などを持つターミナルとしては、一〇万平方メートル前後という広さがひとつのおおかな標準であったといえよう。[105]

このターミナルは、駅本屋が乗降場と並列するかたちをとっていたが、線路は行止まりの頭端式ターミナルであった。この頭端式ターミナルが、駅構内の一端から貨物線を延長させることによって変形した。この変形は、のちに電車の専用線を延長、同時に立体化するという、ターミナルとしてかなり複雑な変形につらなっていったのである。頭端式ターミナルが変形する例は、さきに挙げた天満橋や上本町の例があり、東京でも一九〇四年四月五日総武鉄道がターミナルとして開業した両国橋（国有後総武本線、一九三一年一〇月一日両国と改称）が、一九三二年七月一日御茶ノ水・両国間の開業（同時に電車運転開始）とともに、従来の頭端式ホームの南側から線路を延長した例がある。[106] しかし、上野駅の変形はより複雑であった。

最初の変形は、秋葉原まで貨物線を延長するという工事から起った。前にふれた秋葉原の貨物取扱所設置がこの工事のきっかけとなった。[107] この延長線は、構内の南東を通り抜けて上野の市街に出る単線で、住民の反対運動などを契機に、井上鉄道局長官は一八九〇年七月一四日高架への改築を考慮するよう勧告した。当時東京市区改正条例

（一八八八年八月一六日公布）により、新橋・上野間の連絡線を建設する構想が練られはじめており、井上長官は、この貨物線を連絡線の一部とすることが妥当と考えたようである。一七日理事委員会は「必ズ高架ニ改築シ、連絡線ノ一部トナスコト」を決議した。[108] 一九二五年開通の東京・上野間連絡高架線は、すでにこのときにその端緒をもっていたのである。

つぎの変形は、いま述べた東京・上野間の連絡高架線の建設によるものとなるのであるが、それまでに、このターミナルでは、一九〇五年一二月、従来の乗降場の東側に第二乗降場を新設、海岸線（のち常磐線）乗入れのための線路容量の不足を解消することに貢献した。[109]

こののち、一九〇六年一一月一日同社は国有化され、一九〇九年一二月一六日、山手線に電車運転が開始され、電車が上野駅に乗り入れた。この乗入れによって、乗降場の増設が実施された。ただし、このときの乗降場は、上野のターミナル構内の北端日暮里寄りの屛風坂下（東京国立博物館、慈眼堂〔両大師〕の前を通って両大師橋で線路を渡る道路は、当時両大師前から坂を下り、踏切を渡って下車坂町に出ていた。この坂を屛風坂と呼んでいた）に一本設けられていた。[110] この乗降場は、ターミナルの中で孤立しているので、線路を延長、客車洗滌線の西側に、上野の台地を削って乗降場を設け、車寄せ、出・改札が市電通りに面した位置におかれるように設計、この工事は一九一〇年七月落成した。[111]

こののち、電車の輸送力増強の必要から、乗降場の延伸工事と、降車客は山下通りへ、乗車客は電車通りからという乗降分離の工事とが施工された（一九一六年八月）。[112] さらにそののち、一九二二年二月の三両編成運転に対応して、同年三月改築工事を実施した。[113] このような変化のめまぐるしさは、輸送需要の急速な増加によるものであることは言うまでもない。いわゆるラッシュアワーの現象は、このころから現われつつあった。上野駅のこの電車乗降場自体が、容量と労働力の不足で、施設、人員ともに限界状態となりつつあった。[114]すでに大改築工事は焦眉の急となりつつあった。

当時東京では、一九一九年四月五日都市計画法が公布され、東京市区改正条例に引きつづいて積極的な都市計画事業が展開されようとしていた。鉄道院は同年一〇月一〇日神田・上野・田端間の線路敷設計画をまとめて市区改正委員会にたいし調査・承諾を求めた。[115]この計画は、一〇月二五日市区改正委員会にかけられ（議第八六九号）、原案通り決定された。[116]計画によると、神田・上野間の高架線は、神田から秋葉原貨物駅の西側を通り、旧来の貨物線を放棄してその西側に高架線を建設するというもので、貨物線を使うと、上野駅の東側にはいることになり、上野・田端間で、在来線との間に立体交叉が必要となるため、西側の線路を選んだとしていた。[117]

この計画によると、上野のターミナルについては、「現在構内ヲ改築シ、急直行列車及電車ノ乗降設備ハ上野公園ニ接シ高架式ニ設ケ、上野停車場ニ終始スル車北線及常磐線地方列車ノミニ対シテハ、地平ニ乗降設備ヲナス」[118]としてあり、電車だけでなく、東北、上信越方面の急直行列車を東京駅に乗り入れさせることが考えられていた。[119]

高架線工事は、一九二〇年着手、一九二四年度末完成の予定で工事が進められたが、関東大震災のために工事は遅延した。[120]上野駅および付近の工事は、一九二三年に着手したが、関東大震災で駅本屋をはじめ大部分の建物が倒壊・焼失した。[121]そのため、上野駅改良工事は、駅本屋工事をふくめて実施されることとなった。以下工事の進捗を時期順に追ってみるとつぎのようである。

一九二四年七月　山手線電車乗降場を公園崖中腹に移転、高架第一、第三線の工事開始[122]
一九二五年九月　高架第四・第五線工事開始、機関庫、転車台・洗滌台など移転開始
一九二五年一一月一日　神田・上野間開業、電車乗降場は高架線に移転

図４－７　上野駅構内の変遷

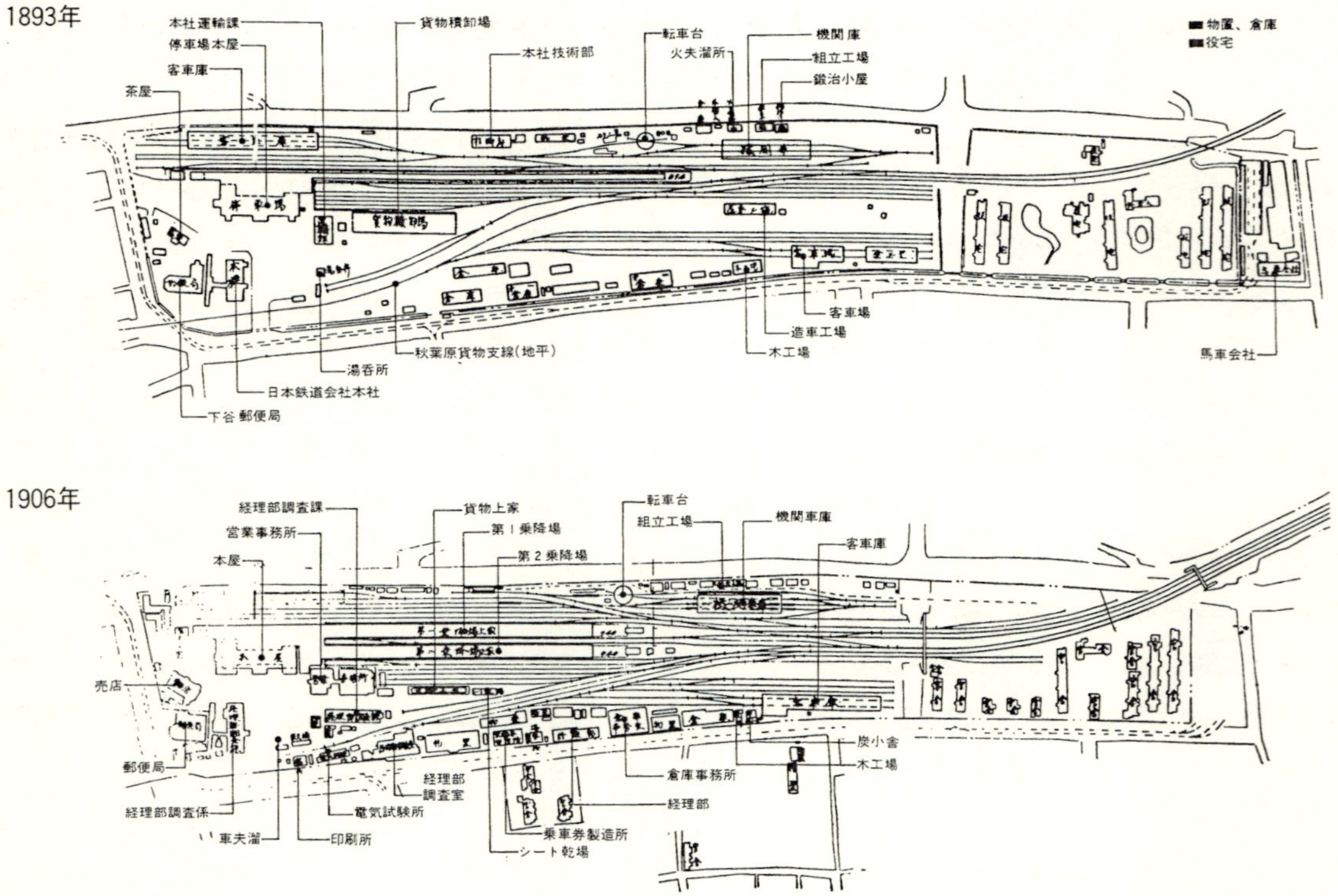

1932年

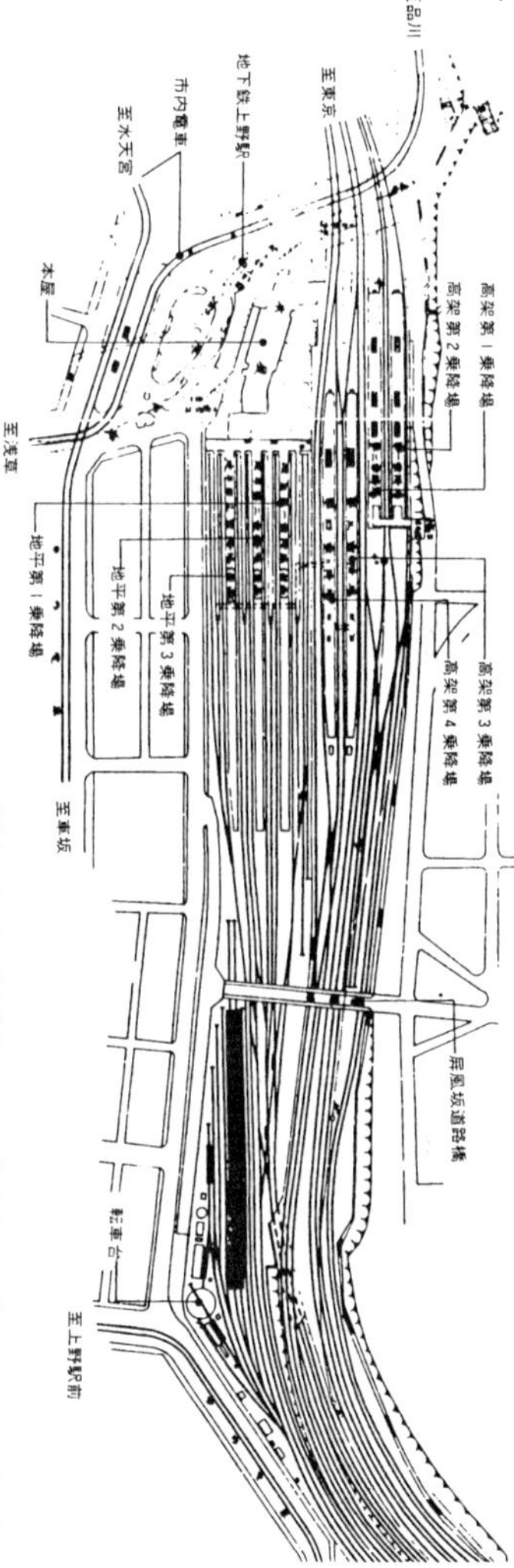

（注）　上野駅編『上野駅100年史』1983年、160,161頁より。

一九二六年八月　機関庫などの移転完了、この年高架第六・第九線着工[123]
一九二八年四月一日　秋葉原貨物線を高架に切換[124]
〃　四月六日　電車山下口完成（一七日使用開始）
〃　一二月　高架線残部完成[125]
一九二九年四月一日　常磐線列車を高架乗降場着発に変更（第三到着、第四出発）[126]
（〃　六月二〇日　尾久駅開業、東北本線旅客列車は尾久経由となる）
〃　一〇月一〇日　在来本屋諸設備を五月から建築中の仮本屋（車坂通り寄り）に移転[127]
一九三〇年三月　本屋新築工事開始[128]

一九三一年一一月二〇日　公衆地下道使用開始(129)
一九三二年四月五日　新築の本屋使用開始(130)

この段階で改良工事は一段落した。(131)この工事によって、上野駅は、高架乗降場四本（九線）、地平乗降場三本（九線）となって、(132)地平乗降場の頭端式と、高架乗降場の通過式とが併用されることとなった（第4-7図）。

三　まとめ

以上、大量輸送の要請にもとづく停車場施設の改良がどのように進められてきたかを見てきた。ここに見られる特徴は、都市の拡大にともなう輸送需要の増加を、きわめて緊急の課題としてとらえ、これにたいして積極的に停車場の改良を進めていった鉄道企業の姿勢である。それは、近代社会における輸送機関としてとるべき措置の実践過程であった。本来資本主義社会が生み出した大量化に対応しなければ、企業としての存在理由が失われるという客観的要請が、そこにははたらいていた。したがって、その使命の実践は、資本主義社会の要請によって生み出された結果であった。

しかし、各企業が、これを、いわば強制された結果として消極的に対応するにとどまらず、むしろ積極的に改良の実行に踏み切った点に、当時の特徴が見られると思う。日露戦争から第一次大戦後の段階にかけて、資本主義の高度化は、大量化の進行だけでなく、市民社会の形成を促進する傾向をつよめていった。そこでは、利用者の立場を無視しては、企業としての基盤が失われるというあらたな局面が生まれつつあった。鉄道院の木下淑夫を中心とするあたらしい経営方針には、このような背景があり、それは、鉄道企業経営の将来にたいする見通しをふくめて、利用者確保のための積極的な方針の採用を不可避とする立場を生み出した。

停車場改良の積極的な実施には、このような社会的背景があったと考えられるのである。そしてそこで駆使されたさまざまな技術は、大量化に対応する欧米の停車場技術を摂取しつつ、これを日本の状況に適用するという方式によって生み出された。その摂取の方式は、すでに外国人の雇用という方式によるものではなかった。前記木下もふくめて、国有鉄道は、幹部候補職員の海外留学を制度化し、現地における修得と、情報獲得とによって、あらたな技術を導入する方式を確立していった。この段階にはいると、技術の導入は、製品の輸入や顧問の招聘によるのではなく、観察、視察と文献とによる情報の獲得にその中心が移ったのである。模範を欧米に求めるという点で、あいかわらず落差はあった。しかし、導入技術の応用における独自の展開は、その範囲をひろげつつあった。これらの点を通じて、技術導入の態様は、それまでの段階とかなり変化して、全般的にみると、自立的要素が強まりつつあった。

この時期における大量化現象にたいする対応の積極化は、ここにみられるように、技術的自立の進行と同時に進行したのではなかろうか。そして、その背景に、市民社会の形成という社会的要因をみるとき、当時、国鉄・私鉄を通じて台頭しつつあった「鉄道の民衆化」というひとつの目標は、単なる経営戦略の目標というだけでなく、技術的自立の裏付けをともなう、輸送要請にたいする積極的な対応の所産として位置づけられることが肝要ではないかと考えるのである。

注

（1）ここでは駅ばかりでなく、操車場・信号場をふくめて考える必要があると思われるので、章・節の標題もふくめて停車場という用語を用いた。もちろん、個々の場合については、それぞれにふさわしい用語を使うこととする。
（2）停車場の規格については、すでに導入のころから、イギリスにおける停車場のモデルが紹介されていた（開業当時の鶴見駅長、畑値時〔久右衛門〕旧蔵文書に、その図面がふくまれている）。この規格は、しかし、当初は中間駅に限られていたようで、実現したか否かは不明である。都市中心駅をふくめた大規模な駅の規格化がある程度構想されるのは、一九〇〇年以降ではなかったか。たとえば内田録雄がまとめた『鉄道設計参考図面』（一八九七年）は、中間駅だけでなく、都市の大規模な駅をも、それぞれの分類にもとづくモデルにふくめて収載している。
（3）この支線は、一八七七年一二月一日に廃止された。ただ、この支線は旅客運輸も実施していたから貨物専用線ではなかった。また廃止の理由は、大阪駅から曽根崎川に通ずる水路が開削され、大阪駅が水陸連絡によって貨物の取扱いを実施できるようになったことにあった。どちらかといえば「客貨分離」に逆行する流れである（鉄道省編『日本鉄道史』上篇、一九二一年、一〇七頁）。
（4）東京の場合、日本鉄道の隅田川駅の開業（一八九六年一二月二五日）があるが、これも、前述の秋葉原駅に似て、客貨分離とは言いがたい。
（5）『日本鉄道史』上篇、五六頁の新橋停車場平面図によると、この状況が読みとれる。
（6）『日本鉄道史』中篇、一六〇頁以下。一八九〇年九月一七日鉄道庁長官にたいする内務大臣訓令は、中央停車場の設置により、中央停車場以南を官設鉄道、以北を日本鉄道が担当することとしていた。鉄道局は一八九六年四月二八日新永間建築事務所を設置、一八九九年末から鉄道作業局が用地買収に着手した。
（7）*Abfahrt 1888 Ankunft 1988—100 Jahre Hauptbahnhof Frankfurt am Main*, DB-BD Frankfurt am Main 1988, S. 37, SS. 41-45.
（8）John A. Droege, *Freight Terminals and Trains*, 2nd ed., McGraw Hill Book Co., New York, 1925 は、ニューヨーク港における貨物取扱数量の増加が、貨物駅の設置と設備改良をうながしてきたことを指摘している（*ibid.*, pp. 3-6）。

(9) 汐留駅長『七十年の抄録』一九四二年、六―七頁(『大正期鉄道史資料』第2集第六巻に復刻収録、一九八四年)。
(10) 日本国有鉄道大井工場編『百年史』一九七三年、二四頁。『鉄道技術発達史』第二篇「施設」Ⅱ、一九五九年、一〇四四頁。
(11) 西部鉄道管理局編『京都停車場改良工事紀要』一九一七年、二頁。
(12) 一九一二年五月一日現在の『鉄道停車場一覧』(鉄道院総裁官房文書課編)には大宮信号扱所が記載されている(京都起点〇・七マイル、同書二九頁)。大宮駅の位置は『全国鉄道停車場一覧』(鉄道局編、一九〇七年五月現在)によると、京都起点〇・五マイルとされている(同書、四二頁)。この両者が同一系列のうえにあるか否かは不明であるが、大宮信号扱所は、一九一四年三月六日に廃止された(以上国有後の設廃については『鉄道公報』によった)。
(13) ただし前掲『鉄道停車場一覧』(一九一二年五月一日現在)では、梅小路は連絡所としてある(京都駅との距離は一・〇マイル。同書五頁)。
(14) 前掲『京都停車場改良工事紀要』六一頁。
(15) 同右、六五頁。
(16) 横浜の場合、高島は一九一三年六月二日荷扱所として設置されたから、こちらがはやいといえるが、これは横浜駅の移転時(一九一五年一二月三〇日)に、貨物駅として開業しているので、ここでは貨物駅設置の時をとることにした。
(17) 前掲『京都停車場改良工事紀要』二頁。
(18) エー・キョヲリン、エム・ヲーダー『停車場設計原論』(久野知義校、斎藤真徴訳)八頁、五七頁など。なおこの訳書は、全体のなかの総論を訳出したものとみられる。
(19) 軌間が鉄道の規模を決定する基本的要因となることについては、言うまでもないことで、この点については広軌改築問題の推移を検討する必要があり、筆者は一九八七年にマールブルク大学日本研究センターのE・パウアー(E. Pauer)教授のもとで刊行予定の産業技術史論文集に広軌改築問題についての論文(英文)を寄稿した。本書に日本文を収録する予定であったが、論文集が未刊行のために、収録をひかえた。
(20) それまでも何らかのかたちで基準はあったが(たとえば工学会編『明治工業史』鉄道篇、一九二六年、二二八頁以下に紹介された諸基準）、官私鉄道に共通する基準は、このときはじめて制定された。これは、軍事輸送上の必要性によったと考えられるが、当時日常的に列車の官・私各鉄道相互乗入れがおこなわれるようになった状況は無視できない。

（21）鉄道の運営について、その共通基準が定められたことは、のちの国有化への第一歩と見なすこともできよう。

（22）この規程における停車場は、国有鉄道がのちに国有鉄道建設規程（一九二一年一〇月一四日鉄道省令第二号）で定めた停車場（駅、信号場、操車場の総称）と異なり、旅客・貨物の取扱いをなす個所、すなわち、のちに駅と同様のもののようである。この点についてはのちにふれる。

（23）この規程では、停車場の分類は必ずしも厳密ではない。この場合は「二個以上ノ鉄道線路カ同一停車場ニ集合スル場合」（第一五条）としてある。

（24）「停車場外ニ於テ鉄道線路カ連絡スル個所ハ信号常設ノ場所ト為スコトヲ要ス」（第一六条第一項）。この条文本文には「連絡所」の用語は入っていないが、これが連絡所を指すものと考えられる。信号所については「閉塞式ヲ施行スル線路ニ於テ停車場ヲ二個以上ノ区間ニ区分スルトキハ該区間ノ境界点ニ信号所ヲ設クルコトヲ要ス」（同条第二号）としてある。

（25）「停車場、連絡所及信号所ニハ場内信号機ヲ設クルコトヲ要ス若シ其ノ防護区域外四十鎖〔約八〇〇メートル――引用者〕以上ノ距離ヨリ之ヲ見ル能ハサルトキハ前方ニ遠方信号機ヲ設クルコトヲ要ス」（第二一条第一項）、「停車場内ニハ必要ニ応シ出発信号機及側線信号機ヲ設クルコトヲ要ス」（同条第二項）。この規定からみると、連絡所、信号所には出発信号機、側線信号機は設けられないことになる。

（26）これは、停車場内の貨物積卸場を指すことは言うまでもないと考えられるが、当時、貨物のみを扱う停車場という制度があったか否か、筑豊炭坑地帯では、のちに貨物積卸場という名称が頻繁に使われていて、これが現在の貨物駅を指すものと同じものとも解される。当時まだ停車場、駅の制度が確立していなかったため、このような意義不明の用語や使用法が生まれたのかもしれない。

（27）前掲一九二一年制定の国有鉄道建設規程では、前記、注（22）のように第四条に停車場の規定をおき、駅、操車場、信号場の定義をおこなった。なお第五条で信号所を規定したが、鉄道建設規程の停車場、連絡所、信号所とは概念の内容がかなり異なっていて、まったく概念を建て直したと考えられる。
（28）鉄道局編『明治三十二年度鉄道局年報』二六頁以下（『明治期鉄道史資料』第Ⅰ期第1集第五巻に復刻収録、一九八〇年）。
（29）同右、八三頁以下。
（30）『鉄道論』では、ホームについて「其高サハ車両ノ床板ト水平ナラシメ其長サハ六十両ヨリ成レル一列車ノ長サニ斉シカラシメ其幅ヲ十五メートル以上トシ重要ノ停車所ニ在テハ隄道〔ホーム――引用者〕ノ両側ヨリ同時ニ搭載却下スルヲ得セシメ普通ノ停車場ト雖トモ其幅十メートルヨリ下ラサルヲ要ス」（同書六六頁）としている。ホームの端の勾配についての言及はないが、ホームの高さや積卸しの手順からみれば、勾配の必要性は推測される。
（31）鉄道局編『明治四十年度鉄道局年報』三〇頁（『明治期鉄道史資料』第Ⅰ期第1集第一二巻に復刻収録、一九八一年）。
（32）『鉄道法規類抄』第二編「工事」、一九一〇年、一〇二頁以下。前掲『鉄道論』で参謀本部が求めていたのは、幅一五メートル以上、一般の停車場で一〇メートル以上というもので、一般的な利用のあり方からみて、はるかに大きいものを想定していた。
（33）旅客列車の乗降場二本は幅四〇呎（約一二メートル）、電車用二本のうち一本は幅四〇呎、一本は幅三〇呎（約九メートル）とされた（金井彦三郎「東京停車場建築工事報告」〔『土木学会誌』第一巻第一号、一九一五年二月〕、かのう書房編『東京駅の世界』一九八七年、に再録、同書一五四頁）。
（34）前掲『京都停車場改良工事紀要』六六頁。
（35）「乗降場延長ノ標準」一九一九年一二月二七日大臣達第一三三〇号による（『鉄道公報』一九一九年一二月二七日号外）。
（36）前にふれたが、ここでは駅の制度が確立する前であったためか、積卸場という呼び名が使われていることが多い。これは停車場の範疇に入れることができるか否か問題のあるところであるが、炭坑企業所属のものでなく、鉄道企業がこれらの積卸場をもつことが多く、しかもその機能はいわゆる貨物駅としてのものであり、のちには貨物駅としての扱いを受けているものが多かった。
（37）筑豊炭の輸送量は、鉄道開通の一八九一年水運八八万五五〇九トン、陸運三万一九〇三トンであったが、一八九五年水運の九〇万四七九九トンにたいし陸運が一二三万一八一七トンとなって凌駕（鉄道院編『本邦鉄道の社会及経済に及ぼせる影響』中、七八〇頁。ここでは鉄道でなく陸運として表記、したがって全部を鉄道とみることには疑問があるが、鉄道がすでに大部分を占めていたと考えられる）、鉄道の輸送比率は一八九七年には七〇パーセント（一九〇万一一三九トン）、一九一五年には九五パーセント（八〇七万一〇六五トン）となって、鉄道輸送が大勢を占めた（門司鉄道局運輸部編『沿線炭鉱要覧』（一九三七年版、一一八〇頁の表「筑豊炭輸送便別送炭数量」による）。なおこの表によると、川艜は一九二九年まで存続した。

(38) 一九三四年度における九州炭の鉄道輸送量は一七九八万トン、うち国鉄線内発送が一三八四万トン（七七パーセント）、会社線内発送が二〇四万トン（一一パーセント）、専用鉄道内発送が二一〇万トン（一二パーセント）となった（門司鉄道局運輸課編『沿線炭鉱要覧』一九三五年版、五頁）。一九三〇年代まで、専用鉄道ないし専用線による輸送が、会社線に匹敵する比率を占めていたことがわかる。

(39) 一九四五年の敗戦に近い時期に、貨物駅の廃止がみられたが、これは業務上の整理によるものと考えられる。全面的に近い廃止は、言うまでもなく、一九六〇年代以降の石炭採掘の中止による。この推移については、いまここで詳しく述べる余裕がない。あらためて取り上げたい問題である。

(40) 九州ばかりでなく、北海道や常磐についても、それぞれに積出し駅や輸送線路のあり方は、分析の対象とされなければならないであろう。とくに輸送需要の変化に対応する駅設備のあり方は、主に輸送規模の面から詳細な分析が必要と思われる。

(41) 横浜、神戸は一八七三年大蔵省達（番外）の港連絡修築規則以来重要港湾として国がその修築を担当（費用の大部負担）することとし、横浜は一八八九年着工、神戸は一九〇六年着工した（運輸省港湾局編『日本港湾修築史』一九五一年、三五頁、九一頁、九九頁）。

(42) 大阪鉄道局運輸課編『大阪臨港線及神戸海岸線』一九二九年などによって、一九二〇年代までの推移をたどることができる。

(43) しかしこの場合も、一九四二年八月一〇日から一九四四年一二月三一日まで旅客の取扱いをおこなっている。戦時中の軍事輸送の必要性によるものかと思われるが、詳細は不明である。

(44)　これら臨港駅の増設は、埠頭の増設によるものであることはもちろんである。しかし、同時に、周辺に臨海工業地帯が造成され、対港湾だけでなく、対工場、対市場の輸送要請が増大することも、その要因となっているのではなかろうか。

(45)　日本国有鉄道編『鉄道技術発達史』第四篇「車両と機械」一四八二頁による。『日本鉄道史』中篇、四二七頁では、筑豊鉄道が若松の場合一八九七年に水圧ホイスト一基、水圧クレーン一基および付帯設備を建設とあり、機械化はそのころから開始されたようである。

(46)　『鉄道技術発達史』第四篇「車両と機械」一四八二頁。

(47)　直接の証拠は見当らないが、すでに一九〇二年度にはいると、九州鉄道は戸畑、若松などの停車場拡張に着手し、若松では同年一二月二八日石炭卸桟橋の使用を開始するなど、石炭積卸設備の充実は、日露戦争前から着手されていたようである（『日本鉄道史』中篇、四一〇頁）。また注（45）に見たように、若松では、日露戦争前からすでに機械化が開始されていたとみられる。とすれば、軍事的理由のみが機械化の動機とみることはできないであろう。

(48)　『鉄道技術発達史』第四篇「車両と機械」一四八三頁以下。

(49)　Droege. *op. cit.*, p. 262ff.

(50)　鉄道省運輸局「秋葉原駅の変遷」（『貨物情報』第七巻第七号、一九三一年七月三〇日付録）四四頁。

(51)　同右、四五―四六頁。

(52)　同右、四九頁。

(53)　後藤佐彦「東京上野間連絡後に於ける秋葉原駅」（『業務研究資料』第七巻第一一号、一九一九年一一月）による。

(54)　同右。

(55)　前掲 Droege. *Freight Terminals and Trains* には、アメリカ鉄道技術協会ヤード・ターミナル委員会（Committee of Yards and Terminal of American Railway Engineers Association）のレポート（一九二五年三月）が引用されているが（二九九頁）、そのなかに、二層構造の貨物駅が採用されつつある傾向が述べられている。また鉄道省工務局『工務資料』第一二号（一九二七年九月）は、アメリカ留学中の鉄道技師山口繁の「米国に於ける高架式貨物停車場の設備」を掲載している。この論文によると、アメリカにおける多層式貨物駅は、一九一四年 E. H. Lee が“Note on L. C. L. Freight House”という論文を発表してから注目をひき、一九二五年アメリカ鉄道技術協会が多層式は例外だという結論を出したとしている。この結論なるものが、前記の報告に該当するか否かは不明だが（引用文でみるかぎり、除外例という表記はない）、アメリカでこの問題が系統的に研究されてきたことは事実であろう。前記引用文では、当時建設中のものはないが、二カ所で計画中としている（Droege, *op. cit.*, p. 299）。

（56）前掲山口論文は一九二七年九月、アメリカ鉄道技術協会の報告は一九二五年三月で、ともに秋葉原駅改造工事着工後である。

（57）前掲「秋葉原駅の変遷」六六頁。

（58）構造だけでなく、貨物取扱いのための設備、エレベーター、シュートなどは、山口論文に紹介されているアメリカのものを学んだように思われる（前掲『工務資料』第二号、二六頁）。

（59）『鉄道技術発達史』第二篇「施設」Ⅱ、一〇五七頁。

（60）同右、一〇五八頁。前掲「秋葉原駅の変遷」一〇二頁。

（61）前掲「秋葉原駅の変遷」七六頁。

（62）このことは、本書の第二章でふれた。なお拙著『駅の社会史』一九八七年、四八頁以下でもこの問題にふれた。

（63）直江津や金ヶ崎、長浜のような事実上の臨港駅が開業した当座、どのような配線をとったかは興味のあるところだが、これらは大都市のターミナル駅の範疇にふくめることは困難であろう。

（64）ドイツにおける分類は、Kopf-oder Sackbahnhof とされ、Durchgangsbahnhof, Ingel-und Verbundbahnhof と並列させる立場がある（Ulrich Krings, *Bahnhofsarchitektur*, 1985, S. 16）。これはかなり一般的な立場で、竹内季一『鉄道停車場』上編（一九一四年）における分類（頭端式、直通式、楔形式、島式）はほぼドイツの分類にしたがったものとみられる。

（65）Gordon Biddle, *Great Railway Stations of Britain*, 1986, p. 46 以下。フランスでも一九世紀の五〇年代以降、頭端式の機能を乗降客の流れから分析した Auguste Perdonnet, “Traité élémentaire du chemin de fer” の分類がある（Karen Bowie (dir). *Les Grandes Gares Parisiennes au XIX Siècle*〔Délégation á l'Action Artistiqne de la Ville de Paris〕p. 32

ff.)。

(66) そこには、大都市の玄関口としての終端停車場のもつ意味が、このような形式の場合によりつよく示されるという点が注目されたであろう（W・シベルブシュ『鉄道旅行の歴史』（一九八三年、加藤二郎訳）二一四頁。

(67) これより前、大阪から京都に線路を延長したとき、さらに大津に向かって線路を建設する計画を前提として、京都駅を頭端式とすべきか否かの検討がなされたが、スイッチ・バックを避けて通過式としたといわれる。一八七〇年代の後半には、すでに、通過式主体の停車場設計が成立したかと思われる。

(68) Eduard Schmitt, "Empfangsgebäude der Bahnhöfe und Bahnsteig Übertrachtungen", *Handbuch der Architektur*, 4er Teil, 2tte Halbband, 4 Heft, 1911, S. 7.

(69)(70) シベルブシュ前掲訳書、二一四頁。ただしこの訳者はKopfbahnhofを「ターミナル駅」と訳していることに注意する必要がある。また「横の通路」としてある用語は原文では"Querbahnsteig"となっている（W. Schiverbusch, *Geschichte der Eisenbahnreise*, 1977, S. 154）。「横断ホーム」と訳すべきところではないか。

(71) *Le Temps des Gares*, Centre national d'art et de culture George Pompidou, 1978, p. 8ff.

(72) シベルブシュ前掲訳書、二一五頁。

(73) この駅は当初から頭端式をとらず、延長可能な配線を採用していたようである（西部鉄道管理局運転課編『管内各停車場平面図』（一九一〇年一月現在）第五九図（一九七八年鉄道史資料保存会復刻）から推定)。

(74) 南海鉄道編『南海鉄道発達史』一九三八年、六—八頁。本書の停車場の項には難波駅などの変遷を図示するとあるが、実際には掲載されていない。戦時中の制約か。一九八〇年刊行の『南海電気鉄道百年史』にも図示はない。したがってこの変遷をたどることはできないが、前著のなかの軌条図から一九三八年当時の配線を知ることはできる。

(75) 阪神電気鉄道編『輸送奉仕の五十年』一九五五年、九頁以下、一八四—一八五頁。

(76) 同右、二〇〇頁。なお同社は軌道として開業、一九八〇年一二月二七日地方鉄道への変更が許可された（阪神電気鉄道編『阪神電気鉄道八十年史』一九八五年、六一五頁年表)。

(77) 京阪電気鉄道編『京阪七十年のあゆみ』一九八〇年、四頁。

(78) 京阪は、軌道であったが大型車を使用、大阪市電は、乗入れ車両は小型車を求めたことによる（京阪の地方鉄道への変更は一九七八年三月一〇日許可。同右、一〇頁）。
(79) 同右、一七九頁以下。
(80) この図の第一期は「自大正十三年四月、至大正十五年八月」となっているが、「大正十三年四月」は「大正三年四月」の誤植ではないかと思われる（同右、二二二頁。別刷付図）。
(81) 大阪電気軌道編『大阪電気軌道株式会社三十年史』一九四〇年、二二三頁。
(82) 阪急電気鉄道編『七十五年のあゆみ』（記述篇）一九八二年、九頁。
(83) 阪神急行電鉄編『阪神急行電鉄二十五年史』一九三二年、五頁。
(84) このときまでに一九一八年二月四日阪神急行電鉄と社名変更、輸送態勢は名実ともにととのえられた。
(85) 阪急百貨店編『阪急百貨店二十五年史』一九七六年、六七頁（食堂の開業は一九二〇年一一月五日）。
(86) このビルで、一九二五年五月五日食堂の拡張、同年六月一日阪急マーケットが開設され、あたらしいターミナルビルの営業スタイルが実現したのである（前掲『阪急百貨店二十五年史』七二―七四頁、八二頁。
(87) 前掲『七十五年のあゆみ』（記述篇）一九頁。
(88) 前掲『阪急百貨店二十五年史』九九頁以下。
(89) 前掲『七十五年のあゆみ』（記述篇）二〇頁。
(90) 同右、一五〇頁。
(91) 前掲『阪神急行電鉄二十五年史』五頁。
(92) 前掲『七十五年のあゆみ』（記述篇）一五一頁。
(93) ヨーロッパでは、電気機関車牽引の客車列車の場合、客車の最後部に運転台をおき、ターミナルでそのまま反転するPendelzugの方式を採用している。これも頭端式ターミナルの制約を解決するための一方式といえよう。
(94) この類型化は、単に一カ所のターミナルを対象とする場合だけでなく、ひとつの大都市にあるいくつかのターミナルの変化の推移を複合的に捉えるという方式を通じておこなうことが必要と思われる。たとえば、東京における新橋、上野、両国橋、飯田町といったターミナルに、東京、万世橋などが加わっていく過程で、頭端式だけでなく通過式のターミナルがここにはいっていくこと、それが東京における輸送需要の推移とどのようにかかわっているのかといった問題提起である。

(95) このような公共交通のあり方については、もちろん都市政策との関連、都市運営の側からの要請などの分析が必要となろう。とくに延長部分の運賃決定のさいの賃率算定のあり方、連絡交通機関との連絡運賃の決定など、多くの問題がある。

(96)(97) 一八八二年七月二八日に開かれた定式株主総会第五号議案(『工部省記録』鉄道之部　巻二六―一、二一)。ただし『日本鉄道株式会社沿革史』第一篇ではこの総会は、七月一八日開催となっている(同書、一一二頁)。

(98) ただし、議案書の標題「支線設置」の「支」は「二」に、議案本文の「上野公園地近傍ニ「ステーション」ヲ置キ支線ヲ起シ」の「支」も「二」に朱書訂正が加えられている(『工部省記録』鉄道之部　巻二六―一、二一)。

(99) 一八八二年九月一〇日太政官達第二二号で上野・赤羽間の建設が認められ、同年一一月八日上野停車場用地貸下げを東京府知事に申請、同一三日に許可された(『日本鉄道株式会社沿革史』第一篇、一一八頁、一二四頁)。さらに一二月一六日下谷区山下町一番地、区会議事堂、小学校跡地一二九〇坪(四二六四・五平方メートル)余の貸下げを申請、同月二七日許可された(同書、一二七頁)。なお上野旧下寺跡の用地は、一〇七〇坪(三五三七・二平方メートル)余りをのちに返納した(日本国有鉄道編『日本国有鉄道百年史』〔以下『国鉄百年史』と略称する〕第二巻、四三五頁)。

(100) 上野駅互助団編『上野駅史』一九三二年、二頁(『大正期鉄道史資料』第2集第六巻に復刻収録、一九八四年)。

(101) 井上勝「東京高崎間鉄道建築事業報告書」(『工部省記録』鉄道之部　巻二八―一六)。

(102) 『国鉄百年史』第二巻、四三六頁。前掲『上野駅史』では七月一八日としてある(同書、三六頁)。

(103) 『上野駅史』三六―三八頁。

(104) 『国鉄百年史』第二巻、一四三頁。

(105) 横浜駅の場合は三万九三三四坪六合四方(一三万〇〇三一・八平方メートル)、一八七四年五月一一日開業の神戸駅の場合は七万一四八六坪(約二三万五九〇四平方メートル)で新橋駅より広い。これは水陸連絡設備をふくんだためか(『国鉄百年史』第二巻、一四三頁、神戸駅編『神戸駅史』一九五七年、一二三頁)。

(106) 鉄道省編『御茶ノ水両国間高架線建設概要』一九三二年、二一頁。開業当時の電車用駅本屋四一二・九平方メートル、東口駅本屋二三四・八平方メートルでいずれも高架橋の下に設けられ、ホームは長さ一六一・二メートル、幅九メートル、複線の電車専用線を延長する工事であったから、従来の頭端式ターミナルにたいする変更工事は、乗客通路や荷物通路の範囲に止まった。

(107) この計画は一八八六年一二月一〇日日本鉄道理事委員会で決定(前掲『日本鉄道株式会社沿革史』第一篇、二五五頁)。一八八七年一一月一二日内閣総理大臣許可(同書、二六〇頁)、一八九〇年に入って着工、地平線路にたいする地元住民の反対運動があったが、一八九〇年一一月一日開業した(同書、三六六頁)。

(108) 同書、三五六頁。

(109) 海岸線は当時田端を起点としており、この不便を解消するために、日本鉄道では、上野・南千住間を直通させる案を考えた。しかし高架線以外は認められないという結論が出て、それには建設費がまかなえないという理由から日暮里分岐に決定した(『上野駅史』六三頁)。日暮里・三河島(南千住)間は一九〇五年四月一日開業、同日上野・田端間複々線開通(複線開通は、『日本鉄道株式会社沿革史』第二篇、三三頁によると、一八九二年一〇月二一日上野・大宮間となってい る)、これによって海岸線の分離運転が可能となった(前掲『日本鉄道株式会社沿革史』第二篇、三七二頁)。なお『上野駅史』は、上野・日暮里間の二線増設工事完成を一九〇六年四月としており、この説はかなり広く通説となっているようである(同書、六三頁)。

(110) 電車開通時は上野・日暮里間単線運転であった(『上野駅史』七四頁)。

(111) 同右、七四頁。なお電車専用線は、一九一二年七月一一日鶯谷・日暮里間が複線化(この日鶯谷駅開業)、一九一四年三月二〇日上野・鶯谷間が複線化された(守田久盛ほか『鉄道路線変せん史探訪』Ⅲ、一九八三年、一七頁)。

(112) 『上野駅史』七四頁。山手線は、一九一五年九月一日それまでの単車運転から定期五組を二両、不定期全部を二両とし、一九一六年三月一日定期一〇組を二両とした。運転間隔は、一九一八年一二月五日それまでの一五分(ただし一九一三年二月一日から不定期をふくめ平時一一分)を、定期一二分とした(東京鉄道局電車掛編『省線電車史綱要』一九二七年、三六頁Ⅳ-二-一表、四〇頁Ⅳ-四-一表)。

(113)『上野駅史』七五頁。一九一九年三月一日東京・万世橋間開通にともない、中野・東京・品川・新宿・池袋・上野の「の」の字運転が実施された（前掲『省線電車史綱要』三五頁Ⅳ-一-一表。運転系統逐年変遷表では、この運転系統の開始を一九一九年二月二〇日としている）。

(114)『上野駅史』七五頁。

(115)「神田上野間市街線新設竝上野田端間野路改築及増設計画説明書」（「東京市区改正委員会議事速記録」第二八五号、三丁〔『東京都市計画資料集成』明治大正篇二七、一九八七年、所収〕）。

(116)同右、第二八五号、三丁。

(117)説明書によると、上野以北については「公園山下道路上ヲ過キ、善養寺町及坂本町ノ両端ヲ掠メ、以北ハ現在線ノ東側ニ沿ヒ田端停車場ニ接続ス」（同右、三丁）とある。「東側」の表現は「西側」が正しいのではないかと思われる。

(118)同右、四丁。

(119)電車の高架線を貨物線の西側に敷設する理由について、岡野昇鉄道院工務局長は、「全部ノ列車ヲ貫通サスト云フコトガ或ハ理想的カ知リマセヌガ、〔中略〕線路ノ輸送力ガ足ラナイノミナラズ、上野付近ノ形勢ガ急ニ一変スルノデアリマス。此処ガ終端駅ニナツテ居リマスカラ、上野停車場前ノ宿屋ヤ飲食店ガ繁昌シテ居ルノデアリマスガ、此処ヲ総テノ列車ガ通過スルコトニナルト上野付近ノ形勢ガ一変スル、ソレラノコトヲ参酌シテ、一方ニハ工事費ヲ減少シ、早ク完成セシムル為ニ、遠行ノ二十五列車バカリヲ東海道線ノ方ヘ向ケ、近距離ノ日光行トカ、水戸行トカ、福島行トカ云フヤウナモノハ今ノ通リ上野ヲ以テ終端駅トスル計画デゴザイマス」（同右、九丁）と述べた。ここには上野のターミナルのあり方を、周辺に及ぼす影響をふくめて考える姿勢がみられる。

(120)鉄道省東京改良事務所編『東京市街高架線東京上野間建設概要』一九二五年、三頁。

(121)鉄道省東京第一改良事務所編『上野駅改良工事概要』一九三二年、一頁。

(122)同右、三頁。

(123)同右、三—四頁。

(124)『上野駅史』一〇九頁。

(125)『上野駅改良工事概要』三頁。

(126)『上野駅史』一一一頁。『上野駅改良工事概要』では「便宜上常磐線を高架線上に切替」としている（同書、三頁）。この段階までは、急直行列車の東京駅乗入れの方針は変更されていなかったようである。

(127)(128)『上野駅改良工事概要』三頁。

(129)『上野駅史』一一六頁。

(130)同右、一一七頁。

(131)改良工事はこの段階で「地平線乗降場並に線路改良を残して主要部分の完成を見るに至った」とされる（『上野駅改良工事概要』二頁）。建物関係の工事数量はつぎのとおりである。①建坪数――本屋二四四二・二〇平方メートル、高架線下二二九四・一〇平方メートル、高架線下小荷物扱所一万二九八・八〇平方メートル、待合広間上家二二一一・〇〇平方メートル、コンコース上家八九二・九〇平方メートル、計一万八一三九・〇〇平方メートル、②延坪数――本屋九六〇八・九平方メートル、高架線下一万九二七四・六平方メートル、計二万八八八三・五平方メートル。工費は本屋完成時まで八一八万円余りであった（同書、一二―一四頁）。

(132)同右、第一図による。

第五章　戦時輸送と改良の挫折

一八七二年六月一二日（明治五年五月七日）仮開業した品川駅は、同日仮開業した横浜駅（現・桜木町駅）とともに、日本で最初に営業をはじめた駅として注目される。この駅の一一七年の歩みは、日本における鉄道の歴史の反映である。仮開業当時、東京湾に面した一万三六五四・六平方メートルの用地は、開業一〇〇年の一九七一年度には五九万八二八七平方メートルとなっており、開業当時二本の相対式ホームと木造平屋二棟の駅本屋だけであった設備は、一〇〇年後には線路延長六万二四四七メートル、構内の最大長さ二九二七メートル、最大幅三五五メートル、ホーム七本を数える大規模な駅に変貌した(1)。

このような駅の変貌は、もちろん鉄道の発展によるものとひとくちに言ってしまえばそれまでである。しかし、品川駅が現在のようなかたちと規模をとるにいたった推移には、輸送量の増大に対応するための改良計画とその実行、それにもかかわらず、これを挫折させた外的要因、これらの要因が内在している。本章では、品川駅が現在のかたちと規模とをそなえるうえで、基本的な変貌が進行した一九一〇年代から一九四〇年代の約三〇年間に焦点をあてて考察しようと思う(2)。

この考察は品川駅自体の分析を目的とするものではない。駅の構造・機能が、駅を取りまく条件の変化にともなって起こる変動、その変動を促進または阻害する要因、これらの分析を通じて、駅の構造・機能の、外的条件との対応を明らかにすること、さらにこのような分析を、ひろく鉄道史の分析ないし考察の一環として位置づけること、ここに終局の目的をおくことは言うまでもない(3)。

この問題を扱うにあたって、本稿ではこの約三〇年間を、三つの段階に区切ってみたい。第一は、一九一〇年代から一九二〇年にかけての改良の時期、第二は一九二三年の関東大震災を契機とする改良の時期で、一九三〇年代後半におよぶ時期、第三は、一九三〇年代後半、とくに日中戦争開始以後、一九四〇年代にかかる時期である。

以上の三つの時期ごとに章をあらためながら考察をすすめたいと思う。

一　一九一〇～二〇年代における品川駅の改良

最初に述べた仮開業以降の、一九二〇年代初頭にいたる品川駅の推移は、表5-1を参照されたい。分岐駅から貨車操車場設置へという変化がここから読み取れる。正式開業後、品川の宿場に接した中間駅として位置づけられたこの駅は、日本鉄道線との分岐駅となると、赤羽方面と横浜方面との直通列車のためにはスイッチ・バックの取り扱いが必要となって、そのための設備が要求された。このときすでに、いわば「東京の南の玄関口」としての役割が賦与されたとみるべきか。この役割への対応は、一九一〇年代初頭の品川貨車操車場着工によって具体化した。

品川駅は、日本鉄道線品川・赤羽間の開業とともに、当時の主要輸出品であった繭・生糸を高崎・前橋方面から横浜に輸送するさいの中継点となっていった。上に述べたように、品川駅における両線の分岐方向から、貨物列車をここで方向転換させなければならず、そのための設備が必要となった(4)。さらに一八九四年日清戦争が開始されると、東京の青山練兵場に集結した出動部隊を宇品に輸送するための列車も、品川駅で方向転換する必要が生じた。この場合は陸軍が大崎・大井間の短絡線を建設して、品川駅に立ち寄らなくてよいような方法がとられた(5)。

こののち品川駅の改良については、一八九九年一二月二五日新橋・品川間の第三線使用開始と同時に実施された駅移転がある(6)。このときに駅の拡張がおこなわれたか否かについては、しかし明らかでない。本格的な改良は、日露戦争後軌道に乗った東京市街高架線新設工事および新橋・程ヶ谷（現・保土ヶ谷）間改良工事によって実現した。

前者は、東京市区改正条例（一八八八年八月一六日公布）による東京の都市改造・整備計画によって、東京中央

表5－1　1920年代にいたる品川駅関連年表

1872年 6月12日	品川・横浜間仮開業、品川駅仮開業
72　10　14	新橋・横浜間開業、品川駅開業
76　12　1	新橋・品川間複線運転開始
80　11　14	品川・大森間　〃
85　3　1	品川・赤羽間開業（日本鉄道)、分岐駅となる
99　12　25	新橋・品川間三線運転開始、駅移転（新橋起点3マイル18チェーン→3マイル04チェーン）
1909　12　16	浜松町・品川間四線運転開始（烏森・新宿・上野間電車運転開始による。10.6.25　有楽町、10.9.15　呉服橋〔仮〕に延長）
10　10　—	品川貨車操車場着工（1911年度説あり）
14　12　20	東京・品川間四線運転開始（東京駅開業による）
〃	浜松町・品川間五線（汐留・品川間貨物別線）運転
〃	品川・神奈川間四線運転開始（東京・横浜〔高島町〕間電車運転開始による）
16　5　7	駅本屋改築完成
19　3　31	田町・品川間六線運転開始（田町・品川間京浜・山手両線電車分離運転実施による。貨物別線は含まず）
21　7　—	品川貨車操車場完成

停車場建設をふくむ市内縦貫高架鉄道の計画として具体化した。すなわち、日清戦争終結の翌年一八九六年四月二八日新永間建築事務所を設置し、まず縦貫線南半部の芝新銭座・永楽町間の高架線建設を実施することとし、一九〇〇年九月着工したが日露戦争で中止、一九〇六年四月再開した。[7] この工事とならんで、後者すなわち新橋・程ヶ谷間の改良工事が一九一〇年に着工された。品川駅の拡張工事はこの改良工事の一部にふくまれていた。[8] すでに市街高架線工事の延長として浜松町・品川間第四線工事が実施され、一九〇九年一二月一六日、烏森（現・新橋）・浜松町・品川・新宿・田端・上野間の電車運転が開始された。[9] この市街線建設と並行して、品川駅の拡張工事が開始された。着手は『日本鉄道史』（下編、一八〇頁）によると一九一一年度という。[10]

この計画は、品川の海岸約八万坪（約二六万四〇〇〇平方メートル）を埋め立て、面積四二万〇〇〇〇平方メートル、線路延長約六四・七キロメートルの操車場を建設するもので、[11] この操車場は一日の貨車仕訳能力を一六〇〇両とし、到着・方向別・駅別・出発の四線群から成るハンプ操車場とした。ハンプ

ヤードの設計図

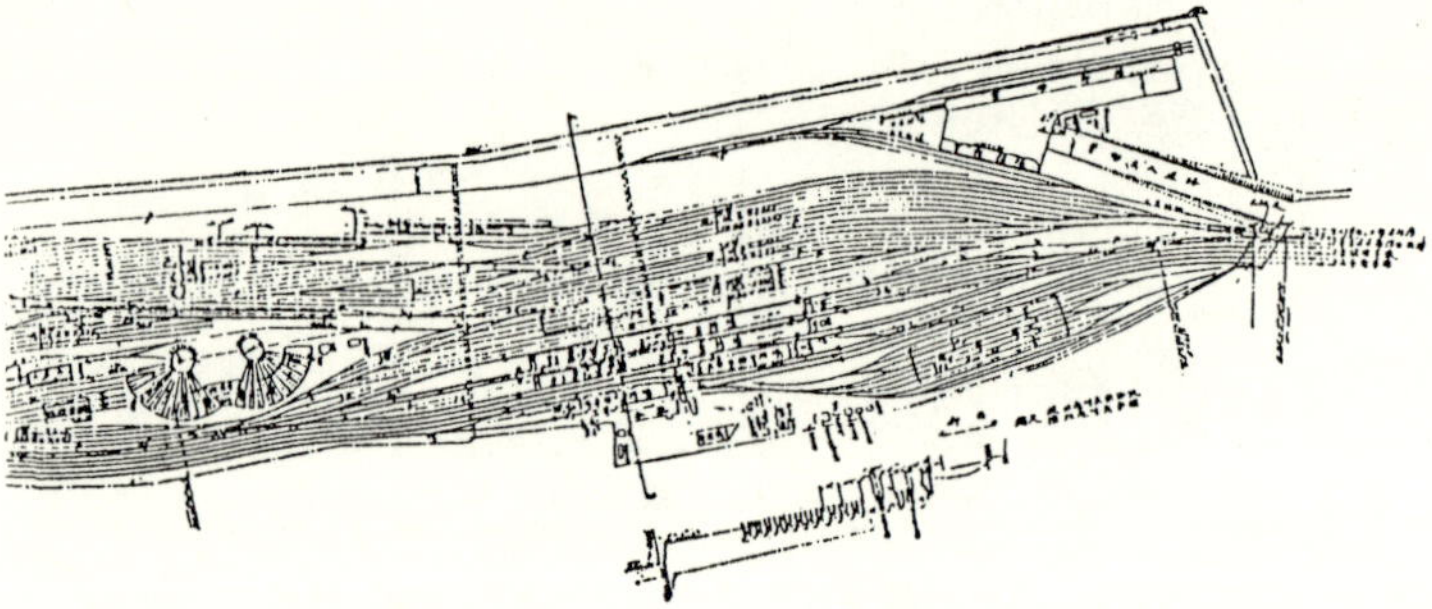

1914年５月31日，30—31頁より。

操車場は、同時に建設をすすめていた田端操車場でも採用された。[12] 品川と田端と、東京の南と北のいわば玄関口に、仕訳能力同数の貨車操車場を建設したことになる。このことは、日露戦争後の貨物輸送の増加によるものであることは言うまでもない。当時、東京に集中する貨車が東海道・東北などの幹線を中心として一日当り三〇〇〇両前後に達していたことが推測される。[13] このような輸送態勢のもとで、操車場の必要性が生まれたとみるべきであろう。このことは欧米でも同様で、鉄道院業務会議が一九一三年に翻訳発行した『停車場設計原論』では、一八八〇年代なかばからドイツでは操車場建設技術の進歩がみられ、「殊に前十年中の大々的交通発展に際しては作業設備（操車ヤード）に関して著しき発展を遂げたり」と指摘している。[14]

貨車操車場が、それまでの平面操車場から、重力を利用して貨車を散転させ、これによって仕訳けをおこなう重力操車場（gravity yard）ないし、操車場の中央部を高くして貨車を押し上げ、散転・仕訳けする summit yard、仕訳線群の手前を一～二本の線路にしぼり、ここを高くして仕訳線群に貨車を散転させる hump yard を採用するのは一九世紀なかばであった。到着線全体の施工基面を高い位置におき、ゆるい下り勾配で貨車を仕訳線群に散転させる重力操車場は、一八四六年ドイツのドレスデンではじ

図5-1　品川グラビチー

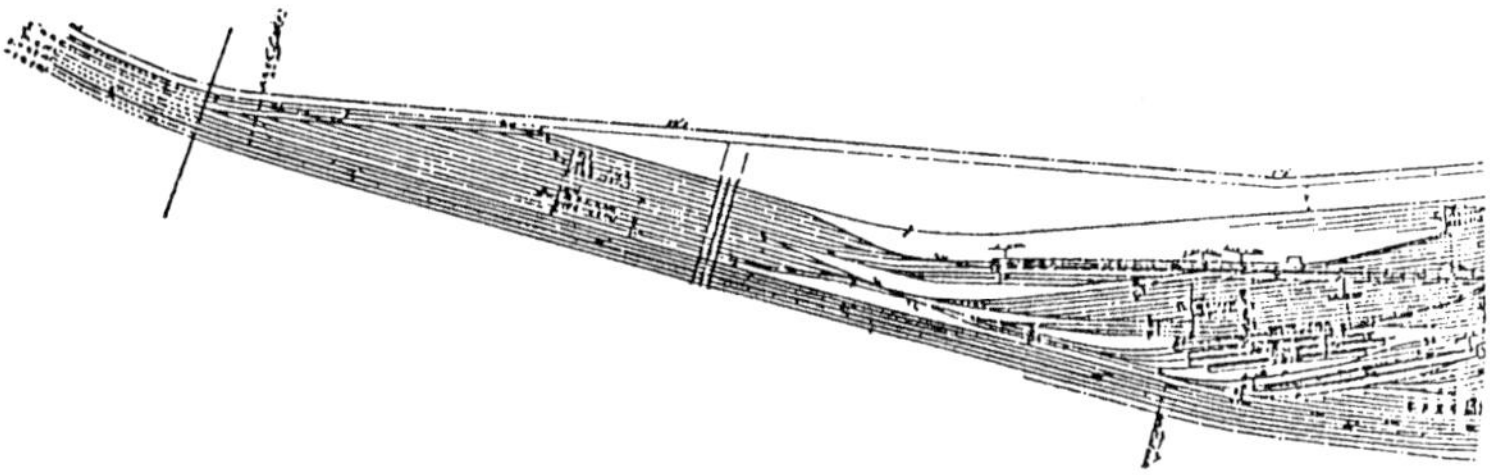

（注）『鉄道時報』第767号、

めて採用され、一八六三年フランスのサン・テティエンヌ、一八七三年イギリスのリバプール付近エッジ・ヒルでも使用開始された。サミット操車場は、一八七六年ドイツのスペルドルフが最初で、一八八八年フランスのパリ・リヨン・地中海鉄道で採用、アメリカ合衆国では一八八二年ペンシルバニア鉄道のハフス（ヴァージニア州グリーンブッシ南方二マイル）で使用開始された[15]。

重力操車場やサミット操車場は、こののち地形の制約が少なく、かつ入換能率の高いハンプ操車場に取って代わられ、二〇世紀にはいるころには、ハンプ操車場が一般化する。品川・田端で貨車操車場を建設する時期には、操車場建設技術はハンプ操車場に進んでいて、その技術的進歩が、背景にあったことがわかる。

このようにして建設された品川操車場は、欧米の操車場にくらべると、その規模は小さかった[16]。とはいえ、品川も田端も、前にふれたように、到着線につづいて仕訳線群、駅別線群を経て出発線にいたる操車場としての基本的構造をそなえていた（図5-1参照）。

この操車場では、㈠東海道上り線から新橋（のち汐留）方面、㈡東海道上り線から山手線方面、㈢山手上り線から新橋（のち汐留）方面、㈣山手上り線から東海道下り線方面、㈤新橋（のち汐留）から東海道下り線方面、

㈥新橋（のち汐留）から山手下り線方面の六方向と、品川駅発送貨物の三方向（山手下り線方面、新橋〔のち汐留〕方面、東海道下り線方面）、品川駅到着貨物の三方向（山手上り線から、東海道上り線から、新橋〔のち汐留〕から）の計六方向、総計一二方向があり、これを六つの線群で整理、仕訳けする。そのために二カ所のハンプが設けられる。上り、下り、到着、出発それぞれの方向に運転される列車が平面交差せず、しかも旅客列車とは明確に区分された能率的な操車場の典型である。田端と並んで、東京の南と北に、日本最初の本格的な貨車操車場が誕生した。(17)

このような貨車操車場の誕生は、大都市の停車場における客貨分離の進行を示していた。さきにふれた『停車場設計原論』でも、停車場の客貨分離が大都市付近で「最も希望せらるるもの」とした。それは「激増する貨車交通に対して土地を要すること夥しく、且つ又旅客と貨物取扱は異なれる土地并に位置を要するを常とすればなり」(18)という理由にもとづいていた。

そもそも、東京市街線をはじめとするこの改良計画によって、東海道本線の起点を新橋駅から東京駅に移し、新橋駅を汐留駅と改称して（同時に烏森駅を新橋駅と改称）、貨物駅としたことは、客貨分離の原則を実行したものであった。品川操車場建設はこの客貨分離と一体の改良工事として実施された。さらにこの改良工事は、単に客貨分離だけではなく、総合ターミナルであった新橋停車場の機能分散と、これにともなう施設の分散を実行する結果となった。すなわち、品川操車場埋立てのため、大井浅間台の丘陵を切り崩し、約一九万立坪（約一一四万立方メートル）を埋立てに使用、同時に品川・六郷川間の増設線路の築堤、矢口発電所の用地造成にも使用、さらに大井の田畑原野約八万坪（約二六万平方メートル）を買収し、その低地部分を埋め立てて、新橋工場をここに移転、一九一五年七月二一日大井工場を開設した。(19)このほか、品川操車場には客車留置線が設けられ、(20)また、新橋駅にあった機関庫は、旅客用は東京、貨物用は品川と用途別に分散されるなど、東海道本線東京周辺における鉄道輸送施設の分散、再編成が、この機会に実施された。この点がこの改良工事の特徴というべきであろう。

品川駅の旅客取扱施設は、一九一四年一二月の東京駅開業、東京・横浜間電車運転開始に見合うかたちで改良工事が実施された。駅本屋はさらに東京寄りに移転し、京浜間電車と山手線電車用の電車専用ホームを二面、(21)東海道本線列車ホームを二面、合計四面のホームを建設した。あたらしい駅は一九一六年五月七日使用開始した。(22)その直前五月一日には、貨車操車場のハンプが使用開始、(23)操車場の完成は一九二一年七月とされている。(24)

このようにして、品川駅改良工事の第一段階は完了した。それは、日露戦争後第一次世界大戦にいたる資本主義体制高度化の時期と符節を合わせていた。そして、この改良工事は、一九二〇年代にはいって、さらにあらたな段階に入っていく。

二　関東大震災を契機とする品川駅の改良

一九二〇年代から一九三〇年代にかけて、品川駅はさらに大きな変貌をとげていく。それは、東京の都市規模の拡大と、(25)これにともなう輸送需要の激増と、この二つの要因がもたらした変化である。東京の主要駅における旅客の取扱数量をみると、表5-2のようである。各駅ともに増加を示しており、とくに東京、新宿、池袋などのターミナル駅における旅客のいちじるしい増加が目立つ。新宿、池袋は、ともに東京西部における人口増加と、いわゆる近郊私鉄の開通にともなう利用者の増加がその原因といえよう。

この旅客の増加に対応するために、電車の輸送力増強方策がつぎつぎに実施されていった。電車の運転時隔は短

表5－2　年間乗降人員の推移

（単位：人）

	品　川	新　橋	東　京	新　宿	池　袋
1916年	4,301,187	4,389,634	4,891,275	3,955,480	1,426,951
1919	6,896,054	8,763,574	9,734,007	8,032,656	2,885,833
1922	9,706,776	13,254,752	19,008,219	15,542,304	7,868,633
1925	13,948,523	14,429,138	33,328,708	29,586,200	14,016,133

（注）鉄道院（省）編『鉄道院（省）鉄道統計資料』各年度版により作成。

縮され、最大一時間片道輸送力も増加した。編成両数は、中央線電車の場合一九二四年七月四両（一九二五年四月一部五両）、山手線電車の場合一九二三年九月四両（一九二四年三月一部五両）、京浜線電車の場合一九二二年五両（関東大震災後一時四両、一九二四年四月五両に復旧）となった。[26] 東京の都市拡大は、第一次大戦中から急速なテンポで進み[27]、これにたいする交通機関の対応は、より深刻な問題となりつつあった。[28] 品川は、旅客、貨物の取扱数量の増加率からみると、東京や新宿などのターミナル駅にくらべていちじるしく低かったが、旅客列車、電車の分岐、接続駅、貨物列車の中継、分解、組成駅としての役割は年ごとに大きくなっていった。

このことは、幹線である東海道本線の輸送量が年々増加しつつあることから引き出される結論といえよう。一九二五年と一九三〇年との二回について、品川駅（貨車操車場をふくむ）に発着する列車の回数を調べてみると、つぎのようになっている。

一九二五年

。旅客

下り｛東京→品川　（着）東海道本線　三二　横須賀線　一六
　　　品川→川崎方面　（発）東海道本線　二九　横須賀線　一六

上り｛川崎方面→品川　（着）東海道本線　三〇　横須賀線　一六
　　　品川→東京　（発）東海道本線　三一　横須賀線　一六

。貨物

下り
- 汐留→品川　（着）　二
- 品川→鶴見方面　（発）　二九
- 品川→山手線方面　（発）　三九

上り
- 鶴見方面→品川　（着）　三〇
- 山手線方面→品川　（着）　三九
- 品川→汐留　三

一九三〇年

。旅客

下り
- 東京→品川　（着）　東海道本線　五四　横須賀線　四一
- 品川→川崎方面　（発）　東海道本線　四五　横須賀線　四三

上り
- 川崎方面→品川　（着）　東海道本線　四四　横須賀線　四四
- 品川→東京　（発）　東海道本線　五五　横須賀線　四五

。貨物

下り
- 汐留→品川　（着）　一三
- 品川→鶴見方面　（発）　一〇
- 品川→新鶴見方面　（発）　一二
- 品川→山手線方面　（発）　三一

上り
鶴見方面→品川（着）一四
新鶴見方面→品川（着）一〇
山手線方面→品川（着）二六
品川→汐留（発）一三

以上の数字には回送列車がふくまれているが、一九二五年当時、一日の発着回数は旅客一八六回、貨物一四二回、計三二八回から、一九三〇年には旅客三七〇回、貨物一三〇回、計五〇〇回となっている。もちろん、このほかに京浜線、山手線の電車が発着しているが、(29)東海道本線関係の列車発着回数が一九二〇年代後半に激増していることがわかる。(30)

この間、東京・国府津間および大船・横須賀間の電気運転開始（一九二五年一二月一三日）、(31)東京・横須賀間電車運転開始（一九三〇年三月一五日）(32)など、電化による輸送力強化が実施されたことは無視できない。

品川駅は、このような列車発着回数に対応する施設改良の計画を進める必要が生じてきた。同時にこの計画は、関東大震災後の東京の復興計画とも競合した。

この改良計画は大きく分けて二つの内容から成っていた。第一は、幹線はもちろん当時行きづまりつつあった近郊都市間、都市内輸送の改善のための線路の増設、運転方式の整理計画によるもの、第二は、客貨車の入換・組成任務分担の変更、すなわち操車場配置の再編による客車操車場の設置計画、この二つが、この段階における改良計画の中心となった。

東海道本線東京・品川間は、列車の増加にともなって線路増設の要請が第一次大戦中から出てきた。もともといわゆる新永間高架化工事のさい、一九一一年二月高架線を四線から六線に変更することとしたが、高架橋の工事は完成の段階にはいっていたため、のちの、東京駅、新橋駅構内だけ六線適応の設計としたという経緯がある。(33) 注(21)でふれたように、京浜線と山手線との分離運転は一九一九年田町・品川間で実現したが、東京・田町間は共用運転のまま関東大震災に及んだ。品川駅の電車ホームは、第一ホーム(一、二番線)の二番線を出入庫車の使用に充てたので、第二ホーム(三、四番線)の三番線を山手線外回りが使用、京浜線北行は四番線を使用することとなった。そのため、京浜線南行は第三ホーム(五、六番線)の五番線を使用、東海道本線の列車は第三ホームの六番線(上り)、第四ホーム(七、八番線)の七番線(下り)を使用していた。(34) この方式は電車を電車用の短い第一、第二ホームに集約できず、東海道本線列車用五~八番線(第三、第四ホーム)の列車容量を圧迫する結果となった。

この欠陥は、東海道本線の列車本数が増加すると、列車設定のうえでも障害となった。関東大震災後、復興費による田町・上野間二線増設費が一九二四年第四九帝国議会で成立したが(二二三三万七〇〇〇円、五カ年継続)、品川駅の改良はこの計画では促進できなかった。(35) 品川駅の立場からみれば、山手、京浜両線電車の第一、第二ホームへの集約による東海道本線列車ホーム(第三、第四ホーム)の全面使用を可能にする条件の整備が緊急の課題であったはずである。(36)

鉄道省では、この復興費による線路増設計画とは別に、東海道本線その他東京に集中する幹線の輸送力増強計画を立てていた。(37) とくに前に述べたように東京を縦貫する東京・上野間の高架線が開通(一九二五年一一月一日、東北本線の起点を東京駅に変更)すると、この区間に列車線を敷設して、東海道・東北両本線の直通体制を改良計画の基本に据える立場が強まった。(38)

この立場によると、品川は、北の田端と相対するかたちで東北方面の列車の組成にあたる役割を果すことになる。

この場合品川には、貨車操車場のほかに客車操車場の設備が必要となる。また東京駅の施設がせまく、列車の取扱いに困難な点が多いところから、品川駅を旅客列車の補助的な始発・終端駅とする必要が生じてくるかもしれない。これらの点を総合すると、品川駅の旅客取扱設備の改良は早晩避けられないことになる。[39]

この計画によれば、品川駅については、旅客取扱設備だけでなく、客車操車場の新設という課題が生まれていたことになる。当時、客車の清掃、修繕、組成などの作業は、東海道本線については東京駅構内の東京検車所で実施していた（東北方面各線については上野駅構内の上野検車所）。しかし、列車の増加とともに、施設がせまくなり、客車操車場の要請となったことが推測される。[40]

いずれにせよ、関東大震災後の改良計画では、さきに述べた二つの条件が同時に並行して改良計画を規定したのである。これをどのように処理するかが、さしあたって課題となった。一九二九年秋の段階で、その解決の方向はつぎのようであった。『帝国鉄道協会会報』第三〇巻第一〇号に掲載された「東京付近に於ける国有鉄道改良計画に就いて」（鉄道省工務局計画課調）によると、将来の計画として東海道方面は上野駅、東北・常磐方面は東京駅を始発、終端駅とし、湘南地方列車は大宮・日光・成田方面と直通する地方列車とし、東北方面の地方列車は上野駅を始発、終端駅とし、ほかに東海道・東北両方面とも東京駅折返しの列車を設けることとしていた。

この運転系統により、東海道方面の列車のうち、田端に新設の客操（尾久客操）への回送は七一パーセント、東北方面への直通は一三パーセント、東京駅折返しは一六パーセントとなる。また、東北・常磐方面の列車のうち、品川客操への回送は二九パーセント、東海道方面への直通は一一パーセント、東京駅折返しは一三パーセント、田端客操への回送は二三パーセント、上野駅折返しは二四パーセントとなる。[41]

この計画を実行するためには、田端、品川の二つの客車操車場の建設が必要となる。田端については、在来の貨車操車場の東側に客操用地を確保し（一九一九年）、一九二四年八月貝塚信号所として使用開始、[42] 一九二六年一〇月一〇日貝塚操車場とし、[43] 一九二九年六月二〇日日暮里・赤羽間に、客操を迂回する旅客線（複線）を建設、尾久駅を開業、貝塚操車場は尾久駅の管理下に移った（尾久客車操車場）。[44]

品川については、前掲の「東京付近における国有鉄道駅改良計画に就いて」は、品川客操の任務を「東京駅を始発とする東北・常磐線列車中主として遠行旅客列車の保管、組成、清掃、修繕等」とし、操車能力一日約三二個列車、用地は「目下東京市に委託施行中の品川駅隣接埋立地を利用する予定なり」としている。[45] これによると、品川では貨車操車場のほかに客車操車場を開設する計画があったように読み取れる。しかし、『鉄道運送施設綱要』は、「現在品川駅が貨車操車を以て作業の中心とせるものを鶴見新貨車操車場に移し、品川を以て田端に対する客車操車場として対立せしめんとする計画を定め、既に鶴見貨車操車場は其の一部計画を実行中なり」としている。[46] すなわち、品川貨車操車場を客車操車場に明け渡すというのがその趣旨である。このあたりにくいちがいがみられるが、[47] いずれにしても、東京から品川へ、上野から田端（尾久）へという客車取扱設備の拡散計画は、貨車操車場の拡散計画と連動していたのである。田端（尾久）の場合は、田端貨車操車場を廃止せず、尾久に客車操車場を併設するかたちをとったが、田端貨操の東北・高崎両線方面との操車機能は、新設の大宮操車場に移された。[48]

すなわち、この段階で、貨物輸送についても根本的な改良が必要となっており、[49] 貨物輸送設備の整備もまた緊急の課題として実施されつつあった。[50]

結局のところ、品川駅の改良計画は、単に震災後の復興計画にともなう改良というより、幹線輸送力の充実、それも旅客にとどまらず、貨物をふくめた輸送力の充実と連動すること、すなわち、前に挙げた二つの条件が重複して作用していたのである。しかもここでも客貨分離の原則が徹底するかたちで作用していた。[51] 従来の旅客駅と貨物駅の分離独立から進んで、ここでは駅構内でおこなわれていた車両の管理・入換・組成業務の分立が進行した。この場合、まず貨車操車場の分立が先行し、そのあとで客車操車場が分立するという段階を踏んだ。したがって、駅の客貨分離とは異なり、駅からの分立の段階的差異というかたちで進行したとみるべきであろう。(52)

品川の場合、前にふれたように、すでに新鶴見操車場の建設が一九二七年から開始され、一九二九年八月二一日開業していた。面積約二四万坪（約七九二万二九平方メートル）の広大な操車場で、このとき同時に品川・鶴見間の貨物支線（一七・八キロメートル、複線、通称品鶴線）が開業した。(53) この操車場はその規模からみて、品川貨車操車場の代替が十分可能であった。ただ、前にみたように（注（30）（31）参照）、この段階では、まだ品川・鶴見間の大森、蒲田、川崎各駅の取扱貨物があり、この処理のために、品川貨車操車場を全面的に明け渡すことはできなかった。

しかし、一九三〇年代にはいると、全面的な客車操車場への移行が実現した。この問題をみるためには、一九三〇年代前半における東京・品川間改良の推移がこれに密接にからみあっているので、この問題をさきに見ておく必要がある。

復興費による田町・上野間の線路増設工事は、一九三〇年復興費が打ち切られて繰り延べられた。世界恐慌による事業投資の削減がこのときに実施されたのである。(54) しかし、一九三一年以降、満州事変を契機とする輸送需要の増大により、ふたたび線路増設の計画が立てられた。そして、一九三五年第六七帝国議会で鉄道改良費による東海道本線東京・品川間線路増設（六九五万円）が協賛を得て、決定された。(55) こんどは市街線の改良ではなく、幹線の改良というかたちがとられた。(56)

東海道本線の改良については、一九二五年一〇月八日鉄道省に「東海道線其他輸送力調査委員会」が設けられ、

表5-3　収益・資本勘定中支出・益金、改良費・建設費の関連（帝国鉄道特別会計決算）

年度	収益勘定支出合計	同差引益金	同資本勘定へ繰入れ	(A)資本勘定改良費	A＋B比率	(B)同建設費	A＋B比率
	（千円）	（千円）	（千円）	（千円）	%	（千円）	%
1920	422209	54358	53858	108167	64.7	59027	35.3
1922	501410	131529	131529	138512	67.1	68044	32.9
1924	550274	129819	129819	132640	69.8	57292	30.2
1926	562485	130907	130907	153274	76.2	47953	23.8
1928	628714	135876	135876	139635	72.9	51824	27.1
1930	552573	75587	45587	66736	61.5	41716	38.5
1932	530996	61080	61080	51991	52.1	47743	47.9
1934	674411	100897	100897	67663	58.6	47794	41.4
1936	796098	145462	145462	89446	67.1	43923	32.9

（注）日本国有鉄道編『日本陸運20年史』1956年，466―467頁、472―473頁により作成。

翌一九二六年九月二八日東海道線の輸送力調査を終えた。その報告書が、前掲の『東海道線輸送力調査報告書』である（注（49）参照）。この報告書では、旅客・貨物とも一九一四年度～一九二五年度の輸送実績を基準として一九四一年度まで（貨物は一九三六年度まで）の、輸送数量を最小自乗法により求め(57)、これに対応する輸送量の増加を推定した。これによると、東京・大船間の場合、一九三一年度で一二五・四回（旅客―急行一一、直行八、地方五七・六、計七六・六回、貨物―急行小口六・二、普通小口六・六、直行一三・六、その他をふくめ四八・八回）、一九四一年度で一八七・二回（旅客―急行一六、直行一三、地方八四・八、計一一三・八回、貨物―急行小口九・六、普通小口九・八、直行二〇・二、その他をふくめ七三・四回〔以上一日平均〕）という結果が出た(58)。

このような輸送量の推定に立って、輸送力増強の計画は進められていた(59)。とくにそこでは、ラッシュ・アワーにおける行きづまりが問題になっており(60)、このことは幹線の場合でも、大都市周辺では通勤輸送対策が必要となっていたことを示している。

第六七議会で成立した東京・品川間改良計画は、まさにそのような通勤輸送対策を織り込んだ計画であった。一九三六年三月鉄道省が省議で決改した運転系統は図5-2のように、東京・品川間の増設線路（複線）

図5-2　東京・品川間急行線計画図

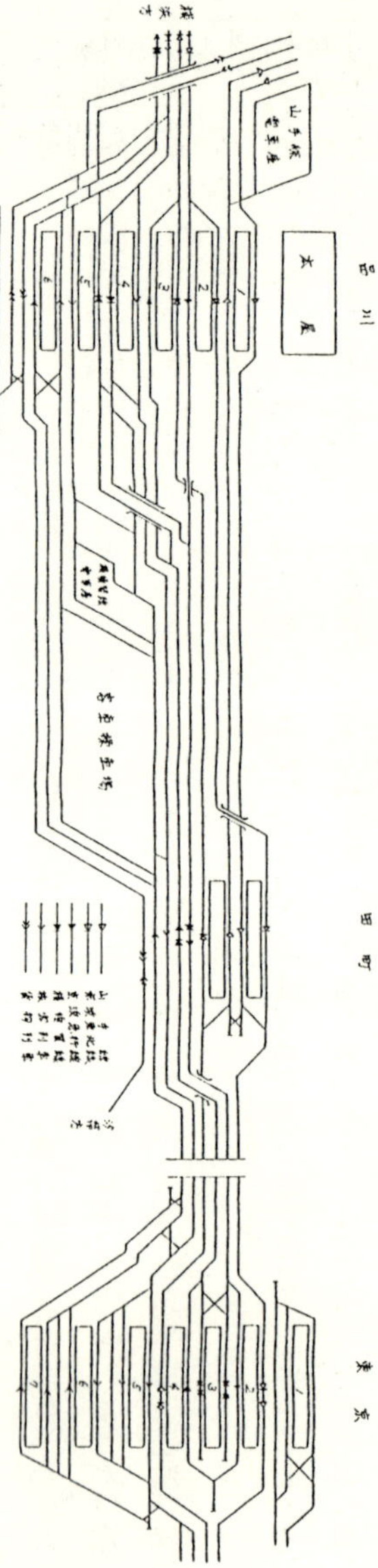

（注）日本国有鉄道編『鉄道技術発達史』第2篇「施設」Ⅱ、116, 117頁収載の図をもとに、松下秀樹「東海道線東京・品川間線路増設工事概要」（『土木学会誌』第23巻第12号、1937年12月）1380頁によって手を入れた。

に、京浜東北線（一部）と横須賀線（全部）の電車を運転し、途中の停車駅は新橋駅のみとするというものであった。その理由は東京・品川間旅客列車線の飽和状態緩和のため横須賀線電車を分離する必要があること、(61) 京浜東北線と山手線とはそれぞれ混雑時四分間隔で品川・田端間は併用運転のため二分間隔となっているが、山手線の旅客増加率は緩慢で他の交通機関への転移も予想されるから、京浜東北線との併用運転はそのままとし、とりあえず京浜東北線横浜方面の改善を実施すること、(62) これらの理由から京浜東北・横須賀線急行運転の構想がまとめられたのである。(63) この構想によると、品川駅ではホームを増設して六本とし、つぎのような使用方法をとることとなった。

第一ホーム　山手線内回り、外回り

第二ホーム　京浜東北線上り緩行、上り急行

第三ホーム　京浜東北線下り急行、下り緩行
第四ホーム　旅客線上り、横須賀線上り
第五ホーム　横須賀線下り、臨時旅客上り(64)
第六ホーム　旅客線下り、臨時旅客下り(65)

前にふれた山手、京浜東北両線電車のホーム集約使用は、これによって実現できる。山手、京浜東北両線電車の田町・田端間分離運転は、この計画では実現できないが、この改良計画によってかなり思い切った施設の再編成が可能となった。(66)すなわち、この段階で品川貨車操車場の新鶴見への全面移転が本格化し、新鶴見操車場は第二期工事が一九三七年一一月一一日完成使用開始(67)、これと並行して、一九三七年二月には品川客車操車場の工事を開始し、一九三八年には一部を使用開始した。(68)

これと同時に機関区などにも異動が生じた。電化にともなって一九二五年五月七日設置された田町機関庫（電気機関車用）は、翌年四月東京機関庫田町分庫と改称されたが(69)、品川客操建設、東京駅改良工事にともない一九四二年一一月三日品川駅構内に移転した。(70)品川機関区として貨物列車用の機関庫を受け持っていたが、貨車操車場の移転にともなって主力は一九三七年一二月新鶴見機関区に移り、同時に海側に移って規模を縮小、跡地に横須賀線電車用の田町電車区を設置した。(71)

以上のような機関の移転をふくめて改良工事は進められ、東京機関区、品川検車区(72)、田町電車区を東海道本線旅客上下線がはさむ、いわゆる抱込式の配線によって、大規模な車両基地が形成されることとなった。(73)ところがこの計画は、日中戦争から太平洋戦争への時期にかけて障害がつぎつぎ起こり、ついに挫折した。最後に、この挫折の

過程と、その要因を見ておく。

三　日中戦争開始以降の品川駅の改良

品川客操建設の過程で、一九二〇年代から真剣に議論されてきた東海道・東北両方面の列車の相互乗入れの計画[74]はしだいにかげをうすくしていった。すなわち、運輸事務所の管轄のちがい、冬季東北方面の雪などによるダイヤの乱れの影響、東北方面の未電化状態による都心の煤煙汚染などが要因として挙げられたという[75]。こうして、品川客操は東海道方面、尾久客操は東北方面とほぼ分担がきまり客操建設は進んだ[76]。これと並行して駅のホームの建設工事も進んだ。

とくに、一九四〇年が「紀元二六〇〇年」にあたるというので、祝賀行事や、東京オリンピック、日本万国博覧会などの記念行事が同年に予定され、そのための外客誘致などをふくむ輸送対策が課題とされていた[77]。ところが、一九三七年七月に開始された日中戦争が総力戦体制にはいると、改良工事にはさまざまな面で障害が生じてきた。戦争が鉄道輸送に大きな障害をもたらすことは言うまでもない。とくに日本の鉄道が、西南戦争以来軍事輸送で大きな成果を挙げ、鉄道の軍事的利用が積極的に計画・実行されてきた経緯は、いまここでくり返し述べるまでもない事実である[78]。満州事変前後から総力戦体制強化の要請にもとづき、年度ごとに陸軍当事者と鉄道省側は軍事輸送体制の計画の打合せを実施してきた[79]。そして、一九三六年帝国国防方針の改定により、ソ連、米国を主仮想敵国とする本格的な戦争準備が開始されると、国内鉄道の軍事輸送体制確立は緊急の課題となった[80]。

とくに、東海道・山陽両本線を幹線とする輸送体制は、従来品川以西一日四八個列車を軍事輸送に使用することとしてきたが、これはそのままとし、これに山陽本線二四、北陸本線一二、山陰本線一二、その他を設定するというのがこの段階の基本的計画であった。[81]

しかし、注（80）で見たように、この計画を実施する態勢はまったくととのっておらず、「鉄道省では各鉄道局の当事者を至急東京に招集して主要幹線の事変用ダイヤ作製にかかった」。[82]その結果東海道本線についてはまず二〇本（一日）、次いで三〇本の軍用臨時列車を、現行ダイヤに挿入した。[83]

この方式は、俗な表現を借りれば、泥縄式の対応というべきか、品川駅にしてみれば、客車操車場の工事が開始されたばかり、これから旅客ホームの増設工事を開始するという時期に、動員時には一日当り二〇～三〇本の軍用臨時列車を出発させなければならなくなったのである。品川停車場司令部が算定した品川駅の軍事輸送負担能力では、組成軍用列車（客車三～一〇両、貨車三〇両）で一日一二本、人員と器材（馬匹をふくむ）各別の列車では、客車編成列車（一五両）一日二四本、貨車編成列車（三〇両）一日二四本とされていた。[84]能力の限界いっぱいの負担である。しかも軍事輸送の負担は年々加重された。[85]とくに一九四一年七～八月のソ連にたいする作戦準備の動員、いわゆる関東軍特別演習[86]が決定的な契機となって、品川駅の改良計画は挫折の方向に向かった。[87]

一九三七年一一月一一日改正の列車運行図表によると、品川駅の列車発着回数はつぎのようであった。下り到着一三二、出発一三二、上り到着一二六、出発一三〇。[88]こののち一九四〇年一〇月一〇日改正の列車運行図表によると、下り到着一四九（二三）、出発一四九（一二）、上り到着一四〇、出発一四二（括弧内は汐留・品川間運転列車で別掲）[89]となっている。この増加以外に軍用臨時列車を仕立てると、[90]品川駅の列車容量は行き詰まってしまう。

この間ホームの増設工事は進み、一九四一年七月四日旅客下り本線を新設の第六ホーム（一一、一二番線）に移した。[91]この間に第四、第五ホームも完成しており、旅客上り、下り本線が客操をはさむ抱込式の配線がこれで完成した。[92] ホームの使用方はつぎのとおりである。[93]

第一ホーム　一番線　山手線内回り（品川終着）
　　　　　　二　　　山手線内回り
第二ホーム　三　　　山手線外回り
　　　　　　四　　　京浜東北線北行
第三ホーム　五　　　京浜東北線南行
　　　　　　六　　　東海道・横須賀線上り
第四ホーム　七　　　特種列車、空車回送
　　　　　　八　　　軍用列車、空車回送
第五ホーム　九
　　　　　　一〇　　｝東海道・横須賀線上り（予定）
第六ホーム　一一　　東海道・横須賀線下り
　　　　　　一二　　東海道・山手線相互、品川終着列車

このホーム増設によって第四ホーム八番線を軍用列車の発着に使用することが可能となった。[94] 貨車編成軍用列車の出発は、品川駅では貨物扱設備が南側の八ツ山寄りにあるため品鶴線に直通できるが、[95] 客貨混合の臨時軍用列車を組成するときは、車両の入換のための本線横断などが必要で、「十分ナル能力ヲ発揮シ得サルモノ」[96] という制約

があった。このような制約は、軍事輸送にたいするものだけでなく、一般の輸送にたいする制約となってはね返ることは当然であった(97)。

関特演輸送(98)はその意味で、品川駅の改良にとって決定的な打撃となった(99)。すでに京浜・横須賀両線急行運転のための工事もすすめられ、旅客ホーム北側東京方には、立体交差のための高架橋の立ち上りが施工されていた(100)。第四ホーム〜第六ホームの使用方式がどのような結果となるにしても(101)、改良計画によれば、軍用列車専用のホームはない。しかも新設の下り用第六ホームは駅本屋からの距離が長く、部隊の誘導に難点がある(102)。旅客上下本線の神戸方に亘り線を入れて第四ホーム八番線から出発させるほうが得策である。

以上のように軍事輸送の観点からすれば、品川駅改良工事は完成しないほうがよい。そして増設されたホームを軍用臨時列車の出発に専用すれば、ホームにおける一般乗客との隔離も容易である(103)。

注（99）に引用した『指導書』の文章は、そのまま、品川駅改良工事中止の要因を示している。「紀元二六〇〇年」の行事をはじめ「オリンピック」、「日本万博」のためにという平時的な目標をかかげて、幹線、通勤輸送力強化のために開始された改良工事は、すでに前年「紀元二六〇〇年」の式典のみが実行された段階で、その目標は失われた。そして、太平洋戦争という、より大規模な戦争の時期にかけて、改良工事は中途で挫折、戦時輸送体制に巻きこまれた。すなわち、一九四二年七月、東京・品川間の線路増設工事は中止された(104)。陸軍が出港地をなるべく西に移したいとして計画と工事を積極的に推進した関門トンネル(105)の第一線はまさにこの七月一日に貨物運輸営業を開始した。平時輸送のための改良工事の中止、戦時輸送のためのトンネル工事の完成が同時に実現したこと、それは鉄道の軍事的利用のあり方を端的に示す事件であった。

四〇年におよぶ品川駅の改良工事は、鉄道の経済的、社会的役割を基底においてすすめられてきた。それは一九一〇年代以降における日本の「近代化」の象徴をなしているともいえる工事であった。しかし、一五年戦争は、この意味での近代化を正面から蹂躪した。品川駅の改良工事の中止はそのような意味をもっていたと考えられるのである。

［追記］　一九八九年夏、品川駅第四ホームは、東日本旅客鉄道会社が開いたビアガーデンとしてにぎわっている。第二次大戦後各ホームの改築により、このホームがそのまま戦中の第四ホームとは言いがたいが、かつて軍用列車が発着したこのホームの変遷は滄桑の変を思わせるものがある。

注

（1）　以上の数字は東京南鉄道管理局編『汐留・品川・桜木町駅百年史』一九七三年、一九〇―一九一頁による。

（2）　もちろんこれだけでは品川駅の歴史の全体像を把握することは不可能だが、変貌の特質を描き出すことはできると思う。

（3）　個々の駅の歴史を叙述した業績は、鉄道部内編纂の、いわゆる駅史ものや、当該駅所在地の地方公共団体をふくむグループがまとめたもの、最近では、出版社による商業出版物（たとえば大正出版による新宿、上野、渋谷、横浜など各駅の歴史）などが見られる。これらは主として「開業××年記念」出版の色彩が濃く、最近いくらか周辺地域のなかに位置づける試みが見られる。上に挙げた大正出版刊行の駅史などはその成果といえよう。しかし、鉄道史の分析視点はまだ十分に成熟しているとはいえない。『大宮駅一〇〇年史』（一九八六年）は事実から遊離した仮説を立てて論証不能に陥っている。また注（1）に挙げた『汐留・品川・桜木町駅百年史』は、事実の取捨自体に欠陥があり、とうてい駅史の体裁をなしているとは言いがたい。Helmut Maier, *Berlin Anhalter Bahnhof*, 1984, Korrigierte Auflage, 1987 や Rainer Knothe, *Anhalter Bahnhof*, 1987（両者とも Verlag Ästhetik und Kommunikation）、駅そのものではないが、都市と駅のかかわりを論じたものとして、Karl Endmann, *Düsseldorf und Seine Eisenbahnen*, Motor Buch Verlag, 1986 や Carl W. Condit, *The Port of New York*, 2 vols., Chicago University Press, 1981 などにみられる精緻な分析がわれわれにも求められる。なお Condit には Cincinnati における都市と鉄道との関係を論じた *The Railroad and the City*, Ohio State University Press,

1977というすぐれた業績がある。また Alan A. Jackson, *London's Termini*, David & Charles Ltd., 1969, Revised ed. 1985もロンドンにおけるターミナル駅の発達を社会史的技術史的な視点から分析している。以上のような個々の駅から発想する歴史的分析とは異なり、Richards, J. & Mackenzie, J.M., *The Railway Station*, Oxford University Press, 1986には"A Social History"という副題がつけられているように、駅の歴史を社会的諸現象の中に跡づけた好著である。筆者は、一九八四年度交通史研究会大会のさいの報告を、「鉄道の発達と駅」という小論にまとめ（『交通史研究』第一二号、一九八四年一二月）、ここから出発して、『駅の社会史』（一九八七年）を刊行したが、分析の方法を確立しているとはいえない。本章は、一九八六年一二月一三日鉄道史学会例会で発表した「駅の構造と機能」をもとに、品川駅の分析を通じて、これまで模索してきた分析方法を再検討しようとする試みである。

（4）　繭・生糸の輸送については、拙稿「日本の工業化と鉄道網の形成」（『社会経済史学』第四八巻第五号、一九八三年）参照。しかしこの輸送に対応するための、品川駅の設備改良の内容は明らかでない。一八八七年（明治二〇）八月日本最初の連動装置を設置したという記述は『鉄道技術発達史』第五篇「運転」、一九五八年、七五頁などにみられるが、事実の確定は困難である。

（5）　鉄道省篇『日本鉄道史』中篇、一九二一年、一五九頁。この線路は一八九四年七月起工、八月竣工、延長七二チェーン（約一四四〇メートル）。このとき神奈川・程ヶ谷（現・保土ヶ谷）間直通線も建設された（同年八月起工、九月竣工、延長二マイル一六チェーン（約三五八〇メートル））。参謀本部は、こののち軍事輸送の見地から線路の分岐方向、停車場の規格についての要求をまとめ、これを鉄道局に要請した（参謀本部編「鉄道線路連接ノ方向及停車場構築ニ関スル要求」一八九六年および一八九八年、『明治期鉄道史資料』第Ⅱ期第2集第二一巻に復刻収録、一九八八年）。

（6）　第三線の使用については『日本鉄道株式会社沿革史』第二篇、二六五頁（『明治期鉄道史資料』第Ⅰ期第2集第二巻に復刻収録、一九八〇年）による。品川駅の移転については『明治三十二年度鉄道作業局年報』九八頁（『明治期鉄道史資料』第Ⅱ期第1集第三巻、一九八八年、所収）による。なおこの年度と翌年度の『鉄道作業局年報』を比較すると、新橋・品川間の営業マイルは三マイル一八チェーン（約五・二キロメートル）から三マイル四チェーン（約四・九キロメートル）に変更されている（前者は『明治三十二年度鉄道作業局年報』一六六頁、後者は『明治三十三年度鉄道作業局年報』二〇七頁)。これは駅中心が新橋寄りに移転したことを意味すると推測される。

(7) この間の経緯は『日本鉄道史』中篇、一六〇頁以下、森早苗「東京市街高架鉄道建築概要」(『帝国鉄道協会会報』第一六巻第四号、一九一五年)二二頁以下による。また線路選定および高架橋の構造については鉄道作業局工務顧問として計画にたずさわったF. Baltzer の "Die Hochbahn von Tokio". Sonderdruck aus der Zeitschrift des Vereines deutscher Ingenieure, 1903、がある(この史料については鈴木正章氏の御教示を受けコピーの提供をいただいた)。

(8) 『日本鉄道史』下篇、一八四頁による。

(9) 同右、下篇、一七六頁による、こののち、一九一〇年六月二五日有楽町駅まで、同年九月一五日呉服橋仮停車場まで電車運転を延長(以下複線)、一九一四年一二月二〇日東京駅開業により呉服橋仮停車場を廃止、新橋駅は汐留駅と改称、東海道本線の起点を東京駅に移し、東京・品川間の四線運転を全面的に開始した。

(10) 日本国有鉄道編『鉄道技術発達史』第二篇「施設」Ⅱによると、一九一〇年という(同書、一一五一頁)。

(11) 日本国有鉄道編『日本国有鉄道百年史』(以下『国鉄百年史』と略称する)第六巻、二〇九頁による。

(12) この操車場は一九一二年夏着工、一九一七年三月完成、用地約三〇万七〇〇〇平方メートル、線路延長約三九・二キロメートル、長さ(南北)約二六〇〇メートル、幅(東西)約二八〇メートル、仕訳能力一日一六〇〇両、ハンプの完成は上野方一九一五年九月一〇日、王子方一九一六年二月一四日、日本最初のハンプといわれる(『鉄道技術発達史』第二篇「施設」Ⅱ、一一五五頁、守田久盛ほか『鉄道路線変せん史探訪』Ⅲ、一九八三年、二九頁)。

(13) 一九一二年ごろに田端駅で取り扱う貨車の両数は一日一五〇〇両に達していたという(『鉄道技術発達史』第二篇「施設」Ⅱ、一一五一頁)。当時東京には汐留、秋葉原、隅田川などの貨物駅があり、品川、田端の操車場設置は、これら貨物駅や近傍駅における分解・組成業務の集約をはかる意味もあったようである(品川については「京浜間鉄道線路及停車場改良工事概要」(『鉄道時報』第七九六号、一九一四年一二月一八日)参照)。

(14) エー・キョヲリン、エム・ヲーダー『停車場設計原論』(久野知義校、斎藤真瀲訳)四頁。第四章でも紹介したが(一三四頁)この書物は、改良工事を進めるうえでのテキストとして鉄道院が翻訳したと考えられる。停車場改良が本格化してきたこのころ、欧米の最新技術を導入しようとする動きがこのようなかたちをとって現われてくる。貨物駅から外れるが、欧米の停車場の写真、図を編集した『欧米各国主要停車場図集』が鉄道院から刊行されたのは一九一三年五月である（この本の編者は鉄道院技手小笠原鈅、校閲鉄道院工務課長岡田竹五郎、同技師竹内季一となっているが、発行者は小笠原名義である）。

（15） 以上の記述は John A. Droege, *Freight Terminals and Trains*, 2nd ed., McGraw Hill Book Co., 1925, p.69 による。

（16） 同右書によると、一九一〇年代末、ニューヘブンに建設されたセダーヒル操車場は、一一六〇エーカー（約四七万平方メートル）、長さ六マイル（約九・六キロメートル）、幅〇・五マイル（約八〇〇メートル）、線路延長九五マイル（約一五万二〇〇〇メートル）、一日の仕訳能力一万一〇〇〇両であった（同書、七五頁）。

（17） 新橋（のち汐留）・品川間には、前掲「京浜間鉄道線路及停車場改良工事概要」によると「貨物連絡用複線蒸汽線を加へ」という計画であった。現実には一九一四年一二月二〇日に一線増設。

（18） 前掲『停車場設計原論』五八頁。

（19） 前掲「京浜間鉄道線路及停車場改良工事概要」。なお『国鉄百年史』第六巻、二〇九頁参照。

（20）『鉄道技術発達史』第二篇「施設」Ⅲ、一一五一頁、この施設は、のちに一九三七年客車操車場開設というかたちで発展する。

（21） 京浜間電車運転開始のさい、電車ホーム二面を使用開始したか否かは不明である。一九一九年三月三一日、田町・品川間の京浜・山手両線電車線路を分離し、四線運転としたが、このとき、品川駅の電車ホームを二面としたとも考えられる。しかし、二面使用開始後も京浜下り線は東海道旅客上り線用の第三ホームを使用していた。この点については後述する。なお品川駅の両線電車線路別運転の配線を田町駅で方向別運転の配線とするため、田町・品川間で京浜上り線が山手内・外回り線を乗り越す立体交差工事は後述の関東大震災における田町・上野間山手・京浜両線分離運転のための改良工事によるもので、一九二七年五月一二日完成、使用開始という（鉄道図書刊行会編『国鉄電車発達史』一九五九年、四七頁）。

（22）『日本鉄道史』下篇、一八四頁。

（23）（24） 前掲『鉄道線路変せん史探訪』Ⅲ、一二一頁による。なお同書によると工費は一四七万円としている（同書、一二二頁）。この数字は、「品川グラビチーヤードの設計」（『鉄道時報』第七六七号、一九一四年五月三一日）に掲げてある予算九九万五〇七〇円をかなり超過している。

(25) 東京市および周辺地域の人口の変化はつぎのようである(単位:人)。

年次	東京市	周辺地域
一九一一	一九〇万八八〇九	六五万三九二八
一九一五	二三四万七四六三	八一万一一五〇
一九二〇	二一七万三三〇一	一一七万七四六三
一九二五	一九九万五五六七	二一〇万四二六三
一九三〇	二〇七万〇九一三	二八八万九九二六

東京市役所編『東京市域拡張史』一九三四年、六七頁による。周辺地域は、北豊島、荏原、豊多摩、南葛飾、南足立の五郡を指す。一九三二年一〇月一日の東京市域拡張(三五区制実施)のさいには、この五郡と北多摩郡千歳村、同郡砧村が合併の対象になった。

(26) 東京鉄道局電車掛編『省線電車史綱要』一九二七年、三六頁。

(27) 東京市役所編『東京市郊外に於ける交通機関の発達と人口の増加』(一九二八年)によると、一九二〇年と一九二五年の国勢調査の結果人工増加率の最高は荏原町(七・四八倍)、ついで杉並町(五・五倍)などであった(同書、二頁)。この報告は、東京の都市拡大と交通機関との関係を調査した基礎文献であるが、とくに人口増加の具体的事例は参考資料として貴重である。

(28) 青木栄一「都市化の過程における鉄道交通網の形成と変質——東京周辺における鉄道交通網を例として」(『交通文化』第三号、一九六四年)参照。

(29) 山手線電車は、一九二五年一一月一日東京・上野間の開通により環状運転を開始、平常時一二分、混雑時五~七分間隔、京浜線は同時に上野まで運転区間を延長(京浜東北線)となり(一二月から一部は田端まで延長)、平常時一二分、混雑時六分間隔となった(前掲『国鉄電車発達史』五〇頁)

(30)「東海道線列車運行図表」(一九二五年三月二五日現行、一九三〇年一〇月一日改正同年一一月五日訂補)および「横

浜・中央・山手線列車運行図表」（一九二五年七月一日改正、一九三〇年一二月二〇日改正）により算出した。不定期列車などをふくんでいるので、実際の日常的な発着回数よりは多いことも考えられるが、臨時列車はふくまれていない。品川の場合、のちにふれるように、軍用列車の発着が大きな意味をもつことに注意する必要があろう。

（31）この電化は、電気機関車の故障が多く、中・近距離旅客列車の全面電機牽引化が一九二八年五月一六日となっている。それまでに電気機関車の次位に蒸気機関車を連結する電蒸重連、電気機関車二両による電電重連など、故障対策を主とする保障措置の段階が踏まれた（東京鉄道局運転課編『東海道線電気運転沿革誌』一九二八年、四頁、一四三頁）。

（32）東京・小田原間、東京・横須賀間の電車化は、電化工事の当時かなりはやい時期から計画されていた（藤田枚二「東京・小田原及横須賀間旅客列車運転ヲ電車ニ依ル場合ト電気機関車ニ依ル場合トノ諸経費比較」〔一九二三年〕、東鉄運転課電車掛「横須賀線電車試運転報告」〔一九三〇年〕など。なお後者は、一九三〇年一一月六日、横須賀線専用モハ三二形電車の試運転報告書である）。電車化によって横須賀線は平常時の一時間間隔運転が三〇分間隔（混雑時一五分間隔）となり、運転回数が増加したばかりでなく、到達時間は一九二五年当時の一一四分が一九三〇年電車化後六八分に短縮した（鉄道省編纂『汽車時間表』一九二五年一月号、一九三〇年一〇月号。なお前掲『国鉄電車発達史』によると、一九二九年八月の同線電車試運転で下り七一分三〇秒、上り七二分、一九二九年一二月一一日の試運転で下り六八分、上り六七分の結果が得られたという〔同書、九二頁〕。また前述一九三〇年一一月六日のモハ三二形試運転では、運転時分のみでは下り六一分三〇秒、上り六三分〇六秒、最高速度時速九一・〇キロメートルを出した〔「横須賀線電車試運転報告」による〕。六八分運転の水準はここでも保障されたといえよう）。

（33）前掲「東京市街高架鉄道建築概要」一四頁。

（34）『省線電車史綱要』五二頁、V-一-四図(二)による。

（35）田町・品川間で京浜北行線が山手線をオーバークロスし、田町駅で方向別運転の方式をとるようにする改良工事は、この計画によるものといえよう。注（21）参照。

（36）『省線電車史綱要』の図V-一-四(二)によると、昭和初年の段階でこの集約が実現していたように読み取れる。しかし、同書の図Ⅴ-一-三、電車区間各駅平面略図（大正一五年三月末日現在）では、まだこの集約は実現していない（同書の刊行は一九二七年三月）。さらに、一九三九年の品川客操平面図（『鉄道技術発達史』第二篇「施設」Ⅱ、図-一一八、一一一五頁）でも集約はおこなわれていなかったことがわかる。

（37）鉄道省には、「東京市の電車高架線の如き、主として都市の地方的交通に関するものは、これに対して計画の資金を投ずることは、国有鉄道として最も疑問とする処なり」という立場があった（鉄道省運輸局〔鉄道書記官中山隆吉執筆〕『鉄道運送施設綱要』一九二八年、一九六頁〔『大正期鉄道史資料』第2集第五巻に復刻収録、一九八三年〕）。改良費と建設費との関係は、いわゆる改主建従、建主改従など、当時の政党政治体制下における大きな問題であった。ここでは直接この問題にふれないこととする（拙著『日本の国鉄』一九八四年、八〇頁以下）。一九二〇年代末改良費と建設費との合計額のうち改良費が七〇パーセントを超えた時期に田町・上野間改良が計画され、恐慌後改良費の総額と比率が低下したのち、これが復活する時期に後述の東京・品川間線路増設が計画されている。

（38）東京駅の最初の設計のさいに、東北方面の列車は品川駅で仕立てて東京を始発、終端駅とし、東海道方面の列車は田端で仕立てて東京を始発・終端駅とする計画があった。これはベルリンのフリートリヒ・シュトラセ駅の例を模倣したものという（『鉄道運送施設綱要』一八二頁）。この方式は、一九三〇年代なかばまで改良計画を支配していくのである。

（39）『鉄道運送施設綱要』三三八頁参照。

（40）検車所と客車操車場との相異点を明らかにすることは困難である。規模の拡大、制度上の異動（操車場は停車場の一種）を指摘できる程度かと思われる。

（41）鉄道省工務局計画課調「東京付近に於ける国有鉄道改良計画に就いて」五七―五九頁。

（42）前掲『鉄道路線変せん史探訪』Ⅲ、三六頁による。『鉄道技術発達史』第二篇「施設」Ⅱ、一一一七頁では貝塚信号場としているが、いずれが正しいか不明である。ここでは仮に貝塚信号所と表記しておく（一九二一年一〇月一四日制定の「国有鉄道建設規程」〔鉄道省令第二号〕により、信号場は停車場、信号所は停車場でなく常置信号機を設けた場所とされた）。このときは、王子駅長管理で、王子・貝塚信号所間客車回送線一線を開通させて使用した（前掲『鉄道路線変せん史探訪』Ⅲ、三六頁）。

(43) 日暮里・貝塚信号所間客回線一線開通のさいに設置(大臣達第八五七号)。

(44) 鉄道省告示第一一四号(貝塚操車場廃止は大臣達第四六一号)。このとき東北・信越方面の旅客列車は全部尾久経由となる。一九三一年四月一〇日、上野・尾久客操間に客回線一線開通、これにより、一九二六年一〇月一〇日開通の日暮里・尾久間客回線一線および一九二七年一一月に開通した上野・日暮里間の客回線一線と併せて、上野・尾久客操間の客回数は二線となった。

(45) 前掲「東京付近に於ける国有鉄道改良計画に就いて」六一頁。

(46) 『鉄道運送施設綱要』三三八頁。

(47) 前掲「東京付近に於ける国有鉄道駅改良計画に就いて」は、品川貨車操車場の将来について「現在の設備より多少規模を縮少することとなるべし」(同書、六三頁)としていて、客車操車場に明け渡すという見通しは述べていない。この報告の発表が一九二九年秋で、『鉄道運送施設綱要』の刊行が一九二八年四月であるから、明け渡し計画が一年後に消滅したようにも考えられるが、その経緯は不明である。なお注(53)参照。

(48) 一九二二年用地買収に着手、一九二五年八月第一期工事、一九二七年八月第二期工事完成、用地面積二八万平方メートル、一日の操車能力三五〇〇両(『鉄道技術発達史』第二篇「施設」Ⅱ、一一五三頁)。田端の場合、常磐線・総武・房総各線などとの連絡の必要があるので、貨車操車場を廃止することは不可能であったと考えられる。なお前掲『鉄道路線変せん史探訪』Ⅲは、大宮操車場の開設を一九二八年三月一日としている(同書、三六頁)。

(49) 貨物通過トン数(一日平均)について、一九一五年と一九二五年を比較すると、たとえば東海道本線大船・高島間(代表区間程ヶ谷・高島間)で三一三七トンから八一二九トンに、高島・品川間(代表区間入江・鶴見間)で三三八四トンから一万〇五七三トンに増加している(鉄道省編『東海道線輸送力調査報告書』一九二七年、二四—二五頁による)。

(50) たとえば、山手線の四線運転による客貨分離は一九一八年一二月二〇日品川・大崎間(四線)にはじまり、一九一九年一月二八日大崎・恵比寿間(四線)、さらに一九二五年三月二八日巣鴨・田端間の四線使用開始で完成した(『鉄道公報』一九一八年一二月一三日通報その他による)。

(51) 注(18)参照。客貨分離については、本書第四章参照。なお拙著『駅の社会史』一九八七年、六七頁以下でもふれた。

(52) 客車操車場として成立しても、操車場として独立した停車場となった事例はきわめて少ない。この点は貨車操車場も同様である。多くは駅に管轄される組織として位置づけられていた。したがって組織としての分立はあまり進んでいなかったとみるべきかもしれない。
(53) 新鶴見操車場『鶴操誌』一九三〇年、二頁、一一頁。
(54) 松下秀樹「東海道線東京・品川間線路増設工事概要」(『土木学会誌』第二三巻第一二号、一九三七年)一三八〇頁による。本書、表5-3参照。
(55) 同右、一三七九頁による。
(56) 前に『鉄道運送施設綱要』が指摘した改良費は市街線より幹線へという方向がここで実現したとみるべきか。注(37)参照。同時に、たとえ名目上としても、幹線改良という国家的な計画が都市交通改良に優先する傾向が生まれていたことは注目に値する。
(57) 前掲『東海道線輸送力調査報告書』三頁、一四頁。
(58) 同右、二二—二四頁。
(59) この調査の結論は、一九三六年の段階で、米原・京都間において、複線のままでは行詰まりが生ずるというものであった(同右、五七頁)。この結論の部分では沼津・京都間の想定運行図表を作成するという方式をとり、両端の東京・沼津間、京都・神戸間についてはふれていない。これは、この両区間とも改良工事(線路増設、丹那トンネル工事による線路変更など)がすでに実施中というところから省略したと思われる。
(60) 同右、五九頁、六〇頁など。
(61) 松下論文によると、東京・大船間の列車本数は混雑時一時間一五本である。これに東京・品川間では回送列車が加わるため、列車本数は飽和状態となる(前掲「東海道線東京・品川間線路増設工事概要」一三八〇頁)。
(62) 同右、一三八〇頁。
(63) この区間の輸送量は一日片道一三万五〇〇〇人、列車電車の運転回数は一日一三四〇回で、国鉄の旅客交通量の最大とされた(同右、一三八一頁)。

(64) 臨時旅客上り線が横須賀下り線の海側に出る（同一ホームをはさんで右側運転になる）のは、品川客操への入線を容易にするためか。臨時旅客下り線についても同様に客操からの引き出しを考えた配線と思われる。

(65) 『鉄道技術発達史』第二編「施設」Ⅰ所載の図では、第四ホームが旅客上り線、第五ホームが横須賀線上り、下り、第六ホームが旅客下り線となっている（同書、一一六—一一七頁）。前記構想とのくいちがいの事情は不明である。

(66) 鉄道省東京改良事務所編『品川客車操車場改良計画ニ関スル調書』（一九三六年）によると、品川客操は、たんに東京駅構内の客車取扱施設の移転ではなく、東京を中心とする輸送体系の変化のひとつとして一五年後を想定して構想を立てることを主張している（同書、一頁）。

(67) 前掲『鉄道線路変せん史探訪』Ⅲ、一二八頁。面積八二万七一五〇平方メートル、構内軌道総延長一二八キロメートル、一日の操車能力五六〇〇両、はじめてカー・リターダを設置した。

(68) 『鉄道技術発達史』第二編「施設」Ⅱ、一一一〇頁。もともと一九一一年五月設置の新橋検車所が、一九一四年一二月移転して東京検車所となり、これが品川客操に変わる過程は前に述べた駅構内の施設からの分立を示す。そして一九三九年東京検車区品川支区が設置された。すなわち、実際には操車場であるが、品川駅構内にある検車区という機関とされた（同書、一一一〇頁、注(72)参照）。この点は尾久も同様である。駅と検車区という別の機関として扱うなんらかの理由があったか、このあたり検討を要する）。なお機関庫、電車庫、検車所などの管理・検修機関は鉄道局現業機関名称・職制の改正により、一九三六年九月一日、「区」と変更された（『鉄道公報』一九三六年八月一七日通報、『国鉄百年史』第七巻、二二四頁）。

(69) 前掲『東海道線電気運転沿革誌』六三二頁。

(70) 東京駅編『東京駅要覧』一九五三年、二五頁。

(71) 着工は一九三八年一二月一五日、一部使用開始は一九三九年八月一〇日（『鉄道路線変せん史探訪』Ⅲ、一九八頁）。

(72) 東京駅の改良工事による第五ホーム使用開始（一九四二年九月二五日）にともない、同年一〇月東京検車区は廃止、品川検車区を設置、東京駅の検修設備は品川検車区東京支区となったという（『鉄道技術発達史』第二編「施設」Ⅱ、一一一七頁）。

(73) 旅客下り線の海測に移った品川機関区をふくめ機関区二、駅南部山側の品川電車区(山手線電車用)と、田町電車区とで電車区二、これに品川検車区と、合計五つの車両管理機関がここにはおかれた(車電区、車掌区などを除く)。

(74) 前掲『品川客車操車場計画ニ関スル調書』でも、相互乗入れの原則に立って、品川客操の計画を立てていた。

(75) 『鉄道技術発達史』第二篇「施設」I、一一二頁。

(76) 同書によると尾久客操では東海道線の臨時列車などを引き受けることができる態勢をとっていたという(同右、一一二頁)。

(77) 東京市役所『第十二回オリンピック東京大会東京市報告書』(一九三九年)では渋谷駅の改築などにふれている(同書、一四一頁)。日本万博は東京市の晴海と豊洲、および横浜市山下町を会場として、一九四〇年三月一五日から同年八月三一日までを開催期間としていた(『紀元二千六百年記念日本万国博覧会概要』一九三八年)。

(78) この点については、これまで『明治鉄道物語』(一九八三年)、『日本の国鉄』(一九八四年)などで指摘したが、まだ体系的な分析を示す段階に至っていない。私自身にとって将来の課題である。

(79) 参謀本部、陸軍省間の覚書により、陸軍省が主担任者となり、毎年福島県飯坂の鉄道療養所で開いた(『軍事鉄道記録』第二巻所収「支那事変初期内地鉄道に於ける軍事輸送」二頁)。

(80) 一九三七年飯坂会議で、従来の軍事輸送計画では十分な機能を発揮し得ないということになり、あらためて鉄道調整部を新設することとしたという経緯がある(同右、二頁)。すなわち本格的な戦争準備の段階にはいってみると、さまざまな欠陥が露呈し、再調整が必要となったのである。この段階で日中戦争が開始された。そのため総力戦体制に対応する軍事輸送体制は整っておらず、「年度協同作業で計画準備したものを根本的に検討してやり直すことに方針を定めたが一挙にこれを改むることは容易ならず、幸ひに数十年来訓練せられて居る精練なる鉄道現場職員の臨機応変の処置と日夜を分たざる献身的努力とに依り」(同書、三頁)、この軍事輸送は実施されたということになる。これによると、日中戦争における軍事輸送は総力戦体制にもとづく計画を欠いたまま開始された。陸軍内部でも陸軍省と参謀本部との間で主導権争いがあり、調整は困難であった(『軍事鉄道記録』第一巻所収「軍事鉄道輸送関係資料」)。そのため鉄道側が受けた輸送上の障害は想像を絶するものがあったと思われる。

（81）『軍事鉄道記録』第二巻所収「支那事変初期内地鉄道に於ける軍事輸送」五頁。

（82）同右、六頁。

（83）この報告では明確な事実の指摘が欠けているが、一九三八年からは軍用臨時列車の増加にともない、平時ダイヤの列車（主に貨物列車）の軍用への振り替えが実施されたようである。

（84）品川停車場司令部編『品川停車場司令部輸送業務実際的指導書』一九四二年三月、四五―四八頁。

（85）日中戦争開始以降、国内の鉄道による軍事輸送量（発送トン数）と全輸送量にたいする比率の推移はつぎのようである。

一九三七年	一八二八九八五t	〇・一%	一九三八年	二一一七八九一t	〇・二%
一九三九	二五五七六三六	〇・二	一九四〇	五八七五二四三	〇・五
一九四一	一〇五二九三七六	〇・七	一九四二	一四三二一六五四	一〇
一九四三	二四二五二一六八	一五	一九四四	二八〇八四九一三	一八

また軍用列車運転キロはつぎの通りである。

一九三七年	二四一八一四一km	（六六二五）	一九三八年	一八一三四二一km	（四九九三）
一九三九	一八八六九五一	（五一六七）	一九四〇	八六七〇二〇	（二三七八）
一九四一	二五三九三五九	（六九五七）	一九四二	一七九五二九五	（四九一九）
一九四三	一九八七九三一	（五四四六）	一九四四	二六六九〇七一	（七三一三）

（　）内は一日平均

以上『軍事鉄道記録』第三巻所収「大東亜戦間に於ける軍事鉄道記録」付表による。

（86）関東軍特別演習は、一九四一年六月二二日のナチス・ドイツによる対ソ開戦にともないソ連を攻撃する目的のもとに七月二日御前会議（大本営政府連絡会議）で「情勢ノ推移ニ伴フ帝国国策要綱」を決定、これによって、七月一一日大本営陸軍部命令（大陸命）第五〇六号以下として具体化した（防衛庁防衛研修所戦史室編『関東軍』二、一九七四年、九頁、二一頁）。「大陸命綴」巻七所収の大陸命第五〇六号其一によると、「大本営ハ対蘇警戒戦備ヲ強化ス」として、兵力の動員派遣を命じている。この場合警戒態勢の動員称呼は百号、進攻態勢のそれは百一号とした。実際には第一次の動員（動員下令七月七日、動員第一日は七月一三日）は第百一次動員、第二次の動員（動員下令七月一六日、動員第一日は七月一八日）は第百二次動員とした（同書、二七頁）。

（87）品川駅からこの動員で出発した最初の部隊は、七月二一日六時五三分発姫路行第二九列車に乗車した第二八師団司令部（編成地東京）と第二八兵站司令部等二三四名のようである（「鉄道輸送計画表」第五六三号、七月一六日による）。品川以外の駅では、すでに七月一二日から輸送が開始されていた。品川からはこの日ほかに二本の軍用臨時列車が出発、以降連日軍用臨時列車の出発がつづいた。拙著『鉄道』（『産業の昭和社会史』8、一九八八年、一六八頁以下でこの点についてふれたが、いわゆる関特演輸送については不明な点が多い。その総量も、朝鮮総督府鉄道で、七月二一日から毎日一〇数本の列車が、貨車四〇両（換算二四両）の編成で北上したという程度の事実が述べられているが（鮮交会編『朝鮮交通史』一九八六年、五二七頁）、今後究明を要する点が多い。

（88）「東海道線列車運行図表」（一九三七年一一月一一日改正）による。この改正は同年七月一日の時刻改正直後に日中戦争が開始され、これに対応するために実施されたものであろう。

（89）「東海道線列車運行図表」（一九四〇年一〇月一〇日改正）による。以上の列車発着回数は、東海道線の旅客・貨物列車（横須賀線電車、山手線・品鶴線直通貨物列車、回送列車をふくむ）のもので、京浜東北線・山手線電車はふくんでいない。年々の増加がここにも反映している。

（90）平時ダイヤと戦時ダイヤとの移行手順については、鉄道省と陸軍との間で意見のくいちがいがあったようである（『軍事鉄道記録』第一巻所収「軍事輸送関係資料」五頁以下（ノンブルなし）。そのため平時ダイヤの列車を流用する方式をとり、必要の場合に大正年間に開発された平時ダイヤに臨時軍用列車を挿入する方式がとられたようである。

（91）『品川停車場司令部輸送業務実際的指導書』七六頁。関特演輸送開始直前であった。

（92）同右、三八頁の構内配線図による。このときも京浜下り線は第三ホーム（五番線）を使用していた。

（93）同右、三九頁以下による。

（94）このホームが完成する前は、京浜下り線と東海道旅客上りが使う第三ホームは使用不能なので、東海道下り線用の第四ホームを使うほかなかった。第四ホーム八番線からは品鶴線に直通可能の配線であった（『鉄道技術発達史』第二篇「施設」Ⅱ、一一一四頁、品川客操平面図〔昭和一四年〕。この点について、一九八六年一二月一三日鉄道史学会例会で報告したとき、鉄道史学会会員故吉江一雄氏から御教示を受けた〕。

(95)『品川停車場司令部輸送業務実際的指導書』一二二頁以下、一四〇頁以下。

(96) 同右、四六頁。

(97) 軍事輸送は、単に輸送態勢のみでなく、輸送当事者が威丈高に鉄道職員を圧迫し、そのために紛議を生ずる例が多かったという。〔『偕行社特報』第五二号、一九三九年一一月、所収「鉄道輸送指揮官と停車場司令官」三頁〕

(98) 陸軍側は「昭和一六年夏行なわれた関特演に伴ふ内地兵団の動員派遣輸送は、従来の訓練に総仕上を行なったものと見られ」とし〔復員局『鉄道作戦記録』一九五一年、八八頁〕、また杉山元参謀総長は村田省三鉄道大臣に感謝状を贈った〔坂田栄吉『国鉄血戦譜』一九四三年、二五頁〕。

(99)「本年〔一九四一年――引用者〕七月旅客下線ヲ現在ノ十一、十二番線ニ切換フ、尚上線モ九月切換ノ予定ナリシモ、軍事輸送ノ関係ニヨリ切換不能トナル」〔『品川停車場司令部輸送業務実際的指導書』七七頁〕。

(100) 現在も田町電車区構内にそのまま残されている。

(101) 注(64)(65)参照。

(102)『品川停車場司令部輸送業務実際的指導書』によると、出発部隊は品川駅西側のいくつかの邸宅に一時待機させ、京浜国道を横断して駅本屋から構内に誘導する手順を踏んでいた〔同書、一〇四頁以下、なお拙著『駅の社会史』一三四頁以下参照〕。これは道路交通の遮断だけでなく、駅構内における乗客〔多くは兵士の見送りの人〕整理上常に問題であり、移動距離は短ければ短いほどよいというのが実情であったと考えられる。

(103) 関特演以来、出発部隊にたいする歓送行事はいっさい禁止され〔前掲『関東軍』二、一二三頁〕、軍用列車は客車の窓の鎧戸、カーテン類を閉鎖して出発した〔『品川停車場司令部輸送業務実際的指導書』九二頁、一一一頁〕。

(104)『鉄道路線変せん史探訪』Ⅲ、一九九頁。

(105) この点については『軍事鉄道記録』第一巻所収「満州事変迄の鉄道に対する軍統帥部戦時運用準備の回顧」一四頁、に計画推進の経緯がふれてある。

補論　鉄道史研究における政策と技術

一　はじめに

鉄道史の研究は、近年とみに隆盛の道を歩んでいる。日本資本主義の発達過程における鉄道の役割、その位置づけという巨視的な視点と、一両一両の車両の履歴、文字どおりその軌跡を明らかにするという微視的な視点と、この二つの極が、かつては鉄道史にたいする関心を二分していた。(1) しかし、現在では、その間隙を埋め、さらに問題意識を前進させるすぐれた成果が数多く世にその真価を問う時代がやってきた。鉄道史学会という組織は、従来のアカデミックな色彩のつよい学会の常識を超え、各分野の専攻をもつ研究者はもちろん、それだけでなく、鉄道史につよい関心をもついわゆる鉄道愛好家という多彩な顔ぶれを会員に擁して成立している。このことは、鉄道史研究のこのような動向を反映しているといえよう。

一般に、歴史学が、従来の政治史、経済史、社会史、文化史（文学史、美術史といった分科の歴史をふくめて）といった固定された分野（それはまた大学における学部、学科編成に依拠するところが大きい）から解放され、同時に、地理学、社会学といった関連ないし隣接分野と連繋をつよめつつあるのは最近の傾向である。鉄道史は、その意味で、このような歴史学のあたらしい傾向をリードしているといってよいのではないかと思う。

このことに関連して、鉄道史には、もうひとつ大きな特質がある。それは、鉄道技術の発達を、鉄道史の流れの中に、どのように位置づけるかという課題が、かなり大きな比重を占めているということである。

従来の歴史学の各分野においても、技術史とのかかわりを重視しなければならないものは多かったはずなのだが、(2) 技術史的視点は、無視されるか、添えもの程度に扱われるかという傾向がつよかった。技術史的視点は、最小限に見ても鉄道という組織の発達過程を環境（自然をふくめた）と人間との関係において客観的な立場から認識するうえで不可欠な知識を提供するという役割をもっている。それは、方法論のうえから見た場合、対象の総体的把握のために、さらに対象の歴史像再構成のために、絶対に欠くことのできない要素をなしている。

とくに、鉄道史の場合、技術の発達過程についての分析を織りこまなければ、鉄道の発達過程を再構成することは不可能である。輸送力、輸送機能をふくめて、その背景にある実体が技術によって成立するからである。このような実体認識を欠いた分析は、鉄道史の部分像を提供するにとどまってしまうであろう。技術史を織りこんだ鉄道史の体系ないしは方法の確立という課題がここに生まれてくる。

産業史の各部門や、軍事史、戦争史、さらに社会運動史などをふくむ社会史、また生活史などの各分野でも、このような技術史的視点が要求されている。最近の研究動向には、このようなあらたな視点の導入がみられるようになった。しかし、まだ十分な展開を見せているとはいえない。技術は「理科」の分野、歴史研究者は「理科」によわい。だから技術史を避けて通る――といった論理がここにはある。しかし、これはもはや前時代的な発想である。明治の文明開化以来、先進文明に追いつくために、各部門の実用的知識だけを、つまり技術の表面だけを手わけして採り入れた。その弊害は、部門ごとのセクト主義を生み、文明の本質にたいする認識を鈍らせ、そればかりでなく、近代的人間像の本質認識を誤まらせたまま、現在の「高度成長」社会を導き出してしまった。研究者の姿勢はこの点で大いに責任がある。(3)

このあたりで、学問の方法に根本的な転回の見通しをつけないと、研究者は、ますます日本の誤まれる進路に追随・奉仕する結果となろう。

前置きがたいへん長くなって申し訳ない。しかし、鉄道史というあたらしい――実際にはそれほどあたらしい分野ではない。学問の体系として自立しはじめたという点からみて、あたらしいというのである——分野を、歴史の学問の体系として、各方面の人びとが力をあわせてまとめあげていく組織が発足した。この組織が、従来の、日本の学問のあり方に一石を投ずる使命をもっていると考えたこともあって、長々と書いてしまったのである。

もともと標題にかかげた私の報告は、こうした問題意識に立って、鉄道史学会の発足という機会に、日ごろ考えていることを述べさせていただいた。その由って来たる所以を、いまこの報告をまとめるにあたって、あらためて訴えさせていただきたかったのである。

以下、ほぼ報告の筋書きに沿って、「政策と技術とのかかわり」を述べたいと思う。未熟な幼い議論だが、何らかの御参考になればさいわいである。

二　技術自立の要請

この報告の主な内容は、日本の鉄道史を通じて、鉄道にかかわる政策と技術とが、どのようにからみ合ってきたかを概観することである。鉄道にかかわる政策といったのは、鉄道政策を交通政策の一環として位置づけるといった狭い意味でなく、そのような意味で鉄道政策が成立する前からの政治的・軍事的要請をもふくめて考えたいためである。いずれにしても、鉄道網の形成、輸送体系、輸送力などを規制する要因として、日本の場合には、政府、軍部による政策的規制がかなり大きな比重を占めていたと考えられる。そのような視点から政策の問題をとりあげたいと考えるのである。

技術という場合にも、鉄道技術として当初イギリスから導入され、その後自立していくいわゆる鉄道技術だけでなく、土木工事や車両製作に活かされた在来技術をふくめて考える必要がある。したがって、「政策と技術」という場合、いわゆる「鉄道政策と鉄道技術」というように限定しないで考えていきたいのである。

ところで、ここでは、ごく大まかに、日本における鉄道史を三つの時期に区切って考えていきたい。すなわちつぎのようである。(4)

Ⅰ　一八七〇年代～一九〇〇年代

Ⅱ　一九一〇年代～一九三〇年代

Ⅲ　一九四〇年代以降

このうち、Ⅰの時代は、創業から鉄道の国有化が成立するまでの時代である。Ⅱの時代は、資本主義の高度化、帝国主義体制という状況における交通体系整備の時代である。Ⅲの時代は、あるいはこれを一九五〇年代末期で前後に分けたほうがよいかと思うのだが、戦中・戦後にかけて、鉄道にたいする政策主体（政府、軍部、保守政党、財界等々……）が優位に立つ時代である。

およそ以上三つの時代について、おのおのの時代における「政策と技術」の問題を考えたいと思う。

まず、Ⅰの段階から検討をすすめることにしよう。いま述べたように、この時代は鉄道創業からはじまって鉄道国有化の成立に及ぶ。この時代はひとくちに言って、技術の自主的な体系が伴わない、政策優先の時期とみられる。すなわち鉄道建設の動機が、明治政府の中央集権制確立の目的から出たこと、さらに、一八七七年の西南戦争を契機として、軍部が非常のさいの動員輸送手段として鉄道に注目しはじめたこと、以上の政治的、軍事的要請が、鉄道網の構成や輸送態勢のあり方に大きな規制力となったのである。

まさにそれは「国家の鉄道」を標榜する政府・軍部の姿勢のあらわれであった。とくに、一八八三年の中山道幹線鉄道建設の決定、一八八七年参謀本部長の「鉄道改正建議案」、翌年参謀本部陸軍部の『鉄道論』刊行は、軍部の鉄道利用についての姿勢が日清戦争をひかえて次第に積極化したことを示している。一八九四～一八九五年の日清戦争における軍事輸送は、軍部のこのような準備を前提としていた。(5)

この間資金の不足から、官設官営という初期の原則を枉げて、一八八一年日本鉄道会社の創立が認められ、以後主要幹線網に私設鉄道が進出する。軍部は、日本鉄道会社創立時から軍事利用の条項を特許条付書に入れさせ、さらに、これら私設鉄道の線路を、官設鉄道の規格と同一にさせ、一貫、直通輸送態勢を確保させた。

政府もまた、これら私設鉄道の国有化をはかり、一八九一年井上勝鉄道庁長官の「鉄道政略ニ関スル議」をきっかけに、鉄道国有化の計画をすすめた。これは衆議院における民党の抵抗によってただちに実現せず、翌年鉄道敷設法として公布された。しかし、この法律によって政府は、鉄道網形成についての主導権を把握した。一九〇六年の鉄道国有法公布にいたる第一の布石であった。(6)

以上のような政治的・軍事的要因にたいし、このころから資本主義市場形成の側から鉄道網の形成にたいする積極的な動きがはじまった。日清戦争後、官鉄にたいして私鉄の優勢が顕著となったが、そこには、このような経済的要因が作用していた。しかし、このころまでに鉄道当局はもちろん、政府も、鉄道の機能を「兵商二途」すなわち軍事的機能と経済的機能とを並列させるかたちで、その鉄道政策を推進しようとする。(7)

そして、厖大な軍事輸送を実施した日露戦争の途中から、にわかに鉄道国有計画がすすめられ、日露戦争終了とともに、この計画は、単に軍事輸送の機能だけでなく、日露戦後における朝鮮・中国東北支配のための交通体系整備という要請にもとづく計画として法制化が急がれたのである。

本来鉄道に対する「下からの」要請として出てくる経済的要請が、この場合には、政府の政策の中に包含される。

鉄道国有にいたる過程をみるとき、まさにそこには「国家の鉄道」という態様が明らかに看取されるのである。

ところで、この時期とくに創業の段階に、技術はどのような位置づけを与えられていたか。建設・運営の全般にわたって、外来技術がその中心を占めていたことは言うまでもない。しかも、その技術は、政治的・軍事的要請が先行する状況のもとで、政府・軍部の意図に従属するという基本的性格を付与されていた。したがって、技術の進歩を要請・実現する主体は鉄道当局、軍部に集中するというかたちをとっていた。(8) しかるに、鉄道網の発達とともに、この集中が変化しはじめる。

この時期における技術の、以上のような基本的性格を前提として、いくつかの問題点を挙げてみよう。

第一に技術自立の問題がある。鉄道が外来技術によって成立したことは言うまでもない。しかし、当初の新橋・横浜間における建設のさいには、盛り土、地固め、石組みなどには近世以来の土木技術がそのまま使われた。六郷川橋梁（木造）の橋脚基礎工から、橋脚の組立て、桁材の据付けなど、また逢坂山トンネルにおける掘削工事などは、どちらかといえば在来技術を基礎にして、完成に導かれた。資材の場合も、イギリスから輸入した鉄製のポット・スリッパーより、国産の枕木のほうが、日本のような高湿の風土に適していることがわかり、国内で調達するように、雇イギリス人E・モレルが提言、これが実行に移されたという例がある。

車両製作の場合、客貨車の車体については、すでに一八七五年（明治八）以降、国産の木材部品を使って組み立てるという方式が採用された。停車場の本屋、乗降場上屋などの木造建築物は、これも国産材による建築がおこなわれた。(9)

以上のような在来技術と自給資材と、これらを外来技術と総合させ、同時に外来技術をマスターすることによって、外国人への依存から自立するという方式で、いわゆる自立過程が進行した。それは停車場の位置選定にも現われた。たとえば一八七四年開業の大阪駅は、その位置選定にあたって、鉄道頭井上勝が、工費と開業後の輸送能率とを計算し、当初計画の頭端式停車場を過通式停車場に変え、その位置も変更させた。(10)

このことは、第二の問題点、すなわち、技術の相対的独自性の成立という動きを導き出す。すなわち右記のような計画段階における技術官僚の自主的判断は、その後幹線建設計画において発揮された。すなわち、政策にたいする技術の相対的独自性の確立というあらたな動きである。一八八六年に、井上勝は鉄道局長官として中山道幹線鉄道を経路変更させて東海道幹線鉄道とした。この場合、井上は前もって部下の技師たちを動員して建設費、輸送能率などについての調査をおこなわせ、その結論から東海道経由を有利と判断した。(11)

もちろん、この経路変更に同意した陸軍の側に、来たるべき日清戦争を控えて、従来の防禦戦略から外征戦略への転換があり、動員輸送の能率を重視する姿勢がつよまっていて、そのことからこの変更に同意したという事情が推測されるのだが、技術官僚の主体的地位が、このような事件を通じて読みとれるのである。(12)

技術の自立が進んだ一九〇〇年代にはいると、この傾向はさらに顕著なかたちをとるに至る。すなわち、政策的要請にたいする技術の相対的独自性の確立という方向が急速に顕著なかたちをとっていく。この方向は、私設鉄道においてより顕著であった。私設鉄道各社は、私設鉄道条例によってきびしい規格を強いられ、さらに、一九〇〇年以降細部にわたる規格化を法制化された。(13)しかし、企業採算の確保という理由からいっても、独自の工夫を輸送能率向上のためにはらう鉄道会社が輩出した。とくに山陽鉄道や関西鉄道における輸送能率の向上には、独自の技術が、これらの企業内部ですでに高い水準に達していたことを示していた。関西鉄道が、二回にわたって官設鉄道と名古屋・大阪間で輸送競争を演じたのは、私鉄企業のこのような技術水準を背景としていた。(14)

三　技術自立の飛躍

鉄道国有は、日露戦争後の帝国主義体制に対応する鉄道の輸送機能を十分に発揮させるための体制をつくりあげた。それは政府・軍部、とくに軍部の主張が支配体制全体の意見を押し切るかたちで実現したものであった。したがって、ここでも、「政策」が優先するという態勢が主流をなしていた(15)。

日露戦争のさいの軍事輸送の経験が、そこでは第一の動機とされた。さらに、いわゆる戦後経営、すなわち第一に朝鮮および中国東北にたいする支配の強化と、そのための日本、朝鮮、中国東北をむすぶ交通体系の確立、第二に、国内における資本主義の高度化、重化学工業の確立とより大規模かつ広範な市場の展開と、この二つの条件を充足させるための鉄道網の充実、これらが、鉄道に賦課された、あらたな使命であった(16)。

したがって、鉄道に与えられた「国策」の要請はきわめて大きかった。それは、当時のヨーロッパ先進国においても、ほぼ同様の傾向として現われていた。たとえば、一八六〇年代から軍事輸送に重点をおいたドイツの鉄道は、いわゆるビスマルクの国有化から、さらに進んでベルリン・ビザンテイウム（コンスタンチノーブル、イスタンブール）・バグダットを結ぶ3B鉄道と、帝国主義的侵略の尖兵として鉄道建設を先行させようとしていた(17)。いわゆる自生型鉄道の元祖というべきイギリスでも、南アフリカにおけるボーア戦争以後、鉄道の軍事的利用に着目、鉄道にたいする国家の統制力をつよめつつあった(18)。全般に、私鉄分立から国有化へという傾向が、これら資本主義国家には一般化していった。それは、帝国主義体制における鉄道の役割を、これらの国家の支配体制が積極的に利用しようとした結果とみてよいであろう。

このように見てくると、日本における鉄道の国有化にも、このような法則性があてはまるように思われる。しかし、日本の場合には、この段階にいたって技術の独自性がよりつよまってきた。

一九一二年蒸気機関車の全面国産化への移行は、創業以来の技術自立の目標にひとつの段階を画した。この年開始された信越本線横川・軽井沢間電気運転の場合のように、電化技術は、電気車両をふくめて外来技術に依存する面を多く残してはいた(19)。しかし、蒸気機関車の全面国産化は、重工業の発達に伴う鉄道技術の自立をほぼ完成させたという点で画期的な意味をもった(20)。

そのような技術の自立は、同時に輸送力を強化するための改良事業によって、技術が独自の活動分野をひろげる可能性を、さらに大きなものとした。それらの多くは政策的要請にもとづいて着手された。しかし、そのような外的動因にもとづく事業を、独自的ないしは主体的な立場によって完成にみちびいていく場合が多くなった。しかもその立場は、政策的要請の基盤にある国家ないしは体制原理と異なる原理によってすすめられることが多かった。それは、資本主義企業としての、利潤確保のためという目的にもとづく、合理主義の原理というべく、すでに官設鉄道の段階から、鉄道作業局では、関西鉄道との競争などを通じて、利用者確保のためのさまざまな方策が実行に移されてきたが、国有後は、さらに徹底した合理主義の原則が、その営業活動や改良工事の技術を通じてあらわれてきた(21)。

鉄道院運輸局長となった木下淑夫のとった立場はこの点にあった。また私設鉄道から国有化によって国有鉄道に集った技術者のなかには、島安次郎のように卓抜した技術を活かす人も多かった。

後藤新平が鉄道院総裁として構想した広軌改築計画は、アジア大陸との一貫輸送態勢を確定するための政策的配慮から出たものであった。しかし、この計画を通じて、技術者は広軌改築による輸送力の増強を本格的に実現する機会を考え、そのための改良計画を推進した。[22] とくに第一次大戦を通じて、輸送需要が格段に大きくなると、幹線輸送、都市および近郊輸送の根本的な改良が必要となった。

改良計画は、広軌改築をもふくめて、線路の増設、工業地帯における線路網の充実と臨港線の強化、都市の停車場や線路の客貨分離、貨車操車場の改良・新設、電化・電車化の実現、列車単位の増大と速度向上、幹線の距離短縮および勾配・曲線の改良、重軌条化と信号自動化の促進、車両の連結器の自動連結器化など、多くの課題を設定して、これらをつぎつぎに解決していく態勢をととのえていったのである。[23]

東海道本線の全線複線化（一九一三年）、東京駅の開業と東京・横浜間の電車運転開始（一九一四年）にはじまり、一九三〇年の特急「つばめ」（東海道本線東京・神戸間）ないし、一九三四年の丹那トンネル完成にいたる改良の過程は、単に技術の発達とか進歩とかいうだけに終らない、むしろ技術が、国家的要請とは異なる別の次元において、積極的な役割を果したことを意味する。[24] しかも国鉄だけでなく、各私鉄が、資本主義企業としての採算確保の見地に立って、積極的な技術の開発をすすめたことは、特筆すべきものがある。都市および近郊の電車化による大量・高速輸送態勢の確立、中小私鉄の内燃動力化による経費の節減と輸送能率の向上など、各私鉄企業が、それぞれに輸送機能の効率化をはかった。それは、国家的要請とは別の、企業の要請にもとづく技術の展開であった。[25]

鉄道の技術は、この段階にはいって、国鉄・私鉄を通じてその独自的な活動の分野を切りひらいていったといえよう。それはヨーロッパの各国で、国家的要請にもとづく統制が、それまでの企業的要請にもとづく技術を従属化させていくのと逆に、あらためて鉄道本来の技術の基礎を確定するという方向を定めたということができる。当時、第一次大戦中からの、民衆運動の高揚が、いわゆる大正デモクラシーと呼ばれるあらたな風潮を呼び起こしつつあった。政府自体が、資本主義体制がもたらした矛盾の解決のために、社会政策を積極的に採用し、各地方自治体で、民衆の生活の実態を調査し、学校、病院、託児所、授産所、職業紹介所、公益質屋などの施設の整備に取り組むところが多くなっていた。共済組合組織や健康保険をはじめとする社会保険の制度が発足していった。

このような政策の配慮が、みずからの体制の維持という点から必然とされる時代となっていったのである。

鉄道技術の活動分野は、このような時代の風潮を背景に、その独自性をつよめていったとみられる。それは、いままてきたようなマクロな改良工事のあり方からはじまって、駅の階段の勾配、踏段の高さへの配慮、階段をなるべく使わなくてすむような接続駅の配線設計、時代の美的観念に適合するような停車場建物の設計、車両の座席設計における乗り心地への配慮など、いわばミクロな側面に及んでいった。

しかし、こうした動きにたいして、これを阻害する要因が、同時につよまっていた。軍部は、鉄道国有と同時に、軍事輸送態勢強化の方策を前よりいっそうつよく要請し、列車ダイヤの作成から、毎年の陸軍大演習輸送など、軍事輸送態勢の準備を恒常化させた。政党は、支配体制内部における比重の増大とともに、鉄道建設を代議士の「票田」強化の手段として利用する方向にすすんだ。[26]

とくに一九一八年に成立した立憲政友会の原敬内閣は、「建主改従」の方針をかため、広軌改築計画を葬り去った。これを手はじめに、一九二二年には鉄道敷設法を全面改正して、全国的な鉄道網建設の長期計画をすすめた。一九二〇年に設置された鉄道省は、陸上交通機関にたいする全般的な監督行政機関となっていったが、一九二九年の世界恐慌以後、陸上交通機関にたいする国家統制の中心としての役割をになうようになったのである。[27]

四　制約を受けつづけた技術

前にもふれたように、Ⅲの時代は、第二次大戦（または十五年戦争）の時期から占領下の時期にかけてをひとまとめにしただけでなく、その後のいわゆる経済復興期から高度成長期、そして現在にいたる時期をもこれにふくめてひとまとめにしたものだが、二つの時期に分けることもできる。ただ、ここでひとつの時期にまとめたのは、鉄道にたいする外部からの要請が、要請の主体はつぎつぎに変ったが、ほぼ一貫してその規制力を、鉄道にたいして及ぼしつづけたという理由によるものである。

さて、いま述べたように、一九三〇年代に、中国にたいする全面的な侵略戦争が開始されると、これを遂行するための総力戦体制がとられることとなった。このことによって、鉄道は戦争遂行のための必要不可欠な手段として位置づけられた(28)。第二次大戦後は、敗戦後の連合軍による占領という事態のもとで、鉄道は、戦禍からの復興のための輸送手段という使命より、占領軍のための輸送手段としての使命を優先させられた。

こののち、サンフランシスコ講和条約締結後、ようやく鉄道は、国内の復興のためにその使命を果すべき機会を得た。しかし、米軍を主力とする朝鮮戦争は依然としてつづいており、日本を極東戦略体制の前進基地とするアメリカの戦略は、鉄道の使命にもかげをおとしていった(29)。

さらに経済復興期から高度成長期にかけて、保守政党政権の確立、巨大企業による経済体制の確立など、日本の支配体制は、戦前のそれと大きく変ったが、これらの支配体制の要請は、鉄道のあり方にさまざまな影響をもたらした。とくに、政党の利害にもとづく建設の推進は、一九一〇年代後半以降の「建主改従」の方針と同様、過重な財政負担を国鉄に強要する結果となった。また独占資本の要請にもとづく貨物運賃の特定品目にたいする運賃据置きないし割引制度は、国鉄貨物収入の悪化の原因となった。

しかも、国内交通体系についての現状認識の欠如、将来計画についての混乱に加えて、エネルギー政策の転換は、鉄道に代わって自動車を国内交通機関の中心におきかえる結果をもたらした。これによって、交通政策は重大な混乱を引き起こし、鉄道の経営は、国鉄・私鉄を問わず常に存立の危険にさらされることとなった。(30)

すでに国有鉄道は、一九四九年占領軍の要請にもとづいて公共企業体として改編・再発足した。そして企業としての独立採算性を要求され、しかも、輸送機関としての主体性が認められないという、きわめて外的制約のつよい経営形態をとることを余儀なくされたのである。各私鉄の場合、都市近郊における通勤輸送を担当する大規模経営、地方の局地的輸送を担当する中小経営それぞれに、前者は厖大な旅客輸送を、後者は自動車にたいする対抗輸送を迫られていく。

このような条件は、鉄道創業以来はじめてというべき大きな制約として鉄道経営を規制することとなった。

もちろん、この間の鉄道技術の進歩はいちじるしいものがあった。一九三九年に計画がはじまった東京・下関間広軌新幹線計画は、鉄道国有直後から具体化した広軌改築計画を引きついだものとなった。それは当時の鉄道技術の最高水準をゆくものとして計画された。

しかし、この新幹線計画には、中国侵略を実行する軍部の要請が最大の力となってはたらいていた。いわば帝国主義体制の生み出した鉄道として、それは性格づけられていた。その意味で、世界的な水準を維持しつつ、植民地支配の手段となった南満州鉄道の性格に、非常に酷似するものであった。

第二次大戦中の技術水準は決して低下してはいなかった。車両の技術水準はむしろ高まっていた。しかし、労働力や資材の不足、検修の欠如がさらに連合軍による空襲その他の攻撃が、破滅的といえるほどの荒廃をもたらした。

敗戦から数年を経て、大規模な改良計画が立てられたが、占領軍の規制によって実現せず、改良計画が本格的な軌道に乗ったのは占領終了後であった。しかし、この間に、湘南電車・液体式気動車の使用開始によって動力近代化への第一歩が踏み出された。一九五〇年代なかばにはいると、幹線電化とくに交流電化の計画がすすめられた。この動力近代化は、一九五七年以降の第一次五か年計画の一環として位置づけられた。この時期にはじまる三回の長期計画は、経済復興から高度成長の段階にかけて、国鉄の改良をいちじるしく進歩させた。(31)

当時各分野で進みはじめた技術革新の動きは、国鉄、私鉄を問わず、輸送力増強のためのあらたな技術を生み出していった。この技術革新は、東海道新幹線のような画期的輸送手段となって結実する。それは、かつての広軌改築計画、広軌新幹線計画と、外部からの規制要因によって何回も挫折した改良計画がついに現実のものとなったという点で、技術の側面からみた場合画期的な成果であった。

しかし、この新幹線が開業して一九六〇年代なかば以降、高度成長とともに進歩したモータリゼーションは、鉄道の地位に大きな打撃を与えはじめた。国鉄の財政悪化、中小私鉄の廃棄、都市路面電車の廃止と、鉄道の地位は、その輸送比率とともに低下の一途をたどりはじめた。

しかし、大量・高速輸送手段としての鉄道は、現在もなおその存在理由を失うことなく、存続しつづけている。現在、このような状況にある鉄道の、再生の方法はどのあたりにあるのか、その問題を解くかぎが問われている。その場合、以上にみてきた政策と技術との絡みあいの歴史をたどることも、重要なかぎとなるのではないかと考えるのである。(32)

注

（1）私は一九六三年五月一〇日、当時発足間もない交通史学会の第一回定例研究会で「わが国鉄道史研究上の成果と問題点」と題して報告をおこなった。この報告は、その後加筆して、同会の機関誌『交通文化』第一号（一九六三年六月）に掲載されたが、そのなかで、第二次大戦後における近代史の研究の進歩にともなって鉄道史研究がかかえた問題点をつぎのように指摘した。「たとえば鉄道の役割を日本資本主義の発展法則で単純に割り切って、すべてが解明されたとする傾向、また鉄道の軍事的機能を一方的に強調する傾向、これらは山田盛太郎『日本資本主義分析』の画期的な規定を前進させるものではない」（同誌四〇頁）。この点は、「鉄道史研究自体にも戦前からの蓄積を発展させる弱さ」がはたらいているのではないかという反省によるものであった（同誌四〇頁）。さらに、この反省にはもうひとつ別の要素がはたらいていた。それは、「戦前からの研究には好事家的欠陥に走る危険性をもつ没問題意識的要素が一部にあり」（同誌四〇―四二頁）という点であった。この両者とも、私自身の姿勢のあり方から生まれた示唆によるものであったが、それはまた、当時の研究動向の二極性を示していたのではないかと思われるのである。

当時における鉄道史研究には、私の場合この二極性をどのように克服するかという課題がつきまとっていた。

（2）ここで言う技術史は、これまで政治史、経済史といった歴史学における分野構成の一部をなす分野として位置づけられてきた。そこには、歴史学としての分析の独自の方法や体系が成立していた。そのことが、政治史や経済史などの、これもまた独自の方法や体系をもつ分野からみると、異質の分野として位置づけられる結果をもたらしたのではないか。研究の対象そのものを峻別し、局限する結果が、これらの区分からは生まれることになる。私の立場は、これらの範疇的区分を除去して、鉄道という対象のなかから、研究者の問題関心に対応する素材を描き出し、これを分析の俎上に載せることはできないかというものである。そして、その場合に、技術史的視点は不可欠でないか、これが、私の問題提起である。この立場は、言うまでもなく技術史的立場の強調とか、技術史的体系の構築の主張とかいうものではない。

（3）技術は、本来手段としての性格をもつ。しかし、技術には、それを成り立たせるための社会的背景があり、それだけでなく、技術を手段として必要とする作業の目的、作業主体の姿勢のあり方と密接にかかわる側面がある。それは多くの場合、世界観や人間観のあり方とかかわっている。日本における文化受容の姿勢には、古くから「和魂漢才」といった技術の徹底的な手段化の特徴がみられた。そして、いわゆる文明開化にも、この特徴は引き継がれた。敗戦後の、いわゆる経済復興から経済高度成長の時期において、これを推進した技術革新は、同様に技術の手段的要素への局限によって進められた。このような傾向から眼をそらし、近代化過程における諸問題を扱う場合に、技術のあり方を分析の対象からはずしてしまうことは、歴史研究者として、近代化の基本的諸問題をとりにがしてしまうことにならないだろうか。従来の研究のなかに、ともすれば実体認識が十分に伴わない場合があり、それが方法的な鋭さにもかかわらず、分析の挫折要因を多くふくむものがみられた。このような実体認識の強化のためにも、技術史的視点は、さらに充足されなければならないであろう。

（4） 鉄道史における時期区分には、その対象や分析視角によって、いくつかの方法があると考えられる。『日本国有鉄道百年史』（以下、『国鉄百年史』と略称）の場合には、国有（官設）鉄道の歴史をつぎのように区分している。

Ⅰ　一八七二年以前をふくめ一八九二年まで　鉄道敷設法公布以降の時代

Ⅱ　一八九二年から一九〇六年まで　帝国鉄道庁・鉄道院の時代

Ⅲ　一九〇六年から一九二〇年まで　鉄道省の時代

Ⅳ　一九二〇年から一九三六年まで　戦時体制下の時代

Ⅴ　一九三六年から一九四九年まで　日本国有鉄道の時代

Ⅵ　一九四九年以降

これは、主として管理主体の推移による時期区分である。これと政策と技術とのかかわりという角度から見直した時期区分とを対比すると、ほぼ『国鉄百年史』の時期区分の二つの時期をひとつにまとめたようなかたちになっている。その両者の相互について具体的な関連があるか否かは不明な点があるが、必然的な関連はあると考えられる。

（5） もともと、一八六九年の政府首脳部と駐日イギリス公使パークスとの会談では、建設区間を東京、横浜と京都、大阪、神戸という日本の二つの中心地を結ぶかたちとした。この構想自体が、イギリスなどのいわゆる自生型の鉄道とのちがいを示している。日本の場合には、鉄道は、国家という存在を前提とし、その国家を目的として成立したというほかないであろう。明治政府は、そこに、後発性克服のための手段を設定したのである。官設官営という建設・運営方式は、明治政府のこのような姿勢から生まれた必然的結果とみられるのである。

（6）いつから、どのような動機にもとづいて鉄道国有化が政府によって唱えられるにいたったか、この問題については、すでに多くの研究がある。たとえば桜井徹「日本鉄道株式会社の資本蓄積条件と国有化問題――国家独占生成に関する準備的考察――」（『大阪市大論集』第二五、二六号、一九七六年八月、一九七七年二月）、同「山陽鉄道株式会社の資本蓄積条件と国有化問題――国有独占生成に関する準備的考察――」（『経済集志』第三四巻第四号、一九八〇年二月）などをはじめとして、私鉄の経営と国家の要請とのかかわりから論じたすぐれた業績が発表されている。その全過程については、『日本の鉄道――成立と展開――』（一九八六年）の第四章「鉄道の国有化」第一節、第二節（桜井徹執筆）が、日露戦争後におけるいわゆる戦後経営のあり方との関連を的確にとらえている。

（7）一八九一年一二月一七日第二回帝国議会衆議院本会議で、鉄道公債法案の第一読会にさいし、内務大臣（当時鉄道主管官庁鉄道庁は内務省の外局）品川弥二郎は、つぎのように提案の趣旨を説明した。「諸君、国富ミ兵強カラザレバ一国ノ独立ヲ保ツコト能ハズ、軍事上ニ於テモ又経済上ニ於テモ、最モ重要ナル利益ト云フモノハ、即チ鉄道ヲ以テ最大一トシナケレバナラヌ事ト考ヘマス〔中略〕鉄道ヲシテ斯様ニ兵商二途ノ要具タラシメ、其十分ノ効用ヲ収メントシマスルニハ、全国ニ鉄道ヲ普及シ、幹線・支線ヲ連絡シ、其交通ノ区域ヲ広メナケレバ、出来ナイ事デアリマス」（『第二回帝国議会衆議院議事速記録』一八九一年一二月一七日、第一六号、二三三―二三四頁）。この立場は、文明開化以来の富国強兵論が中心的な流れを形成している。しかし、鉄道官僚の意見には、鉄道のあるべき役割について、独自の立場が現われてきた。鉄道公債法案の上程と同じ一七日、同時に上程された私設鉄道買収法案の審議のさい、鉄道庁第二部長松本荘一郎は、政府委員として議員の質問にたいする答弁に立ち、つぎのように述べた。「鉄道ハ之ヲ使用シテ居ル所ノ利益ヲ計ルノハ、第二番目デ、之ヲ使用シテ居ル即チ公衆ノ便益ヲ大ニ図ラナケレバナラヌ、然ルニ其ノ便益ノ中デモ第一ノ要点ハ、何デアルカト云フト、即チ車両運転上ノ安全若クハ規則正ク時ヲ誤ラヌト云フコトガ最モ必要デアル」（同『速記録』二四二頁）。ここに、鉄道の公共性を尊重する鉄道官僚の独自の立場が表明されている。

（8）この時期の問題点については、本書第一章で論及した。導入技術の自立への展望を可能にするというこの時期の基本的方向が、政府、とくに鉄道官僚主導のもとに推進されたこと、ここに、鉄道技術の基本的性格が付与された。しかし、後述のように、また注（7）の松本部長の発言でみたように、鉄道官僚自身のなかに、技術の相対的独自性を生み出す素地もまたこの時期に形成されていくのである。

（9）（10） これらの問題は、本書第二章でとりあげた。鉄道技術官僚の、技術についての相対的独自性の立場が、すでに創草期から芽生えてきたことが、そこでは明らかにされる。しかし、そこにおける技術官僚の立場が、文明開化の基本的立場、ないしは技術導入の伝統的立場である「採長補短」から一歩も出ていなかったことは、この場合とくに注意を必要とする。それは、儒教的名分論としての尊主攘夷論の否認なしに開国さらに近代化の道を進んだ一九世紀後半以降の日本の進路にかかわってくる問題である。

（11） 井上の伝記『子爵井上勝君小伝』によると、中山道経由の工事は困難が予想されたので、「依って別法を案し秘かに東海道の要阨を測らしめしに意外の好果を発見し」（同書、三五頁）とある。しかし、当時鉄道局新橋建築課長であった原口要の回想によると、原口は「井上長官の意見も少しく東海道に傾いて居るのを見たから機乗ずべしと為し、数日の暇を請て横浜・小田原間に出張し、窃かに線路の踏査を試みやうとして湯本福住楼に一泊〔中略、御殿場越えがさして困難でないと確認して帰京、井上に名古屋までの調査のための出張を願い出ると――引用者〕、長官は之を承知した。併し正式の器械を以て測査するのは宜く無いと条件付の許可であった」と述べている（阪本生「原口要君」（二）『鉄道時報』第七三号、一九〇一年一月一五日）。原口は、こうして練達の技手一名（山村清之助）を伴って横浜・名古屋間を踏査し、箱根越えに二五‰の勾配を必要とする以外は、10‰の勾配に抑えられることを確認し、「東海道線調査報告書」と図面とを作成して提出した（前掲記事）。この記事には、山村技手の作成した概測図のトンネル、機器、勾配などが、その位置、長さなど、のちに精密な測量にもとづいて作成した図面とほとんど符合したとか、それまでの雇外国人の測量のさいの大名行列のような作業態勢を排したといった事実が述べられている（同「原口要君」（三）『鉄道時報』第七四号、一九〇一年一月二五日）。技術官僚のもつ技術・技能の成長、その主張がすでに明確なかたちをとって現われていることがわかる。

（12） 陸軍の戦略転換と線路の経路変更との関連については、これを裏づける史料をまだ発見するには至っていない。井上勝の伝記や、陸軍関係者の史料のなかにも、この件についての具体的な記述はまだ発見できない。しかし、一八八六～一八八七年の時期の戦略転換が、参謀本部陸軍部の『鉄道論』（一八八八年）における縦貫幹線建設などの主張を生んだことは十分に推測し得る。ただし、鉄道公債法案上程のさいの陸軍大臣高島鞆之助の説明は、外敵侵入を前提として鉄道の必要性を述べている（前掲『第二回帝国議会衆議院議事速記録』一八九一年一二月一七日、第一六号、一三四頁）。もっとも、これは議会における説明であることから外征戦略の立場に立って説明を加えることができないという条件を考慮する必要がある。

(13)　規格の法制化は、一九〇〇年（明治三三）に官設鉄道・私設鉄道両者に共通の規格を適用するかたちで実施された。これは、軍事的目的というより、増大する輸送需要への対応という面と、この年二月鉄道国有法案が第一四回帝国議会に提出されたという事情を考慮に入れる必要がある。この法案は審議未了に終ったが、一八九九年二月二三日に設置された鉄道国有調査会（勅令第四三号により同規則公布）によって、国有の条件のあり方が調査されていた（『国鉄百年史』第三巻、五二頁）。この調査会の結論が、そのまま規格の法制化に結びついたか否かは不明であるが、このような動きが、規格の法制化と何らかのかかわりをもったであろうと考えられる。

(14)　関西鉄道が官設鉄道と輸送競争を演じた背景には、関西鉄道がすでに資本主義企業として独自の経営体制をもち、これを高度な技術が支えていたことを示している。社長片岡直温の経営者としての資質をはじめ、同社には、すでに資本主義企業の経営体制についての基本的素地が形成されつつあったと考えられる。この点は、しかし、牛場卓蔵に代表される山陽鉄道の経営者にも同様に現われる特質であり、すでに、いくつかの私設鉄道企業で、そのような動きが起こっていたということであろう。

(15)　鉄道国有が日露戦争後の戦後経営についての構想と密着して実現した点については、『国鉄百年史』第三巻の第一章第四節（同書一二一頁以下）でふれている。また前掲『日本の鉄道』第四章（同書一〇一頁以下、桜井徹執筆）でも周到な説明がなされている。この場合、すでに資本主義企業としての基盤を確立しつつあった各私設鉄道の対応のあり方を無視することはできない。これら私設鉄道の経営のあり方、鉄道網形成とのかかわりなどについては、老川慶喜『明治期地方鉄道史研究』（一九八三年）に収められた老川氏の諸論文をはじめ、多くの業績がある。これらの業績については、すべてを網羅したリストとはいえないが、青木栄一「日本における鉄道史研究の系譜」（『交通史研究』第九号、一九八三年三月）に詳細なリストが挙げられている。

（16）日本における鉄道国有問題の構造的把握は、島恭彦『日本資本主義と国有鉄道』（一九五〇年）以来、「ビスマルク的国有」論を中心に展開した中西健一『日本私有鉄道史研究』（一九六三年）所収の第一部補論「いわゆる『ビスマルク的国有』について」など、国有鉄道を国家独占資本と規定する前提から議論が進められてきたように思われる。しかし、最近の研究動向は、このような前提を外して、もう一度国有化の実体把握から分析のメスを入れるという方向に転換し、それが、さきにあげた桜井氏らの業績を生み出したと考えられる。将来の課題は、第二次大戦後四〇余年のこの研究動向の上に立って、総合的な把握の方向を模索することではなかろうか。

（17）Edwin A Pratt. *The Rise of Rail-Power in War and Conquest, 1833-1914* (London, 1915). 第一次大戦中に書かれたこの本では、とくにドイツ帝国主義のアフリカ、中東、トルコへの進出と鉄道との関係を、第一八章以下で叙述していて興味深い。

（18）イギリスにおける鉄道の軍事的利用のあり方については、注（17）と同じ Edwin A. Platt の、*British Railways and The Great War; Organisation, Efforts, Difficulties and Achievements*, 2vols, London, 1921 の大著がある。これらの研究にくらべると、日本では、まだこの時期の問題についての総合的な分析は十分に進められているとは言いがたい。史料の採集自体が思うにまかせぬ状態で、上記のイギリスにおける研究のような、豊富な史料から事実を積み上げていく作業はきわめて困難な状況にあると言わざるを得ない。

（19）電化技術の自立過程は、それまで石炭を燃料として使う蒸気を動力としてきた鉄道に、大きな変革をもたらすことを意味した。このことから、単に輸送能率の向上や乗り心地の改善といった要因を超えて、国家全体の資源利用のあり方についての検討を前提として鉄道電化を考えるという状況がつくられた。それはたとえば、それまで、これも石炭を燃料としてきた艦船の動力が内燃機関依存に移行するといった問題ともからんでいた。したがって、電化方針の決定が、まずこのような条件のもとでどのようにして具体化したかを考える必要がある。さらに、外国からの技術の導入の時期に第一次世界大戦が開始されて、機器の輸入に大きな障害が生じたこと、またその後、たとえば国鉄が電気機関車を輸入したさいに、いわゆるワシントン体制成立前後における、アメリカ、イギリスにたいする外交的配慮が、輸入割当、輸入価格などに影響を与えたのではないかという推測など、さまざまな条件を考える必要がある。それだけに、一九二八年（昭和三）に、鉄道省と電気・車両メーカーとの協力によって、ＥＦ52形電気機関車の製作に成功し、これが電気機関車の規格化、標準化を一挙に実現したことは、電気部門における技術の自立という点で、きわめて大きな意味をもつといわなければならないであろう。この問題については、電化工事と電気車両の製作との両面から分析をすすめる必要があり、近い将来に、何らかの結果をまとめて発表する予定である。

(20) 蒸気機関車の国産化については、第三章でもふれたが、まだ本格的な分析の段階に進んでいない。個々の形式については金田茂裕氏をはじめ、詳細かつ的確な分析がすでに発表されている。これを日本における重工業技術の成立過程や、明治末年の条約改正実現の政治過程とどのようにかかわらせるかが、将来の課題と思われる。

(21) この段階にはいると、鉄道だけでなく、各部門におけるいわゆるテクノクラートの役割が、官庁組織の運営においても一定の存在理由をもつにいたった。それは、日露戦争後における日本の経済構造や社会構造の変化、またこれにともない社会問題の多様化、このような状況の変化に対応する政策のあり方が、根本的にそれまでの時期のそれと異なる方向をとりはじめたことによる。政治体制のなかにみられる元老の「談合」による運用体制から、官僚、政党の組織的な意思反映体制への移行がこの時期に進んだという変化も、同様の意味をもつであろう。大正デモクラシーは、政治体制の分野では、このような移行期の現象としての意味をもつ。そこでは近代合理主義の原理が、テクノクラートの役割の確立期と、同じ時期に成立していることがわかる。この点で、第一次大戦前後の日本は、一定の合理主義が、政治の次元をふくめて各分野でその存立の基盤を確立する時期にはいったのではないかと考えられるのである。

(22) 広軌改築計画は、日本における鉄道創業以来問題とされてきた軌間問題のひとつの解決方策としてとりあげられた。一八九〇年代以降軍部が戦略的必要性から改築を主張し、のちにこれを放棄したという経緯ののちに、こんどは、鉄道官僚がこれを計画したという推移が、そこにはあった。しかも、その場合、アジア大陸の鉄道との一貫輸送体制の確立という、日露戦後における、いわゆる戦後経営の体制がその背後にはたらいていた。これらの問題については、本書第三章でかんたんにふれた。

(23) この間の諸改良のなかから、本書では停車場改良のみをとりあげた。私にとってのさしあたりの課題は電化・電車化の実現、信号の自動化である。都市の電鉄網については、青木栄一「都市化の過程における鉄道交通網の形成とその変質」(『交通文化』第三号、一九六四年三月)が先駆的業績としての役割をもっている。

(24) この時期における技術官僚の論文は、国家的要請を前提とする立場に立つ場合でも、技術の相対的独自性の立場に立つものが多い。たとえば、朝倉政次郎「鉄道電化に就て」(『帝国鉄道協会会報』第一九巻第五号、一九一八年)、島安次郎「軌間の変更に就て」(同誌第二二巻第七号、一九二一年)などをその代表とみてよい。また技術官僚でなく、またこのときには鉄道院から東京市に移っていたが松木幹一郎の「国有鉄道輸送力改良私案」(同誌第二〇巻第一号、一九一九年)も同様の立場に立っていた。さらに、前述の木下淑夫の立場も、技術官僚としての立場ではないが、国有鉄道としての経営のあり方について、前期の見通しに立つすぐれた見識を多くの論文にまとめていた。それらは、木下の死後にまとめられた『国有鉄道の将来』(一九二四年)によって、そのあらましの論旨を見ることができる。

(25) 私設鉄道は、私設鉄道条例(一八八七年一月一八日公布)以降、私設鉄道法(一九〇〇年三月一六日公布)、地方鉄道法(一九一九年四月一〇日公布、同年八月一五日施行)と、法規制のうえで、かなりの変遷を経てきた。とくに鉄道国有化にともなって起こった法的地位の変化は大きかった。この点は、軌道条例(一八九〇年八月二三日公布)、軌道法(一九二一年四月一四日公布、一九二四年一月一日に施行)という変遷をもつ軌道の場合もほぼ同様である。このような法規制の推移は、またいわゆる「私鉄」の交通網における役割の変化とも関連し合っているように思われる。とくに都市交通におけるその役割の変化、各地方の局地交通機関としての役割の変化と、この両面において、法規制と、それにたいする企業としての対応のあり方との関連の分析は不可欠でろう。その対応のあり方において、技術がどのように活かされてきたかが、重要な意味をもつと思われるからである。

(26) 軍部の要請・介入と、政党の鉄道「利用」とは、ともに鉄道の公共的機能にたいする阻害条件となった。この点については拙稿「日本の近代化と国有鉄道の役割」(『交通史研究』第一九号、一九八八年三月、七頁以下)を参照していただきたい。

(27) 前に紹介した木下淑夫の立場は、「建主改従」の立場に対立していた。しかし、事態の進行は、一九二〇年代末期にはいると、それまでの軍部や政党の介入を超えて、全体制的な「統制」の段階にはいっていく。それは、第一次大戦中から各国で唱えられはじめた総力戦体制の具体化と無関係ではないと思われる。いわゆる自由主義経済の克服という課題が、資本主義の高度化・行きづまりという当時の状況をそのまま反映するのではなく、そこにはあらたな全体制的な要請が総力戦体制という具体的なかたちをとって現われており、これが、「統制」を促進する要素になったという点を見逃すことはできない。鉄道にたいする統制の系譜も、この点から検討する必要があろう。

（28）　日中戦争から太平洋戦争にかけて、総力戦体制のもとで、鉄道が「兵器」としての扱いを受けるにいたった事実は、明治の鉄道における「兵商二途」の性格づけが、このときまで絶えることなくつづいていたこと、そして、鉄道がその公共輸送機関としての機能と役割とを高めてきた一九二〇年代までの方向が、この戦争によって断ち切られていったことをわれわれに見せる。一九一〇年代末期から顕著となった政党の介入とともに、この戦争体制の鉄道への影響は、鉄道技術のもつ独自的な役割にも阻止要因として作用する結果となったのである。この点は本書第五章で扱ったが、その構造を十分に把握することができなかった。戦時輸送体制と技術との関連は機会をみて分析したいと考えている。

（29）　占領体制下における鉄道にたいするさまざまな制約は、日本国有鉄道編『鉄道終戦処理史』（一九五七年）などを通じて知ることができるが、国鉄についていえば、のちに述べるように一九四〇年代末期の段階で立てられた復興の諸計画が、占領軍がかかげる経済政策、たとえばいわゆる経済九原則の強制、ドッジラインなどによって、国鉄側の条件をまったく無視して否認されるというような事態が起こっており、このような状況は、『鉄道終戦処理史』などからは判定の素材を得ることはできない。占領軍関係文書をはじめとする史料の捜索が、将来の課題とされよう。

（30）　いわゆる経済復興から経済高度成長の時期にかけての鉄道各企業についての経営分析は、かなり多くの成果を生んでいる。しかし、概見したところ、これを交通政策のあり方や技術の発達と関連づけて検証する作業は、むしろ将来の課題というべきではないか。とくに、エネルギー政策と関連づけた交通政策の客観的な評価が、この場合分析の前提とされなければならない。

（31）　国鉄だけでなく、鉄道全般にわたる動力近代化の課題は、すでに一九一〇年代以降採り上げられてきた。しかし、十五年戦争が、その実現を阻止した。戦後この課題があらためて採り上げられたのは、言うまでもなく増大する輸送需要にいかに対応するかという緊急の要請があったからにほかならない。しかし、それだけでなく、これを裏づける技術の発達と、その成果の現実化を阻止する客観的障害の除去とが必要であった。私は、一九二〇年代の技術の発達——建主改従の圧力に対抗しつつそれは現実化した——とならべて、一九五〇年代から一九六〇年代にかけての技術の発達を意義づけることができるのではないかと考える。それは、さまざまな障害を克服しながら、より高度な技術を現実化し、定着させる努力によるものである。技術は、そこでは相対的独自性の「相対性」をかなぐり捨ててつよい自己主張の場を確保するのではなかろうか。一九五〇年代から一九六〇年代にかけてのこの技術の発達をこのように、一九二〇年代の技術の発達と並列させてその意義を考える背後には、注（21）でみたような合理主義の原理が、この両者の時期に共通して当事者の努力を支えていたのではないかと考えるからである。外的障害——政治的圧力をはじめ、資金の不足、経営上の制約など——を克服するための努力は言うまでもないが、その努力には鉄道という公共交通機関としての使命を実現させるという使命感と、その使命を実現させるための合理主義の原理にたいする確信が支柱となっていたのではないかと思われる。これは、近代化における合理主義原理の推移の問題として、思想史的分析の対象としても把握され得るであろうが、それはすでに狭義の思想史の次元を超えて、近代化の構造化把握の一環として位置づけられなければならないと思う。

（32）　この報告と同じ時に、やはり大会報告としておこなわれた鉄道史学会会員小山徹氏の「鉄道史における工学技術のかかわり方」は筆者にとって多分に示唆的であった。同報告の内容は「鉄道史における工学技術・序論」として、『鉄道史学』第一号に掲載された。いわゆる「文科」の立場から技術に関心を抱く筆者は、「理科」の立場から鉄道史に技術を位置づけようとする小山氏の立論から、現在も多くの教示を受けていることを特記したい。

あとがき

鉄道史に技術的視点をどのように位置づけることができるか。これは、この十数年の間、私にとって最大の関心事であった。この十年ばかりの間に発表した論文や報告にも、このような関心にもとづくものが増えた。それらのなかから、比較的技術的諸問題を中心にしたものを選んでまとめたのが本書である。

しかし、いま全体を通読すると、技術的視点の不備をあらためて痛感する。

序章でも書いたが、私が技術史を専門研究領域としてもっていないこともあって、本書では技術がもつ問題点を十分に掘り下げることができず、問題の所在の指摘が極めて困難であった。それが本書の欠陥として出ているのではないかという危惧を抱いている。忌憚のない御批判をいただきたいと思う。

本書の成り立ちはつぎのようである。

第一章

国連大学『技術の移転・変容・開発――日本の経験プロジェクト――研究報告』（一九七九年）所収の「鉄道導入と技術自立への展望」をもとにかなりの部分を改稿した。

第二章

『歴史評論』第三五〇号（一九七九年六月）所収の同名論文を一部改稿した。

第三章

第一章と同じ国連大学における研究プロジェクトの報告「鉄道技術の自立と規格化の進行」（一九八〇年印刷）をもとにこれもかなりの部分を改稿した。

第四章

あらたに書きおろした。

第五章

一九八六年一二月一三日鉄道史学会例会報告「駅の構造とその機能――品川駅の改良計画と挫折要因」をもとに書きおこした。

補論

一九八三年八月一九日鉄道史学会第一回研究大会報告「鉄道史研究における政策と技術」（『鉄道史学』第一号、一九八四年八月）を一部改稿した。

巻末の参考文献、年表は、わたくしの鉄道史についての関心のあり方に沿って構成した。この作成にあたっては土方規義君の手をわずらわした。同君は、以上のほか本文、注の校正についても全体にわたって眼を通して有益な指摘をして下さった。厚くお礼を申し上げる。

一九九〇年は、近代史に関心を持ってから四〇年、鉄道史に関心を持ってから三〇年にあたる。この年を前にして、このようなかたちで論文集をまとめることができた。この間、実に多くの方々から、たくさんの貴重な御教示をいただいてきた。はじめて近代史への眼をひらかせていただいた遠山茂樹先生、川村善二郎氏をはじめ、鉄道史についでは、現在鉄道史学会を中心として活動している諸氏にたいして、その学恩にあらためて御礼申し上げる。

また資料の蒐集にあたっては実に多くの個人の方々、諸機関の御好意をいただいている。これらの学恩に、本書がどこまで報いることができるか内心忸怩たるものがあるが、いくらかでも寄与するところがあれば望外のしあわせである。そして、鉄道史資料の復刻にはじまり、鉄道史学会の事務局をおかせていただいている日本経済評論社には、本書の出版で多くの御迷惑をおかけすることになってしまった。出版をお引き受けいただいた栗原哲也社長、わたくしのわがままを聞き入れていただいた谷口京延氏には感謝のことばもない。なお、原稿の整理、一部のワープロ化などについては妻文子の助力を得たことを付記させていただきたい。

わたくしは、本書をひとつの区切りに、さらにここで展開した問題を深めていきたいと考えている。この上とも御教示と御鞭撻をお願い申し上げるしだいである。

一九八九年八月

原田　勝正

研究参考文献

1　近代史および技術史

鉄道史を技術史的視点からみていく場合、私が視点の設定上、常に「そこに立ち帰っていく」文献はつぎの通りである。これらは、私の関心のあり方によるもので、必ずしも普遍性をもつとは言いがたいが、参考までに掲げておく。

1　山田盛太郎『日本資本主義分析』岩波書店、一九三四年（一九七七年、岩波文庫に収録）
2　遠山茂樹『明治維新』岩波書店、一九五一年（一九七二年改版）
3　丸山真男『日本政治思想史研究』東京大学出版会、一九五二年

以上三著とも、鉄道史に直接かかわる文献ではない。しかし、日本の近代について考え、そこから鉄道史の体系を組みたてていく場合、私にとっては、不可欠の文献である。

技術史については、

4　『三枝博音著作集』全一二巻、別巻一冊、中央公論社、一九七三〜一九七七年
5　『星野芳郎著作集』全八巻、勁草書房、一九七七〜一九七九年

をはじめとして、多くの成果がある。それらのなかで、私にとって不可欠な文献を挙げると、次のようである。

6 奥村正二『技術史をみる眼』技術と人間、一九七七年

7 飯田賢一『近代日本の技術と思想』東洋経済新報社、一九七四年

8 飯田賢一『人間と技術のふれ合い』そしえて、一九八〇年

技術の流れを体系的に叙述した概説としては、

9 星野芳郎『現代日本技術史概説』大日本図書、一九五七年

がある。これにたいし、各分野の研究者が参加して、「社会史」的視点から叙述するという方式をとったものとして

10 三浦圭一・佐々木潤之介・海野福寿・飯田賢一・内田星美・山崎俊雄編『技術の社会史』全六巻、別巻一冊、有斐閣、一九八二～一九八三年

がある。またアジア経済研究所が国連大会の委嘱を受けておこなった共同研究の報告がある。

11 国連大学『技術の移転・変容・開発——日本の経験プロジェクト——研究報告』アジア経済研究所（一九八〇年七月現在四七冊）

12 山本弘文編『交通・運輸の発達と技術革新——歴史的考察』国連大学・東京大学出版会、一九八六年

12は、**11**の交通・運輸部門の報告にもとづいて、あらたに書きおろした成果である。

最近、産業考古学の研究が日本でもさかんになり、一九七六年に産業考古学会が設立され、会誌『産業考古学』（季刊）を刊

行している。このあたらしい研究部門については、

13 Neil Cossons, *The BP Book of Industrial Archaeology*, David & Charles, 1975, 1987 (ISBN 0-7153-8031-9)

が、この方法や、イギリスにおける成果を知るのに便利である。日本でも、多くの成果が生まれているが、

14 飯塚一雄『技術文化の博物誌』二冊、柏書房、一九八二年、一九八三年

が貴重な示唆をふくんでいる。このような視点をさらにひろげて、鉄道についてふれたものに

15 佐藤博之・浅香勝輔『民営鉄道の歴史がある景観』Ⅰ・Ⅱ、古今書院、一九八六年、一九八八年

が、技術史ばかりでなく、文化史的視点をも蔽う、あらたな分析視角を提示している。文化史的視点が出てきたので、このような視点をとろうとするとき、私が参照する文献を二冊挙げる。二冊とも、いわゆる学術書のかたちをとっていないが、文化史（ある場合には社会史をふくむ）的視点の設定に欠くことのできないものである。

16 小池滋『英国鉄道物語』晶文社、一九七九年

17 宮脇俊三『時刻表昭和史』角川書店、一九八〇年

近代史・技術史にかかわる分析のための資料・統計は、実に多くのものがあり、研究者が独自に探索しなければならないことは言うまでもない。しかし、各研究に共通の、拠るべき文献は、およそつぎのようである。

18 岩波書店編集部編『近代日本総合年表』岩波書店、一九六八年、第二版一九八四年

19 遠山茂樹・安達淑子編『近代日本政治史必携』岩波書店、一九六一年
20 日本近現代史辞書編集委員会編『日本近現代史辞典』東洋経済新報社、一九七八年
21 日本近代史料研究会編『日本陸海軍の制度・組織・人事』東京大学出版会、一九七一年
22 戦前期官僚制研究会編、秦郁彦著『戦前期日本官僚制の制度・組織・人事』東京大学出版会、一九八一年
23 大日本人名辞書刊行会編『大日本人名辞典(一)～(五)』（講談社、一九八〇年復刻）
24 井尻常吉編『歴代顕官録』原書房、一九六七年
25 和田英松『新訂　官職要解』（講談社、一九八三年復刻）
26 大植四郎編『明治過去帳』東京美術、一九七一年
27 稲村徹元編『大正過去帳』東京美術、一九七三年
28 内閣統計局編『日本帝国統計年鑑』各年版

以上のほかに、太政官・内閣の会議決定文書というべき『太政類典』『公文類聚』、さらに太政官の記録である『太政官日誌』、内閣制施行後の政府告知出版物である『官報』、法令の集成である『法令全書』、議会の記録としての『帝国議会議事速記録』は、いずれも無視してならない資料である。

また各分野の年表・資料類で、鉄道史にかかわると思われるものには、つぎのような文献がある。

29 大木孝『土木社会史年表』日刊工業新聞社、一九八八年
30 土木工業協会他編『日本土木建設業史年表』土木工業協会他、一九六八年
31 日本建築学会編『日本近代建築総覧』技報堂出版、一九八〇年
32 防衛庁防衛研修所戦史部『戦史叢書　陸海軍年表』朝雲新聞社、一九八〇年
33 外務省編『日本外交年表竝主要文書』全二冊、一八四〇～一九四五年（日本国際連合協会、一九五五年、第二次大戦後の分についても刊行中）
34 郵政省編『郵政百年史年表』吉川弘文館、一九七二年

35　飯島伸子編著『公害・労災・職業病年表』公害対策技術同友会、一九七七年

2　鉄道史・一般

鉄道史の研究成果は最近とくにいちじるしいものがある。ここでは、紙数のうえからも、個々の研究に立ち入ることはとてもできない。これらについては青木栄一氏の「日本における鉄道史研究の系譜」（『交通史研究』第九号、一九八三年三月）を参照されたい。ここでは、研究書から入って、一般的な概説書にふれ、各時代の鉄道論、さらに、鉄道関係者の伝記類という順で紹介することとした。

(1)　研究書・概説書

36　大島藤太郎『国有鉄道の史的発展』伊藤書店、一九四九年
37　島恭彦『日本資本主義と国有鉄道』日本評論社、一九五〇年（『島恭彦著作集』第三巻に収録、有斐閣、一九八二年）
38　富永祐治『交通における資本主義の発展——日本交通業の近代化過程』岩波書店、一九五三年
39　中西健一『日本私有鉄道史研究』日本評論社、一九六三年（増補版、ミネルヴァ書房、一九七九年）
40　田中時彦『明治維新の政局と鉄道建設』吉川弘文館、一九六三年
41　武知京三『明治前期輸送史の基礎的研究』雄山閣、一九七八年
42　武知京三『都市近郊鉄道の史的展開』日本経済評論社、一九八六年
43　老川慶喜『明治期地方鉄道史研究』日本経済評論社、一九八三年
44　広岡治哉編『近代日本交通史』法政大学出版局、一九八七年
45　山本弘文『維新期の街道と輸送』法政大学出版局、一九七二年
46　野田正穂『日本証券市場成立史』有斐閣、一九八〇年
47　野田正穂・原田勝正・青木栄一・老川慶喜編『日本の鉄道——成立と展開』日本経済評論社、一九八六年
48　斎藤達男『日本近代の架空索道』コロナ社、一九八五年

49 和久田康雄『四訂版　資料・日本の私鉄』鉄道図書刊行会、一九八四年
50 和久田康雄『日本の私鉄』岩波書店（新書）、一九八一年
51 和久田康雄『日本の地下鉄』岩波書店（新書）、一九八七年
52 小池喜孝『常紋トンネル』朝日新聞社、一九七七年
53 大阪砲兵工廠慰霊祭世話人会編『大阪砲兵工廠の八月十四日』東方出版、一九八三年
54 橋本克彦『線路工手の唄が聞えた』ＪＩＣＣ出版局、一九八三年
55 舟越健之輔『大列車衝突の夏』毎日新聞社、一九八五年

52〜55は研究書ではないが、事件を通して鉄道がかかえる問題を考えるうえで、示唆を与えられるドキュメントの代表といえよう。以上のほか、植田啓次『提要鉄道発達史』（著者発行、一九〇九年）が一九世紀の世界の鉄道史のまとめとして参考になる。

56 清水啓次郎編『交通今昔物語』工友社、一九三三年
57 日本国有鉄道総裁室文書課『鉄道碑めぐり』一九六二年
58 W・シベルブシュ著、加藤二郎訳『鉄道旅行の歴史』法政大学出版局、一九八三年
59 川上幸義『新日本鉄道史』上・下、鉄道図書刊行会、一九六七年、一九六八年
60 原田勝正・青木栄一『日本の鉄道――一〇〇年の歩みから』三省堂、一九七二年
61 原田勝正編『写真図説　鉄道百年の歴史』講談社、一九七一年
62 原田勝正『鉄道の語る日本の近代』そしえて、一九七七年（一九八三年増補版）
63 原田勝正『満鉄』岩波書店（新書）、一九八一年
64 原田勝正『明治鉄道物語』筑摩書房、一九八三年
65 原田勝正『汽車・電車の社会史』講談社（新書）、一九八三年
66 原田勝正『日本の国鉄』岩波書店（新書）、一九八四年

67 原田勝正『駅の社会史』中央公論社（新書）、一九八七年
68 原田勝正『鉄道』（『産業の昭和社会史』⑧）日本経済評論社、一九八八年

(2) 鉄道論・調査報告

69 参謀本部陸軍部編『鉄道論』一八八八年（後掲231の第2集第二一巻に復刻収録）
70 佐分利一嗣『日本之鉄道』一八九一年（後掲231の第2集第二一巻に復刻収録）
71 フィンドレー著、速水太郎訳『英国鉄道論』山陽鉄道株式会社、一八九四年
72 木下立安編『拾年記念　日本の鉄道論』一九〇九年（後掲230の補巻(一)に復刻収録）
73 鉄道院編『本邦鉄道の社会及経済に及ぼせる影響』上・中・下、附図、一九一六年
74 鉄道省編『鉄道一瞥』一九二一年（後掲232の第2集第一巻に復刻収録）
75 木下淑夫『国有鉄道の将来』鉄道時報局、一九二四年
76 中川正左『帝国鉄道政策論』鉄道研究社、一九二八年
77 伊沢道雄『開拓鉄道論』全三冊、春秋社、一九三七～一九三八年
78 東京市役所編『東京市郊外に於ける交通機関の発達と人口の増加』一九二八年

(3) 伝記類

79 村井正利編『子爵井上勝君小伝』一九一五年（後掲230の第2集第七巻に復刻収録）
80 大隈侯八十五年史編纂会編『大隈侯八十五年史』全三冊（明治百年史叢書一四六～一四八、原書房、一九七〇年）
81 長谷川博士伝編纂会編『工学博士長谷川謹介伝』一九三七年（後掲230の第2集第七巻に復刻収録）
82 速水太郎・川端浅吉編『南清伝』（村上享一遺稿）、一九〇九年（後掲230の第2集第五巻に復刻収録）
83 松本翁銅像建設会編『雙軒松本重太郎翁伝』一九二二年（後掲230の第2集第七巻に復刻収録）
84 鶴見祐輔『後藤新平』全四巻、一九三八年（勁草書房、一九六五～一九六七年）
85 日本経営史研究所編『中上川彦次郎伝記資料』東洋経済新報社、一九六九年

86 東憲治『中川正左先生伝』日本交通学会、一九五七年
87 満鉄会編『満鉄最後の総裁　山崎元幹』一九七三年
88 中村孫一『明治以後本邦土木と外人』土木学会、一九四二年
89 山田直匡『お雇い外国人』第四巻『交通』、鹿島研究所出版会、一九六八年
90 日本交通協会編『鉄道先人録』日本停車場株式会社出版事業部、一九七二年

伝記類はとても網羅することができない。ここに掲げたものはごく一部にすぎない。

3　鉄道史・企業史

鉄道史のうちで、いわゆる国鉄・私鉄をふくめて、企業の編纂した歴史はきわめて多い。その全体の把握はとても困難である。ここでは、代表的な文献を挙げるにとどめた。とくに、いわゆる私鉄については、企業史として特徴のあるものを挙げた。また、企業内部の各部門が編纂したものも、同様に特徴的なもののみを挙げることとした。最後に、災害や大喪・大礼・占領といった事件についての対応の記録と地方鉄道史を、これも代表的と思われるものを選んだ。技術関係文献は、4以降で扱うこととした。

91 大蔵省編『工部省沿革報告』一八八九年
92 鉄道省編『日本鉄道史』上・中・下篇、一九二一年
93 日本国有鉄道編『日本陸運十年史』一九五一年
94 日本国有鉄道編『日本陸運二十年史』一九五六年
95 日本国有鉄道編『日本国有鉄道百年史』十四巻、通史、年表、索引、写真史、一九六九〜一九七二年
96『日本鉄道株式会社沿革史』第一篇・第二篇（後掲230の第2集第一巻、第二巻に復刻収録）
97 阪堺鉄道株式会社編『阪堺鉄道経歴史』一八九九年（後掲230の第2集第三巻に復刻収録）
98 大阪市電気局編『大阪市営電気軌道沿革史』一九二三年

99　阪神急行電鉄株式会社編『阪神急行電鉄二十五年史』一九三二年
100　伊予鉄道電気株式会社編『五十年史』『五十年譜』一九三六年（後掲232の第2集第一七、一八巻に復刻収録）
101　南海鉄道株式会社編『南海鉄道発達史』一九三八年
102　大阪電気軌道株式会社編『大阪電気軌道株式会社三十年史』一九四〇年
103　南海電気鉄道株式会社編『南海電気鉄道百年史』一九八〇年
104　京浜急行電鉄株式会社編『京浜急行八十年史』一九八〇年
105　阪急電鉄株式会社編『七十五年のあゆみ』（記述編）、一九八二年
106　阪神電気鉄道株式会社編『阪神電気鉄道八十年史』一九八五年
107　台湾総監府鉄道部編『台湾鉄道史』上・中・下巻、一九〇九年（後掲232の第2集第二〇巻に復刻収録）
108　朝鮮総督府鉄道局編『朝鮮鉄道史』一九一五年
109　朝鮮総督府鉄道局編『朝鮮鉄道史』第一巻、一九二九年（後掲232の第2集第一五巻に復刻収録）
110　朝鮮総督府鉄道局編『朝鮮鉄道史』第一巻創始時代、一九三七年
111　鮮交会編『朝鮮交通史』一九八六年
112　南満州鉄道株式会社編『南満州鉄道株式会社十年史』一九一九年
113　南満州鉄道株式会社編『南満州鉄道株式会社第二次十年史』一九二八年
114　南満州鉄道株式会社編『南満州鉄道株式会社第三次十年史』全三冊、一九三八年（一九七五年、龍溪書舎で復刻）
115　満鉄会編『南満州鉄道株式会社第四次十年史』龍溪書舎、一九八六年
116　大蔵公望編『満州開発四十年史』上・下・補、謙光社、一九六四〜一九六五年
117　福田英雄編『華北の交通史』ＴＢＳブリタニカ、一九八三年
118　華北交通社史編集委員会編『華北交通株式会社社史』華交互助会、一九八四年
119　華北交通外史刊行会編『華北交通外史』一九八八年
120　関根保右衛門編『華中鉄道沿革史』一九六二年
121　原田笹一郎編『鉄道年表』鉄道教育会、一九三八年

122 鉄道省修史委員会編『日本鉄道略年表』一九四二年
123 鉄道百年略史編さん委員会編『鉄道百年略史』鉄道図書刊行会、一九七二年
124 大阪鉄道局編『大阪鉄道局史』一九五〇年
125 鉄道技術研究所五十年史刊行委員会『五十年史』研友社、一九五七年
126 日本国有鉄道青函船舶鉄道管理局編『青函連絡船五十年史』一九五七年
127 日本国有鉄道青函船舶鉄道管理局編『青函連絡船史』一九七〇年
128 日本国有鉄道四国支社宇高船舶管理部編『宇高航路五十年史』一九六一年
129 日本国有鉄道広島鉄道管理局編『関釜連絡船史』一九七九年
130 仙台駐在事務所編『ものがたり東北本線史』一九七二年
131 上野駅互助団編『上野駅史』一九三二年（後掲232の第2集第六巻に復刻収録）
132 汐留駅長『七十年の抄録』一九四二年（後掲232の第2集第六巻に復刻収録）
133 神戸駅編『神戸駅史』一九五七年
134 逓信省編『鉄道国有始末一斑』一九〇九年（後掲232の第2集第三巻に復刻収録）
135 鉄道省編『国有鉄道震災誌』一九二七年
136 鉄道省編『大正天皇大喪記録』付図とも二冊、一九二八年
137 鉄道省編『昭和大礼記録』付図とも二冊、一九三二年
138 運輸省編『国有鉄道の現状』一九四七年
139 日本国有鉄道編『鉄道終戦処理史』一九五七年（大正出版、一九八一年復刻）
140 大町雅美『栃木県鉄道史話』落合書店、一九八一年
141 老川慶喜『埼玉の鉄道』埼玉新聞社、一九八二年
142 中川浩一『茨城県鉄道発達史』（新書判二冊）、筑波書林、一九八〇年（単行本は一九八一年）
143 中川浩一『茨城の民営鉄道史』（新書判三冊）、筑波書林、一九八〇～一九八一年（単行本は一九八一年）

4　鉄道史・技術

技術関係文献は、その数がこれもきわめて多い。ここではごく一部しか収録することができない。とくに工事報告・工事誌の類は、代表的なものに限定した。工事誌のうち第二次大戦後の文献は、ごく一部を挙げるにとどめた。

144 工学会日本工業史編纂会編『明治工業史』鉄道篇・機械篇、一九二九年
145 日本国有鉄道編『鉄道技術発達史』全八篇、一九五八～一九五九年
146 鉄道省電気局編『鉄道省電気局沿革史』一九三五年
147 大井工場九十年史編さん委員会編『大井工場九十年史』日本国有鉄道大井工場、一九六三年
148 日本国有鉄道大井工場編『百年史』一九七三年
149 日本国有鉄道浜松工場編『四十年史』一九五三年
150 日本国有鉄道岐阜工事局編『岐阜工事局五十年史』一九七〇年
151 日本国有鉄道大阪工事局編『大阪工事局四十年史』一九六八年
152 日本国有鉄道盛岡工事局編『盛岡工事局五十年史』一九六九年
153 東京電気工事事務所編『東京電気工事事務所三十年誌』一九五四年
154 広川広四郎『虎の巻 *The Notes and Extracts about Railway and Engineering Works*』一九〇一年
155 広軌鉄道改築準備委員会編『広軌鉄道改築準備委員会始末一斑』一九一一年（後掲**232**の第2集第四巻に復刻収録）
156 鉄道省運輸局編（鉄道書記官中山隆吉執筆）『鉄道運送施設綱要』一九二八年（後掲**232**の第2集第五巻に復刻収録）
157 平井喜久松『鉄道』岩波書店、一九三六年
158 朝倉希一『汽車』交友社、一九五六年
159 信号保安協会編『鉄道信号発達史』一九八〇年
160 鉄道通信協力会編『鉄道通信発達史』一九七〇年、同『鉄道通信発達史続編』一九八四年

161 日本鉄道車両工業協会編『鉄道車両工業二十年の歩み』一九六八年
162 鉄道省編『鉄道車両ノ連結器ヲ自動連結器ニ取替ニ関スル記録』一九二八年
163 臼井茂信『国鉄蒸気機関車小史』鉄道図書刊行会、一九五六年
164 久保田博『鉄輪の軌跡——鉄道車両百年の歩み』大正出版、一九八一年
165 石井幸孝『蒸気機関車』中央公論社（新書）、一九七一年
166 汽車製造株式会社編『汽車会社蒸気機関車製造史』交友社、一九七二年
167 金田茂裕『日本蒸気機関車史』官設鉄道編、交友社、一九七二年
169 金田茂裕『日本蒸気機関車史』私設鉄道編Ⅰ、プレスアイゼンバーン、一九八一年
170 日本の客車編さん委員会編『日本の客車——写真でみる客車の九十年』鉄道図書刊行会、一九六三年
171 日本の内燃車両編さん委員会『日本の内燃車両』一九六九年
172 東京鉄道局電車掛編『省線電車史綱要』一九二七年
173 鉄道図書刊行会編『国鉄電車発達史』一九五九年
174 鉄道建設業協会編『日本鉄道請負業史』明治篇・大正昭和前期篇、一九六七年、一九七八年
175 守田久盛ほか『鉄道路線変せん史探訪』全四冊（Ⅰは集文社、一九七八年、Ⅱは『続・鉄道路線変せん史探訪』の書名で吉井書店、一九七九年、ⅢはⅠと同書名パートⅢとして吉井書店、一九八三年、Ⅳは『九州の鉄道百年』の書名で吉井書店、一九八九年）
176 鉄道省工務局編『軌條毀損之研究』付図とも二冊、工政会出版部、一九二六年
177 鉄道作業局建設部編『中央東線笹子隧道工事報告』付図とも二冊、一九〇四年
178 鉄道省東京建設事務所・長岡建設事務所・東京電気事務所編『上越線水上石打間工事誌』全五冊、一九三三年
179 鉄道省熱海建設事務所編『丹那隧道工事誌』一九三六年
180 鉄道省秋田建設事務所編『仙山線隧道工事並作並—山寺間電化工事誌』一九三七年
181 運輸省下関地方施設部編『関門隧道』一九四九年
182 菅原恒覧『甲武鉄道市街線紀要』共益商社書店、一八九七年（後掲232の第2集第四巻に復刻収録）

183 西部鉄道管理局編『京都停車場改良工事紀要』付図とも二冊、一九一七年
184 鉄道省東京改良事務所編『市街高架線東京万世橋間建設紀要』一九二〇年
185 鉄道省神戸改良事務所編『大津・京都間線路変更工事誌』付図とも二冊、一九二三年
186 鉄道省編『東京上野間高架鉄道建設概要』一九二五年
187 鉄道省東京改良事務所編『東京市街高架線東京上野間建設概要』一九二五年
188 鉄道省編『御茶ノ水両国間高架線建設概要』一九三二年
189 新鶴見操車場編『鶴操誌』一九三〇年
190 鉄道省東京第一改良事務所編『上野駅改良工事概要』一九三二年
191 鉄道院東部鉄道管理局編『信越線碓氷電化工事概要』一九一二年
192 鉄道院編『東京横浜間電気工事記念写真帖』一九一五年
193 東京鉄道局運転課編『東海道線電気運転沿革誌』一九二八年
194 大阪電力事務所編『京都・吹田間電化工事概要』一九三八年
195 名古屋電気工事事務所編『静岡・浜松間電化工事記録』一九五〇年
196 鉄道技術研究所監修『高速鉄道の研究』研友社、一九六七年
197 東京新幹線工事局編『東海道新幹線工事誌』東京第二工事局、一九六五年
198 日本国有鉄道大阪新幹線工事局編『山陽新幹線新大阪・岡山間建設工事誌』一九七二年

5　鉄道史・史料・統計

史料については、近代史の場合と同様に、研究者みずからの捜索によって明らかにされるという点が大きな意味をもつ。ここでは、基礎的な史料と統計とを挙げておく。

199 『工部省記録』

200 『鉄道寮事務簿』
201 『鉄道局事務書類』
202 『鉄道庁事務書類』
203 『逓信省公文』

以上四点は鉄道創業期の起案文書をふくむ。第一次資料としてきわめて重要である。

204 『鉄道院文書・鉄道省文書』

地方鉄道・軌道についての監督文書が中心で、これも第一次資料としてきわめて重要。

205 『雇外国人年報』(Imperial Government Railways Japan : Annual Reports by Foreign Staff)

一八七〇年から一八八六年まで毎年作成されていたと考えられる。現在発見されているのは一八七七年と一八八四、一八八五、一八八六年分である。

206 『鉄道局(庁)年報』一八八六〜一九〇七年(後掲230の第1集第一〜一二巻に復刻収録)
207 『鉄道作業局年報・帝国鉄道庁年報』一八九七〜一九〇七年(後掲231の第1集第一〜一二巻に復刻収録)
208 『鉄道会議議事(速記)録』一八九二〜一九四四年(後掲231の第2集第一〜一八巻に復刻収録)
209 『鉄道法規類抄』

209は鉄道当局の法規をまとめたもので、加除式のものが多く、年代画定が困難である。しかし、基礎的な史料としての価値をもつ。私鉄各社のものも無視できない。

210 鉄道庁編『全国線路各種建造物明細録』一八九二年
211 鉄道局編『全国各鉄道橋梁及隧道明細表』一八九三年か
212 小笠原鎮編『欧米各国主要停車場図集』一九一三年
213 西部鉄道管理局運転課編『管内各停車場平面図』（一九一〇年一月現在、鉄道史資料保存会復刻、一九七八年）
停車場平面図は、停車場の分析にとって不可欠である。このほかに図面類としては線路略図、線路一覧図などがある。またいわゆる列車ダイヤ（列車運行図表）も不可欠である。
214 鉄道局編『全国鉄道停車場一覧』一九〇七年
215 鉄道院総裁官房文書課編『鉄道停車場一覧』一九一二年
216 鉄道省（のち日本国有鉄道）編『鉄道停車場一覧』
216には一九二四、一九三四、一九四六、一九五二、一九六六各年版があるが、データが誤りをふくんでいる。一九八五年版（日本国有鉄道編）でかなり修正が実現した。
217 臼井茂信『日本蒸気機関車形式図集成』誠文堂新光社、一九六八年
各種車両形式図は一八九三年以降鉄道当局や各鉄道企業作成のものが編集されている。これらは車両の公式データとして無視できないが、ここでは省略した。
218 鉄道省運輸局運転課編『国有鉄道重大運転事故』一九二三年
219 運転局保安課編『国有鉄道重大運転事故記録』（自明治五年度至昭和四十五年度）一九七〇年
220 国鉄の空襲被害記録刊行会編『国鉄の空襲被害記録』集文社、一九七六年

以下226までは軍事・戦争関係資料である。これらの全体像は未知である。ここでは既知のものの一部を挙げた。

221 参謀本部編『陸海軍連合大演習記事』一八九〇年（後掲231の第1集第一三巻に復刻収録）
222 鉄道作業局運輸部編『明治三十七、八年戦役軍事輸送報告』一九〇五年（後掲231の第1集第一五巻に復刻収録）
223 南満州鉄道株式会社編『野戦鉄道記念誌』一九三〇年
224 品川停車場司令部編『品川停車場司令部輸送業務実際的指導書』一九四二年
225 復員局編『鉄道作戦記録』一九五一年
226 原田勝正編『大東亜縦貫鉄道関係書類』（不二出版、一九八八年復刻）

以下は辞典・資料・統計類の一部である。

227 大阪鉄道局編『鉄道用語辞典』博文館、一九三五年
228 日本国有鉄道編『鉄道辞典』二冊、一九五九年、補遺版一九六六年
229 日本国有鉄道編『六箇語対照　鉄道用語辞典』一九六七年
230 野田正穂・原田勝正・青木栄一編『明治期鉄道史資料』第Ⅰ期全2集、日本経済評論社、一九八〇～一九八一年
第1集『鉄道局（庁）年報』（一八八六～一九〇七年度）全一七巻
第2集『地方鉄道史――社史・実業家伝』全八巻九冊、補巻三冊
231 野田正穂・原田勝正・青木栄一・老川慶喜編『明治期鉄道史資料』第Ⅱ期全2集、日本経済評論社、一九八七～一九八九年
第1集『鉄道作業局年報・帝国鉄道庁年報他』（一八九七～一九〇七年度）全一五巻
第2集『鉄道会議議事録・鉄道論集他』全二十八巻二十九冊
232 野田正穂・原田勝正・青木栄一編『大正期鉄道史資料』日本経済評論社、一九八三～一九八五年
第1集『鉄道院（省）年報』（一九〇八～一九三六年度のうち一九二五年度まで）全二四巻
第2集『国有・民営鉄道史』全二〇巻

233 鉄道院（省）編『鉄道院（省）鉄道統計資料』一九一六～一九三六年（一九三七～一九四一年度は『鉄道統計』。なお、一九二五年度まで前掲232の第1集第一五～二四巻に復刻収録）
234 運輸通信省・運輸省編『国有鉄道陸運統計』一九四二～一九四五年度
235 日本国有鉄道編『鉄道統計年報』一九四六～一九八六年度
236 運輸省鉄道監督局監修『地方鉄道・軌道（私鉄・民鉄）統計年報』一九四九年度～、政府資料等普及調査会
237 運輸省地域交通局監修『私鉄（民鉄）要覧』一九四八・一九五一年度～、株式会社電気車研究会・鉄道図書刊行会ほか

6　鉄道史・定期刊行物

最後に定期刊行物のうち、鉄道とくに技術にかかわる文献を挙げる。統計類は230以下を参照。鉄道部内各部門の定期刊行物や、技術関係学会および団体の定期刊行物は省略した。

238 交通協力会編『交通年鑑』各年版
239 工学会編『工学叢誌』一八八一～一八八三年
240 工学会編『工学会誌』一八八四～一九二二年（239、240は一九八三年雄松堂出版から復刻刊行）
241 帝国鉄道協会編『帝国鉄道協会会報』一八九九～一九三六年
242 『鉄道時報』鉄道時報局、一八九九～一九四二年
243 鉄道大臣官房研究所編『業務研究資料』一九一三～一九四一年（一九一一、一九一二年は『鉄道業務調査資料』）
244 『交通技術』交通協力会、一九四七～一九八七年
245 『交通文化』第一～六号、交通史学会、一九六三～一九六六年
246 『鉄道史学』鉄道史学会、一九八四年～
247 『鉄道ピクトリアル』鉄道図書刊行会、一九五一年～
248 『鉄道ファン』交友社、一九六一年～

249 『鉄道ジャーナル』鉄道ジャーナル社、一九六七年～

参考文献をしめくくるにあたって、鉄道を直接扱ったものではないが、技術史の研究書として山岡茂樹『日本のディーゼル自動車』（日本経済評論社、一九八七年）を挙げておきたい。鉄道のディーゼル動車をもふくめた日本におけるディーゼル機関の技術史として、技術史の方法論のあり方を非常に教えられる文献である。

西暦　(元号)　月・日	事　　　　　　項
	工業協会と改称)
	〔本土空襲の被害甚大，戦争終結，連合軍の占領・民主化政策開始，労働組合法（法律第51条）公布〕
1946（昭和21）　2. 27	国鉄労働組合総連合会結成
9. 27	車両統制会解散
11. 10	石炭事情の悪化により旅客列車削減，準急行列車の運転開始
	〔天皇神格否定詔書，メーデー復活，極東国際軍事裁判開廷〕
1947（昭和22）　1.　4	2等車の連結を一時停止，急行列車全廃（4月24日復活）
1. 31	2．1スト中止指令
4.　1	上越線水上・高崎間電化（戦後最初の国鉄電化区間）
8.　1	青函トンネル調査開始
	〔労働基準法公布，日本国憲法施行〕
1948（昭和23）　5. 29	国鉄，復興5カ年計画発表
6.　1	東京急行電鉄より京浜急行電鉄，小田急電鉄，京王帝都電鉄分離
7.　7	国有鉄道運賃法公布（法律第112号）
12. 20	日本国有鉄道法（法律256号），公共企業体労働関係法（法律第257号）公布　〔昭和電工事件〕
1949（昭和24）　6.　1	日本国有鉄道設置

この年表は，野田正穂ほか編『日本の鉄道』（日本経済評論社，1986年）の巻末の年表をもとに，本書に挙げられた項目を付加して作成した。

なお，この年表では補論にある項目を省いた。

西暦（元号）	月・日	事　　　項	
	11. 15	陸運統制令全面改正公布	
	12. 22	車両統制会設立　〔日ソ中立条約，太平洋戦争開始〕	
1942（昭和17）	6. 11	関門トンネル工事および電化工事完成，試運転列車運転（7月1日，貨物運輸営業開始）	*203*
	7. —	東京・品川間線路増設工事中止	*203*
	9. 26	鉄道省部内において業務上使用する時刻の呼称方24時間制を実施（10月11日施行）	
	11. 3	東京機関区，品川駅構内に移転	*199*
	11. 15	関門トンネル旅客運輸営業開始，戦時陸運非常体制の実施にともない列車時刻改正	
1943（昭和18）	4. 1	樺太庁鉄道および庁営自動車等の管理を鉄道大臣に移管，樺太鉄道局新設	
	9. 1	鉄道車両製造工場の国家管理を実施	
	10. 1	列車時刻改正，旅客列車の大削減実施（「富士」を除き特急の廃止）貨物列車の大増発	
	11. 1	運輸通信省設置（鉄道省・逓信省廃止）	
	12. —	D52形蒸気機関車完成	
1944（昭和19）	4. 1	「決戦非常措置要綱」にもとづき1等車・寝台車・食堂車全廃（10月11日特別急行列車全廃），国鉄，戦時特別賃率を設定し運賃引上げ	
	5. 10	国鉄に女子車掌登場	
	6. 1	近畿日本鉄道設立（関西急行電鉄と南海鉄道の合併）	
	6. 9	関門トンネル複線化	
1945（昭和20）	5. 19	運輸通信省を改組，運輸省に改める	
	6. 20	予讃本線高松・宇和島間全通	
	8. 15	運輸省に復興輸送本部設置	
	9. 3	運輸省渉外室設置	
	9. 8	米第8軍，連合軍の輸送担当機関は米軍第3鉄道輸送司令部であることを日本陸軍鉄道関係担当参謀に指示	
	9. 14	運輸省，復興のため車両3600両発注	
	9. 20	R.T.O（占領軍の鉄道輸送事務所）設置	
	11. 28	鉄道車両工業会発足（1948年5月5日，日本鉄道車両	

西暦 （元号）	月・日	事　　　項
		車庫・検車所などの管理・検修機関を「区」とする *199, 213*
	9. 19	関門トンネル起工式挙行
		〔2.26事件，国策の基準決定，日独防共協定〕
1937（昭和12）	2. 1	笹島駅を新設し，名古屋駅の貨物取扱を分離 *133*
	4. 5	小運送業法および日本通運株式会社法公布（法律第45・46号）
	7. 1	東海道本線東京・神戸間に各等特別急行列車「鴎」号新設
	10. 1	日本通運株式会社創立
	11. 11	新鶴見操車場，第二期工事完成，使用開始 *199*
	12. —	品川機関区，主力の大部分は新設の新鶴見機関区に移転 *199*
		〔日中戦争開始〕
1938（昭和13）	3. 31	支那事変特別税法により，汽車・電車・自動車および汽船の乗客に対し通行税を賦課（4月1日施行）
	4. 1	陸上交通事業調整法公布
	12. 19	朝鮮海峡トンネル地質調査開始〔国家総動員法公布〕
1939（昭和14）	7. 12	鉄道幹線調査委員会設置（広軌新幹線構想） *13*
	8. 10	横須賀線電車用の田町電車区一部使用開始 *199*
	10. 31	小野浜駅と神戸港駅を併合し神戸港駅となる *142*
	11. 16	鉄道省信濃川発電所第1期工事の大半完成し発電を開始 〔ノモンハン事件，第2次大戦開始〕
1940（昭和15）	2. 1	陸運統制令公布
		〔近衛新体制，日独伊三国同盟，消費物資配給制実施〕
1941（昭和16）	3. 7	帝都高速度交通営団法公布（法律第51号，5月1日施行）
	7. 16	三等寝台車廃止，食堂車削減
	7. —	関東軍特別演習のための軍事輸送をおこなう（8月まで） *201-203, 215, 216*
	8. 1	ジャパン・ツーリスト・ビューロー，東亜旅行社と改称

西暦（元号）	月・日	事　　項
		の運転開始
	12. 20	省営自動車岡崎・多治見間および瀬戸記念橋・高蔵寺開業（国鉄バスのはじめ）　〔ロンドン会議〕
1931（昭和 6）	2. 1	東京・神戸間急行列車に3等寝台車を連結，使用開始
	4. 10	秋葉原駅東側高架設備使用開始　*149*
	9. 1	清水トンネル完成により上越線新前橋・宮内間全通
	9. 20	釧網線東釧路・網走間全通　〔満州事変，十月事件〕
1932（昭和 7）	2. 25	財団法人鉄道弘済会設立
	4. 5	上野駅，新築の本屋使用開始　*166*
	7. 1	御茶ノ水・両国間開業（同時に電車運転開始）　*161*
	10. 1	石北トンネル完成，石北線新旭川・遠軽間全通
	12. 6	国都線隼人・都城間の全通により日豊本線のルート変更，小倉・都城・鹿児島間全通　〔「満州国」成立，5.15事件〕
1933（昭和 8）	2. 24	山陰本線京都・松江・幡生間全通
	5. 3	大阪市営高速鉄道（地下鉄道）開業
	9. 15	中央線の東京・中野間に急行電車運転開始　〔国際連盟脱退，滝川事件〕
1934（昭和 9）	6. 1	東海道本線大阪駅高架工事完成，高架線ホーム使用開始　*154*
	11. 1	満鉄，大連・新京（長春）間に特別急行列車「あじあ」号運転開始　*124*
	11. 15	久大本線久留米・大分間全通
	11. 24	流線型機関車第1号登場（C5343を改造）
	12. 1	丹那トンネル完成，東海道本線国府津・熱海・沼津間開通。全国的に列車時刻の大改正実施
1935（昭和10）	3. 20	高徳本線高松・徳島間全通
	11. 28	土讃線多度津・須崎間全通　〔天皇機関説問題，国体明徴声明〕
1936（昭和11）	3. —	鉄道省，貨物用 D51形蒸気機関車を完成
	8. 19	特急「燕」号食堂車に冷房装置を使用開始
	9. 1	鉄道局現業機関名称・職制の改正により，機関車・電

西暦（元号）	月・日	事　　項
	12. 30	東京地下鉄道浅草・上野間開業
	—. —	駅構内の円タク営業を許可（構内タクシーのはじめ）〔金融恐慌，山東出兵〕
1928（昭和 3）	4. 1	秋葉原駅高架設備使用開始　*149, 165*
	8. 1	新花屋敷温泉土地会社の無軌条電車（花屋敷・新花屋敷間1．3km）開業（トロリーバスのはじめ）
	9. 10	長輪線長万部・輪西（現東室蘭）間全通
	11. 6	鉄道省官制改正，陸運の監督権を逓信省から鉄道省に移管
	12. 1	東海道本線上淀川信号場・梅田間および小野浜・湊川間貨物線開業，梅田貨物駅開業　*133*〔3.15事件，張作霖爆殺事件〕
1929（昭和 4）	4. 15	梅田駅に阪神急行電鉄直営の阪急百貨店が新築，開業　*154*
	6. 20	東北本線日暮里・尾久・赤羽間新線開通，東北本線の旅客列車は尾久経由となる　*165, 195*
	7. —	鉄道省編纂による『日本案内記』全8巻の刊行開始
	8. 1	国鉄最初のディーゼル機関車（電気式）DC11形試運転開始（ドイツから導入）
	8. 21	東海道本線品川・鶴見間貨物線複線開通（通称品鶴線），新鶴見操車場設置　*196*
	9. 15	東京・下関間特別急行列車第1・2列車を「富士」，第3・4列車を「桜」と命名（列車愛称名採用のはじめ）〔世界恐慌〕
1930（昭和 5）	1. 1	鉄道省および省線と連絡運輸を行なう地方鉄道・軌道において運輸営業にメートル法を採用
	2. 1	東海道本線大垣・美濃赤坂間でガソリン動車（キハニ5000形）の運転開始
	3. 15	横須賀線列車を電車化（東京・横須賀間）　*192*
	3. —	上野駅本屋新築工事開始　*165*
	4. 24	鉄道省，国際観光局官制公布
	10. 1	東海道本線東京・神戸間に各等特別急行列車「燕」号

西暦（元号）	月・日	事　　　　　項
	9. 1	関東大震災により鉄道大被害
	12. 15	日豊本線小倉・吉松間全通
1924（大正13）	3. —	門司（現門司港）・大里（現門司）間で踏切警報機の使用開始
	7. 31	羽越線新津・秋田間全通
	8. 3	東海道本線東灘が分岐する臨港線に神戸港駅設置 *142*
	12. 24	東京駅場内信号機にはじめて色燈式を採用
1925（大正14）	5. 7	田町機関庫設置（電気機関車用，翌年4月に東京機関区田町分庫と改称） *199*
	5. 21	青森・函館航路において貨車航送を試験的に開始
	7. 1	客車の自動連結器取付工事を施行（10日完了，16～17日機関車，17日本州・20日九州で貨車の自動連結器取付実施に成功）
	10. 8	鉄道省に東海道線その他輸送力調査委員会設置（1926年9月28日調査終了） *193, 196*
	11. 1	神田・上野間高架鉄道開通，東北本線の起点を東京とする。山手線電車環状運転開始 *149, 164, 193, 208*
	12. 13	東京・国府津間および東京・横須賀間電気機関車による運転開始 *192*
		〔治安維持法，衆議院議員選挙法改正（男子普通選挙）公布〕
1926（大正15・昭和 1）	4. 24	東京駅4台，上野駅2台のドイツ製入場券自動発売機設置
	7. 3	阪神急行電鉄梅田・十三間複々線開通 *154*
	9. 28	桜木町・上野間省線電車の一部にドアエンジン装置車の使用を開始　〔大正天皇死去〕
1927（昭和 2）	3. 31	オハ44000形鋼製車落成（最初の17m鋼製客車，客車の鋼製化実施）
	8. 1	シベリア鉄道経由によるヨーロッパへの国際連絡運輸復活
	11. 20	樺太鉄道落合・知取間開業
	12. 15	東京・下関間に特別急行貨物列車新設

西暦 (元号)	月・日	事　　　項
1919 (大正 8)	2. 24	床次鉄道院総裁，広軌改築計画中止を表明
	3. 31	田町・品川間の京浜・山手線電車線路分離 *185, 189, 193, 207*
	4. 5	都市計画法公布 *163*
	4. 10	地方鉄道法公布（法律第52号，1921年 8 月15日施行。私設鉄道法および軽便鉄道法廃止）
	12. 1	18900形（のちC51）蒸気機関車，浜松工場にて完成
	12. 27	乗降場延長ノ標準（大臣達1330号） *138*
		〔三一万歳独立運動〕
1920 (大正 9)	5. 1	国有鉄道現業委員会規定制定
	5. 15	鉄道省設置，鉄道院廃止
	7. 16	阪神急行電鉄十三・神戸間開通 *154*
	7. 23	横浜港駅開業 *142*
	10. 30	阪急ビルディング（旧館）竣工 *154*
		〔第 1 回メーデー開催〕
1921 (大正10)	4. 4	好間軌道でガソリン動車の営業運転運始
	4. 14	軌道法公布（法律第76号，1924年 1 月 1 日施行）
	7. —	品川貨車操車場完成 *185, 189*
	8. 1	東海道本線大津・京都間路線変更により新線開通
	8. 5	根室本線滝川・根室間全通
	8. 31	鉄道省，『日本鉄道史』（全 3 巻）を刊行
	10. 10	宇野・高松間航路において貨車航送を開始
	10. 14	国有鉄道建設規程制定 *135, 136, 140, 170*
1922 (大正11)	4. 11	鉄道敷設法改正法律公布（法律第37号。鉄道敷設法および北海道鉄道敷設法廃止）
	9. 2	国有鉄道線路名称に付した軽便線の称呼を廃止
	10. 13	鉄道省，10月14日を鉄道記念日と定める
	11. 1	宗谷本線旭川・稚内（現南稚内）間全通
		〔ワシントン会議〕
1923 (大正12)	3. 1	品川駅にはじめて高声電話機を設置，使用開始
	5. 1	鉄道省，稚内・大泊（樺太）間連絡航路開設
	7. 1	東京・下関間に 3 等特別急行列車の運転開始

西暦（元号）	月・日	事　項	
	3. 12	ジャパン・ツーリスト・ビューロー設立（のちの日本交通交社）	
	3. 27	アメリカから輸入の8900形蒸気機関車を配属	
	5. 11	信越本線横川・軽井沢間において，客貨列車の一部に電気機関車を使用開始（電気機関車営業運転のはじめ10000形のちEC40形）	
	6. 15	新橋・下関間に1・2等特別急行列車の運転開始，同時に特別急行料金を設定（特別急行列車のはじめ）〔明治天皇死去〕	
1913（大正 2）	4. 1	北陸線米原・直江津間全通	
	6. 21	東海道本線梅小路仮停車場，停車場となる	*133*
	8. 1	東海道本線全線複線化完成	
	—. —	国鉄蒸気機関車，全面国産の態勢に移行〔大正政変〕	
1914（大正 3）	4. 30	大阪電気軌道上本町・奈良（仮）間開業	*153*
	8. —	京都駅改築工事完成，新停車場の使用開始	*132*
	12. 18	東京駅開業式，12月20日東京・高島町（現横浜付近）電車運転開始（故障続出により12月26日運転休止，翌年5月10日再開）	*185*
	12. 20	汐留駅開業（貨物駅）	*130*
1915（大正 4）	7. 21	新橋工場大井派出所を大井工場とする	*132, 188*
1916（大正 5）	—. —	鉄道院に東京付近鉄道計画調査会設置	*144*
1917（大正 6）	5. 23	鉄道院が借入中の横浜鉄道（現横浜線）において広軌改築試験を実施（8月5日まで）	
	9. —	汐留駅，ガントリークレイン（3トン）設置	*132*
	10. —	中部鉄道管理局，汐留駅から東京駅に移転〔ロシア革命〕	*132*
1918（大正 7）	2. 1	鉄道病院共済組合規則を制定	
	2. 4	箕面有馬電気軌道，阪神急行電鉄と社名変更	*176*
	8. 29	生駒鋼索鉄道鳥居前・宝山寺間開業（鋼索鉄道のはじめ）	
	—. —	汐留駅，貨車入換用のキャブスタンを設置〔シベリア出兵，米騒動，原敬内閣成立〕	*132*

西暦（元号）	月・日	事　　項	
	12. 5	鉄道院設置（帝国鉄道庁および逓信省鉄道局廃止，内閣直属）	
1909（明治42）	4. 1	関西線湊町・柏原間にガンツ式蒸気動車の運転開始	
	9. 3	小野浜貨物駅設置	*142*
	10. 12	国有鉄道線路名称制定	
	11. 21	鹿児島線門司（現門司港）・鹿児島間全通	
	12. 16	烏森（現新橋）・品川・上野間（新宿経由）および池袋・赤羽間で電車運転開始	*162, 185*
1910（明治43）	3. 10	箕面有馬電気軌道梅田・宝塚間開業	*154*
	4. 15	京阪電気鉄道大阪（現天満橋）・京都（現五条）間開業	*153*
	4. 21	軽便鉄道法公布（法律第57号，8月3日施行）	
	6. 12	宇野線岡山・宇野間開通，宇野・高松間航路開設	
		〔韓国併合〕	
	10. —	品川貨車操車場着工（1911年度の説あり）	*185*
	11. 5	東海道本線梅小路仮信号所設置	*133*
	12. —	アメリカよりラッセル式雪かき車購入	
1911（明治44）	2. 25	東海道本線梅小路仮信号所，仮停車場となり貨物の取扱を開始	*133*
	3. 23	軽便鉄道補助法公布（法律第17号，1912年1月1日施行）	
	4. 6	広軌鉄道改築準備委員会官制公布	
	5. 1	中央本線昌平橋（現廃止）・名古屋間全通	
	5. 1	東海道本線名古屋・名古屋港間開通	*142*
	8. 1	東京市，東京鉄道を買収	
	9. 15	山陰本線大宮駅廃止	*133*
	10. 1	下関・小森江間貨車航送開始	
	11. 1	鴨緑江橋梁完成により新義洲・安東間開通（朝鮮総督府鉄道と満鉄との直通運転開始）	
		〔大逆事件，工場法公布〕	
1912（明治45・大正1）	2. 13	イギリスから輸入の8700形とドイツから輸入の8800，8850形蒸気機関車を配属	

西暦　（元号）　月・日		事　　　　　　　　項
1905（明治38）	1.　1	非常特別税法および非常特別税法施行規則改正，通行税制定。京釜鉄道草梁・永登浦間開業
	1.　15	京都鉄道大宮駅営業再開　*133*
	4.　1	日本鉄道（現常磐線）日暮里・三河島（南千住）間開業　*178*
	4.　2	瀬戸自動鉄道開業，セルボレー式蒸気動車運転開始
	4.　12	阪神電気鉄道大阪（出入橋）・神戸（三宮）間開業　*153*
	8.　1	官設鉄道，山陽鉄道，新橋・下関間に直通急行運転開始
	9.　11	山陽汽船会社下関・釜山間連絡船航路を開始
	9.　14	奥羽線福島・青森間全通
		〔日露講和，第2次日韓協約，韓国に統監府設置〕
1906（明治39）	3.　31	鉄道国有法（法律第17号），京釜鉄道買収法（法律第18号）各公布。韓国統監府鉄道局発足（7月1日鉄道引き渡し）　*91, 116*
	4.　11	帝国鉄道会計法（法律第37号）公布
	4.　16	新橋・神戸間運転の列車の種類を最急行・急行・直行として最急行・急行列車の乗客にたいし「急行列車券」を発売（急行料金のはじめ）
	5.　20	鉄道5000マイル祝賀会開催（名古屋）
	11.　1	日本鉄道国有化　*162*
	11.　26	南満州鉄道株式会社創立
	12.　1	山陽鉄道国有化により関釜航路など国有化
1907（明治47）	4.　1	帝国鉄道庁設置（鉄道作業局廃止）。鉄道公報（日刊）発行
	8.　20	東海道本線貨物支線灘・小野浜間開通　*142*
	8.　21	南海鉄道，電車運転開始　*152*
	10.　1	鉄道国有法による17私鉄の国有化を完了　*91, 116*
1908（明治41）	2.　25	停車場内向乗降場幅員及跨線橋柱距離ノ件（達第63号）制定　*137*
	4.　20	台湾縦貫線全通

西暦（元号）	月・日	事　　　項	
		〔治安警察法公布，義和団事件〕	
1901（明治34）	5. 27	山陽鉄道神戸・馬関（現下関）間全通	
	12. 15	官設鉄道，新橋・神戸間急行列車に食堂車連結	
	12. 21	関西鉄道網島・桜宮間開業	*152*
	—. —	汽車製造合資会社，蒸気機関車製造開始	*96*
		〔八幡製鉄所操業開始〕	
1902（明治35）	8. —	名古屋・大阪間における官設鉄道と関西鉄道の旅客貨物運賃に関する競争おこる（1903〜1904年再発）	
	11. 5	中央東線笹子トンネル（4657ｍ）竣工（1893年着工）	*93*
	12. 28	九州鉄道，若松で石炭卸桟橋の使用開始	*143, 173*
		〔日英同盟協約締結〕	
1903（明治36）	6. 11	中央東線八王子・甲府間開業	
	8. 22	東京電車鉄道新橋・品川間開業（馬車鉄道を動力変更）	
	9. 12	大阪市営電気軌道線花園橋・築港埋立地間開通（市営電車のはじめ）	
	11. 1	京釜，京仁両鉄道合併	
1904（明治37）	1. 25	鉄道軍事供用令公布（勅令第12号）	
	2. 14	日露戦争にさいし軍事輸送のため官，私鉄で軍事輸送実施（1906年４月16日平時運行に復する）	
	2. 21	大本営，臨時軍用鉄道監部の編成下令（京城・新義州間などの建設にあたる）	
	4. 5	総武鉄道本所（現錦糸町）・両国橋（現両国）間開業	*161*
	5. 14	野戦鉄道提理部編成完結（中国東北の戦場における鉄道の運営にあたる）	
	8. 21	甲武鉄道，飯田町・中野間電車併用運転を開始，同時に自動信号機を使用（汽車・電車併用運転，自動信号機使用のはじめ）	
	10. 15	北海道鉄道函館・小樽間全通	
		〔日露戦争，第１次日韓協約〕	

西暦（元号）	月・日	事　項
		表　*113, 124*
	8. 10	隧道建築定規を制式化（鉄作乙第4375号）　*122*
	8. 23	日本鉄道磐城線水戸・岩沼間全通
	9. 22	山陽鉄道，直通列車にボーイを乗務させる（列車給仕のはじめ）
	9. 30	南海鉄道，阪堺鉄道を買収　*152*
	11. 18	関西鉄道名古屋・網島（大阪）間全通　*152*
	11. 27	九州鉄道鳥栖・長崎（現浦上）間全通
1899（明治32）	3. 16	官設鉄道，旅客運賃の距離比例制を廃止，遠距離逓減制に変更
	3. 20	北陸線敦賀・富山間全通
	5. 25	山陽鉄道，急行列車に食堂付１等車を連結（列車食堂のはじめ）
	7. 31	京都鉄道大宮駅閉鎖　*133*
	8. —	台湾南北縦貫鉄道測量開始（1908年４月20日，基隆・高雄間全通）
	9. 6	北越鉄道直江津・沼垂（新潟）間全通
	12. 25	新橋・品川間３線運転開始　*184, 185*
1900（明治33）	3. 16	私設鉄道法（法律第64号），鉄道営業法（法律第65号）各公布（10月１日）　*108, 111*
	4. 8	山陽鉄道，急行列車に寝台付１等食堂合造車を連結，使用開始（寝台車のはじめ）
	5. 10	大阪・三木書店『鉄道唱歌』出版
	6. 6	関西鉄道，大阪鉄道を買収　*152*
	6. 12	鉄道作業局，女子雇員10名採用（女子職員のはじめ）
	8. 10	鉄道関係諸規定公布（逓信省令，鉄道関係規定類の官・私鉄への統一適用実施。10月１日施行）　*95, 111*（以上のうち鉄道建設規程［逓信省令第33号］は *95, 135-140* 参照）
	9. 29	政府，京釜鉄道敷設命令書下付（翌年６月25日京釜鉄道株式会社創立）
	10. 1	官設鉄道，新橋・神戸間急行列車に１等寝台車を連結

西暦（元号）	月・日	事　項	
	8. 22	浪速鉄道片町・四条畷間開業	*152*
	8. 25	南海鉄道創立	*152*
		〔日清講和，三国干渉〕	
1896（明治29）	4. 28	新永間建築事務所を設置（新橋駅構内）し，東京市街線の建設を管掌	*168, 185*
	5. 14	北海道鉄道敷設法公布（法律第93号）	
	6. —	山陽鉄道，蒸気機関車試作	*96*
	7. 26	株式会社鉄道車輌製造（現日本車輌製造株式会社）設立	
	9. 1	新橋・神戸間急行旅客列車運転開始	
	9. 7	汽車製造合資会社設立（のち汽車製造株式会社）	
	11. 21	関西鉄道，客車の外側塗装を等級別に塗りわける（客車等級別塗装のはじめ。上等は白，中等は青，下等は赤）	
	12. —	山陽鉄道，主要駅に荷運び夫を配置（赤帽のはじめ）	
	12. 25	日本鉄道隅田川駅開業	*168*
1897（明治30）	2. 9	関西鉄道，浪速鉄道を買収	*152*
	2. 15	京都鉄道二条・嵯峨間開業	*133*
	2. 25	日本鉄道磐城線（現常磐線）水戸・平間開業	*100*
	4. 23	民間の鉄道学校（現岩倉高等学校）設立許可（同年6月5日開校）	
	4. 27	京都鉄道二条・大宮間開業	*133*
	8. 18	逓信省官制改正，鉄道局を鉄道の監督および私設鉄道の免許に関する行政庁とし，現業管理機関として鉄道作業局設置	
	11. 5	官設鉄道，主要駅で入場切符発売開始（入場券のはじめ）	
	11. 16	京都鉄道，官設鉄道京都駅に乗入れ開始（大宮・京都間開業）	*133*
1898（明治31）	1. —	関西鉄道，客車内に電灯を設備（車内電灯のはじめ，同年中に官設鉄道，山陽鉄道でも使用開始）	
	7. —	大沢界雄（陸軍少佐）「鉄道ノ改良ニ関スル意見」発	

西暦（元号）	月・日	事　項
1891（明治24）	7. 1	九州鉄道門司（現門司港）・熊本間全通
	7. —	井上鉄道庁長官，「鉄道政略ニ関スル議」を内務大臣品川弥二郎に提出　*107*
	8. 30	筑豊興業鉄道若松・直方間開業
	9. 1	日本鉄道上野・青森間全通　〔濃尾震災〕
1892（明治25）	2. 1	北海道炭礦鉄道砂川・空知太間開業（北海道炭礦鉄道8月1日岩見沢・室蘭［現東室蘭］間開業）
	6. 21	鉄道敷設法公布（法律第4号）　*62, 107*
	7. 21	鉄道庁，内務省から逓信省鉄道庁となる
	10. —	官設鉄道神戸工場において，機関車監督官R. F. トレヴィシックの指導のもとに蒸気機関車製作開始（翌年6月1日完成，国産機関車のはじめ）　*48, 49, 61, 95*
1893（明治26）	4. 1	横川・軽井沢間開通（アプト式鉄道），高崎・直江津間全通　*93, 94*
	11. 10	逓信省官制改正，鉄道局を設置（鉄道庁廃止）
1894（明治27）	5. —	隧道定規制定　*122*
	6. 10	山陽鉄道広島まで開業　*100*
	8. —	日清戦争勃発，国内各鉄道で軍事輸送実施
	8. —	陸軍省の依頼により日本鉄道目黒・品川間の大崎から分岐し，東海道線品川・大森間の大井に接線させる軍事専用線（品川西南線）完成　*100, 184*
	9. 17	甲武鉄道，陸軍の依頼をうけて青山練兵場への軍用線および青山練兵場停車場を完成させる　*100*
	12. —	陸軍省の依頼により神奈川・程ヶ谷（現保土ヶ谷）直通線完成　*101, 205* 〔日清戦争〕
1895（明治28）	2. 1	京都電気鉄道塩小路東洞院通・伏見町下油掛間開業（電気鉄道営業のはじめ）
	2. —	北海道炭礦鉄道，蒸気機関車試作　*96*
	4. 1	官設鉄道線路名称制定　*111*
	7. 10	豆相人車鉄道小田原・吉浜間開業（人車鉄道のはじめ）

西暦（元号）	月・日	事　　　項	
		幹線の複線化）	*105*
	7. 16	井上鉄道局長官，参謀本部からの諮問の「鉄道改正建議案」にたいする答申書を参謀本部長有栖川宮熾仁親王に提出	*106*
1888（明治21）	4. 10	参謀本部『鉄道論』刊行	*106, 113, 136*
	8. 9	碓氷馬車鉄道横川・軽井沢間開業	
	8. 16	東京市区改正条例公布	*130, 161, 184*
	10. 28	伊予鉄道松山外側・三津間開業（軌間 762㎜）	
	11. 1	山陽鉄道兵庫・明石間開業	
1889（明治22）	4. 11	甲武鉄道新宿・立川間開業（8月11日八王子まで延長）	
	5. 14	大阪鉄道湊町・柏原間開業	*152*
	6. 16	大船・横須賀間開業	
	7. 1	深谷・米原間など開通により，東海道線新橋・神戸間全通	*61*
	7. 10	鉄道1000マイル祝賀会名古屋で挙行	
	12. 11	九州鉄道博多・千歳川（仮）間開業	
	12. 15	関西鉄道草津・三雲間開業　〔大日本帝国憲法発布〕	
1890（明治23）	3. 18	官設鉄道会計法公布（法律第20号，23年度より施行）	
	3. —	濃尾地方陸海軍大演習に東海道線新橋・名古屋間および武豊線等において軍事輸送開始（～4月上旬）	
	5. —	上野公園で開催の第3回内国勧業博覧会でスプレーグ式電車運転（日本最初の電車運転）	
	8. 25	軌道条例公布（法律第71号）	
	9. 6	鉄道局は鉄道庁と改称，内務大臣管轄となる	
	9. 17	鉄道庁長官にたいして内務大臣は，中央停車場設置により，中央停車場以南は官設鉄道，以北を日本鉄道が担当することを指示	*131, 168*
	11. 1	日本鉄道上野・秋葉原間貨物線開通	*130, 143, 161, 178*
		〔第1回衆議院議員選挙，教育勅語発布，第1回帝国議会召集，経済恐慌〕	

西暦（元号）	月・日	事　　項	
	11. 14	品川・大森間複線運転開始	*185*
	11. 28	開拓使所管幌内鉄道手宮・札幌間開業 〔国会開設請願，工場払下概則公布〕	
1881（明治14）	11. 11	政府，日本鉄道会社に「東京ヨリ青森ニ至ル鉄道特許条約書」を下付　〔国会開設詔書公布，自由党結成〕	
1882（明治15）	3. 10	金ヶ崎（のち敦賀港）・洞道口（柳ヶ瀬隧道西口）間，長浜・柳ヶ瀬間仮開業	
	6. 25	東京馬車鉄道新橋・日本橋間開業（馬車鉄道のはじめ）	
	11. 13	幌内鉄道手宮・幌内間全通	*100*
	12. 31	工技生養成所閉鎖	*81*
1883（明治16）	7. 16	日本鉄道上野駅本屋完成	*161*
	7. 28	日本鉄道上野・熊谷間開業	*160*
	12. 28	中山道鉄道公債証書条例公布（太政官布告第47号）	*94, 117*
1884（明治17）	2. 25	官私鉄道の敷設・変更は陸軍省と工部省との協議が必要となる（太政官達）	*105*
	4. 16	柳ヶ瀬トンネル開通，長浜・金ヶ崎間全通	
	5. 1	日本鉄道上野・高崎間全通〔自由党解党，秩父事件〕	
1885（明治18）	3. 1	日本鉄道品川・新宿・赤羽間開業，官設鉄道との間に直通運転，連絡運輸を開始	*185*
	12. 22	工部省廃止，鉄道局は内閣に直属	
	12. 26	鉄道局官制を定める	
	12. 29	阪堺鉄道（現南海電気鉄道）難波・大和川間開業	*152*
	—. —	柳ヶ瀬トンネル（1352m）完成 〔大阪事件，太政官制廃止，内閣制度実施〕	*93*
1886（明治19）	3. 2	帝国大学の設置により，従来の工部大学校が帝国大学工科大学として再編成	*110, 123*
	7. 19	幹線経路を中山道から東海道に変更（閣令第24号）	*95, 109, 117, 118*
1887（明治20）	5. 18	私設鉄道条例公布（勅令第12号）	*102*
	6. —	参謀本部，建議書を井上鉄道局長官に諮問（広軌改築，	

西暦 （元号）	月・日	事　　　項
	5. —	雇イギリス人 R.V. ボイルら中山道鉄道調査開始
1875（明治 8）	3. 27	内国通運会社など，鉄道貨物の集配の取扱開始
	5. 1	大阪・安治川間の旅客営業開始（1877年12月1日廃止） *130*
	5. —	神戸工場で客貨車の製作を開始（車輪，車軸などはイギリスから輸入） *48*
1876（明治 9）	12. 1	新橋・品川間複線化 *185*
1877（明治10）	1. 11	工部省に鉄道局設置（鉄道寮廃止） *85*
	2. 5	京都・神戸間開業式挙行（2月6日京都・大阪間開業） *74*
	2. 14	新橋・横浜間軍事輸送開始
	3. —	京都・大阪間に票券式閉塞法を施行，列車閉塞用ブロック電信機を設置
	5. 14	鉄道技術者養成のため大阪停車場2階に工技生養成所を設置 *45, 78*
	11. 26	六郷川橋梁を鉄製に改築完成（27日開通）〔西南戦争〕
1878（明治11）	8. 21	京都・大津間着工（日本人技術者・労働者工事を担当） *48*
	10. 1	逢坂山トンネル東口起工 *76*
	12. 5	逢坂山トンネル西口起工 *76*
1879（明治12）	3. 13	大山巖陸軍卿，鉄道の輸送力について鉄道局に問合せ
	4. 14	新橋鉄道局，落合丑松ら3人を機関方（機関士）に登用（日本人機関士のはじめ） *48, 61*
	9. 10	逢坂山トンネル貫通 *76*
1880（明治13）	2. 17	工部省鉱山局釜石分局，釜石製鉄所専用鉄道を完成（軌間 838㎜. 1882年3月1日，旅客・貨物営業開始，1883年6月釜石分局の閉鎖により廃止）
	6. 28	逢坂山トンネル工事完成（最初の山岳鉄道トンネル） *48, 61, 74, 93*
	7. 14	京都・大津間開業式挙行（7月15日開業） *74*
	7. 14	工部省鉄道局長井上勝，明治天皇にたいして「京都大津間鉄道景況演説書」を報告 *74*

西暦（元号）月・日	事　　　項
	琵琶湖近傍・敦賀港間，京都・神戸間の各支線） *27, 40, 66*
—. —	北海道茅沼炭鉱で重力および畜力による鉄道を敷設 〔関所廃止，版籍奉還〕
1870（明治 3）2～3月	医師谷暘卿，鉄道建設の建白書を政府に提出
4. 19	民部・大蔵省に鉄道掛を設置，鉄道建設業務を統轄 *66, 84*
4. 25	雇イギリス人建築師長エドマンド・モレルら東京・横浜間鉄道の測量に着手
8. 6	民部・大蔵省の分離により，鉄道掛は民部省に所属
12. 12	工部省設置，鉄道掛を民部省から移管
12. 16	日本最初の鉄道トンネル着工（石屋川トンネル）
1871（明治 4） 9. 28	工部省鉄道掛を工部省鉄道寮に改組（翌29日工部大丞井上勝，鉱山頭兼鉄道頭に就任），また工学寮を設置 *45, 79*
9. —	横浜・川崎間線路完成，試運転開始 *46* 〔廃藩置県，田畑勝手作り許可〕
1872（明治 5） 3. 8	政府，京都・大阪間の線路は甲路採択を決定（15日京都・大阪間鉄道建設を布告） *72*
4. 5	鉄道略則公布（太政官布告第61号，6月9日改正，第146号）
6. 12	品川・横浜（現桜木町）間仮開業 *27, 183, 185*
10. 14	新橋（現汐留）・横浜（現桜木町）両停車場で開業式を挙行（明治天皇，両駅の開業式に臨席），10月15日開業 *18* 〔田畑永代売買解禁，学制頒布，国立銀行条例公布，徴兵令公布〕
1873（明治 3） 9. 15	新橋・横浜間貨物営業を開始 *130* 〔地租改正条例公布，征韓論で政府分裂，内務省設置，太陽暦採用〕
1874（明治 7） 5. 11	大阪・神戸間開業（12月1日　大阪・神戸間貨物営業開始） *72*

年　　表

〔事項末尾のイタリック数字は本書該当ページを示す〕

西暦（元号）	月・日	事　　項
1825（文政 8）	9. 27	イギリスのストックトン・ダーリントン間および支線の蒸気鉄道開業（世界最初の公共鉄道）
1853（嘉永 6）	—. —	ロシア艦隊（ロシア海軍 E.V. プチャーチン）来日，艦内にある汽車の模型を見せる *31*
1854（嘉永 7）	3. 13	江戸湾小柴沖に来航のアメリカ合衆国使節ペリー，汽車模型を持参，3月21日から横浜応接所において運転 *25, 32*
	—. —	『遠西奇器述』（川本幸民口述　田中綱紀筆記）刊行 *30*
1855（安政 2）	9. —	佐賀藩で蒸気機関車1両と貨車2両の模型を製作（わが国最初の汽車模型） *31*
1860（万延 1）	4. 26	幕府遣米使節，列車でパナマ地峡を横断（日本人が鉄道を利用した記録として最初） *34*
1865（慶応 1）	—. —	イギリスの T.B. グラバー商会，長崎大浦海岸で汽車の試運転実施
	—. —	薩摩藩士五代友厚，京都・大阪間に鉄道建設を計画 *37*
1867（慶応 3）	3. 4	横浜在住の C.L. ウェストウッド，幕府外国奉行に江戸・横浜間鉄道建設方を請願 *37, 53*
1868（慶応 3）	1. 17	幕府老中小笠原長行，アメリカ公使館員 A.L.C. ポートマンの江戸・横浜間鉄道建設請願にたいし免許書および規則書を交付（1869年2月19日，小笠原，契約履行の不能を通知，5月6日政府，アメリカ側の申し入れを拒否） *37*
		〔明治維新〕
1869（明治 2）	12. 7	政府，鉄道建設に関し駐日イギリス公使パークスと非公式会議 *42*
	12. 12	鉄道建設決定（東京・京都間の幹線と，東京・横浜間，

〔著者略歴〕

原田 勝正（はらだ・かつまさ）

1930年　東京生まれ。東京大学法学部政治学科卒業。
　　　　現在和光大学教授

主　著　『鉄道の語る日本の近代』（そしえて）
　　　　『満鉄』（岩波書店）
　　　　『駅の社会史』（中央公論社）
　　　　『国鉄解体』（筑摩書房）
　　　　『日本現代史読本』（東洋経済新報社）

鉄道史研究試論

1989年9月20日　第1刷発行©

著　者　原田　勝正
発行者　栗原　哲也

発行所　株式会社　日本経済評論社
〒101　東京都千代田区神田神保町3-2
電話03-230-1661　振替東京3-157198

乱丁落丁本はお取替え致します。　文昇堂印刷・山本製本
ISBN 4-8188-0326-X

鉄道史研究試論（オンデマンド版）

Digital Publishing

2003年3月10日　発行

著　者　　原田　勝正
発行者　　栗原　哲也
発行所　　株式会社　日本経済評論社
〒101-0051　東京都千代田区神田神保町3-2
電話　03-3230-1661　FAX　03-3265-2993
E-mail: nikkeihy@js7.so-net.ne.jp
URL: http://www.nikkeihyo.co.jp/
印刷・製本　株式会社　デジタルパブリッシングサービス
URL: http://www.d-pub.co.jp/

AB201

乱丁落丁はお取替えいたします。　Printed in Japan

ISBN4-8188-1607-8